Bergmannssagen

aus dem sächsischen
Erzgebirge

3., durchgesehene Auflage
Herausgegeben und bearbeitet von
Dietmar Werner
unter Mitarbeit von Eberhard Neubert
Mit Illustrationen von
Christa Jahr

VEB Deutscher Verlag für Grundstoffindustrie
Leipzig

ISBN 3-342-00444-4

Inhaltsverzeichnis

Einleitung *15*

Über das Auffinden der Bodenschätze

Die Entdeckung der Altenberger Zwitter *32*
Der Traum des Daniel Knappe *32*
Der Fronleichnams-Stolln bei Annaberg *35*
Silberfund im Schacht Himmlisch Heer *36*
Die Entdeckung des Zwittervorkommens in Aue *38*
Der gespenstische Bergmann in Aue *38*
Prophezeiung von reichen Erzen *39*
Der Silberstock im Kühberg bei Bärenstein *40*
Die blaue Blume am Bärenstein *40*
Ein Köhler findet Erze am Bärenstein *42*
Der Ursprung der Bergstadt Brand *42*
Die Entdeckung der Kalkvorkommen in Crottendorf *43*
Die Entdeckung der Zinnvorkommen in Ehrenfriedersdorf *44*
Die Kutte bei Elterlein *44*
Die Entdeckung der Freiberger Silbererze *44*
Berglück unter besorglichen Wunderzeichen *45*
Die Kapelle zu Frohnau *46*
Die Gründung der Stadt Geyer *47*
Ein Geyersdorfer Bauer findet reiche Erzgänge *47*
Engel zeigen die Fündigkeit des Bergbaus in Grünhain an *48*

Ein graues Männchen zeigt eine neue Grube in Johanngeorgenstadt an *48*
Der Ursprung verschiedener Zechennamen bei Johanngeorgenstadt *49*
Des Silbers Dach *50*
Die Katharina-Fundgrube in Langenberg *50*
Die Dreibrüderhöhe bei Marienberg *50*
Der Ursprung der Bergwerke bei Nossen *51*
Brennende Bergwitterung zeigt Erze an *52*
Vom Reichtum der Gebirge bei Rochlitz *53*
Die Grube Buchen und glückseliger Windbruch *53*
Die goldene Säule im Scheibenberg *54*
Wie das Schneeberger Silberbergwerk entdeckt wurde *54*
Wie der Zechenname Die fruchtbare Torheit entstand *56*
Die Grundsteinlegung der St.-Wolfgangs-Kirche in Schneeberg *57*
Die Entdeckung des Freudensteiner Ganges in Schneeberg *57*
Ein Pferd entdeckt die Silbererze des St. Georg in Schneeberg *58*
Das Fündigwerden der Zeche Osterlamm in Waschleithe *58*
Der Schacht zu den wunderlichen drei Köpfen in Zinnwald *59*
Ein Hirtenknabe findet die Steinkohle auf *60*
Die Entdeckung des Zöblitzer Serpentinsteins *61*

Aus dem Leben der Bergleute

Wie Dr. Martin Luther einem Bergmann zu Altenberg Böses mit Gutem vergolten hat *66*

Die Hungerfichte auf dem mittleren Friedhofe zu Annaberg *67*
Die Annaberger Sperrgusche *68*
Der heilige Wolfgang *72*
Das umgehende Fräulein auf der Mulde *72*
Der Tod des Obersteigers wird angezeigt *74*
Wunderbare Errettung *75*
Ankündigung bevorstehenden Unheils *75*
Der Geisterreiter *76*
Eine merkwürdige Anfahrt in Bräunsdorf *77*
Die Entstehung von Dippoldiswalde *78*
Die lange Schicht zu Ehrenfriedersdorf *79*
Eine vergebliche Schatzhebung *82*
Die spukhafte Brauhauskatze in Elterlein *83*
Nächtlicher Spuk bei Tännicht *84*
Der Anfang der Stadt Freiberg *84*
Die Errettung des Bergmanns Michael Oelschlägel *85*
Das rettende Gebet zu Freiberg *85*
Der Teufel ängstigt zu Freiberg einen Bergmann *86*
Der Donatsturm zu Freiberg *86*
Der Kätchenstein bei Frohnau *87*
Der Pfarrer von Geising *89*
Der Ursprung des Dorfes Geyersdorf bei Annaberg *92*
Kobold und Nickel im Spiegelwald bei Grünhain *92*
Der Schatz im Kloster Grünhain *93*
Der goldene Hirsch *94*
Die merkwürdige Bewahrung des Bergmanns Oßwald Solbrich *96*
Die Teufelskanzel in Johanngeorgenstadt *97*
Die Braut des Teufels *99*

Das wilde Heer in Jugel *100*
Merkwürdige Geräusche in einer Grube *101*
Der Teufel am Diebshäuseler Schacht bei Mittweida *102*
Das wiederkehrende Kreuz bei Neustädtel *102*
Das Gänschen als Klagemutter *103*
Die Entstehung des Mühlgrabenstollns bei Schloß Scharfenstein *104*
Vom Fürstenvertrager Zug *106*
Vom Bergmann, der an anderen Orten sein Glück machte und es wieder verscherzte *107*
Vom Lebensende der Hammerschmiede *107*
Der Schatz im Kiefricht *108*
Die Tellerhäuser bei Wiesenthal *108*
Das wandernde Haus in Zinnwald *110*
Silberhaltige Schlacken werden von der Mulde fortgeführt *111*

Aus dem Leben der Bergherren

Bestrafter Übermut führt zur rechten Einsicht *116*
Eine wahnsinnig gewordene Gewerkin *116*
Das Ende des Silberherrn von Annaberg *117*
Der Blutfleck auf dem Pfarrhofe zu Elterlein *119*
Der treue Haberberger von Freiberg *120*
Der Klosterräuber von Altzella *120*
Die Betfahrt nach Ebersdorf *121*
Die Bäuerin zu Frohnau *122*
Die Sühne des Ritters Conrad von Theler *123*
Die Grabmäler der Ritter von Theler *124*

Der Hähnel-Schatz *125*
Üppiges Leben in den Bergstädten wird mit Verarmung bestraft *126*
Die Sage vom Hüttenmatths *127*
Bestrafter Übermut *129*
Herzog Albrecht hält auf einer Silberstufe Tafel *129*
Wie einer eine Birne für 1 500 fl verkaufte *130*
Kostbarer Sand zum Häuserbau in Schneeberg *131*
Vom rechten Glauben an das Berggebet *131*
Vom Mißbrauch des Bergsegens *132*
Wie das Schnorrsche Chor in der Sankt-Wolfgangs-Kirche zu Schneeberg eine Tür von außen erhielt *132*
Weshalb keine Hoffnung auf ergiebigen Bergbau vorhanden war *133*
Die Oswaldkirche bei Waschleithe *134*
Der Schatz des Wittigsthaler Hammerherrn *136*

Über den Berggeist

Über den Umgang mit dem Berggeist *143*
Der Berggeist bestraft einen Flucher *144*
Das himmlische Heer bei Annaberg *144*
Der Berggeist erscheint in Roßgestalt *146*
Der Berggeist zieht fort *146*
Der Dreikönigsstolln im Rosengrund bei Bärenstein *147*
Die Sage vom Goldkämmerchen auf dem Bärenstein *147*
Der Silberbaum *149*
Der gewarnte Obersteiger *154*
Die unterlassene Opfergabe *154*

Der Berggeist in der Struth *155*
Die mißachtete Warnung *155*
Der Berggeist am Donat zu Freiberg *158*
Der Berggeist lehrt zu Freiberg das Fürchten *159*
Der Geyersche Bergteufel *160*
Der Gevattersmann vom Greifenstein *160*
Die Geyerschen Stadtpfeifer werden vom Greifenstein beschenkt *162*
Grabenspuk *163*
Der unheimliche Bergmann am Röhrgraben *168*
Die Sage vom Goldenen Kind *169*
Der Berggeist in der Grube Treue Freundschaft bei Johanngeorgenstadt *171*
Das Silberbäumchen von St. Eleonore *172*
Der Berggeist führt einen Bergmann in Versuchung *176*
Der Berggeist in der Grube Susanne in Johanngeorgenstadt *178*
Der Berggeist zu Neustädtel *179*
Der Berggeist in der Grube Sieben-Schlehen bei Neustädtel *179*
Der bestrafte Kunstwärter *180*
Die Zeche Tannebaum *181*
Berggeister in den Schneeberger Gruben *183*
Der Berggeist in der St.-Georgs-Zeche zu Schneeberg *184*
Das graue Männchen warnt einen Bergmann *185*
Der boshafte Berggeist in dem Schachte Orschel *187*
Die Berggeister in der Grube Osterlamm in Waschleithe *187*
Der Berggeist betrügt einen Schatzgräber *188*
Das steinerne Herz im Schwarzwasser *189*

Das Romanusmännchen zu Siebenlehn *190*
Das Bergmännlein zu Stahlberg *192*

Über die Walen oder Venetianer

Ein unerwartetes Wiedersehen *199*
Wie ein Wale Böses mit Gutem vergilt *200*
Die Venetianer strafen den Verrat ihrer Geheimnisse *201*
Mord im Gemeindewald von Bärenstein *201*
Das Verzaubern von Erzen *202*
»Der Senner« bei Breitenbrunn *203*
Das stumme Männlein bei Breitenbrunn *204*
Nächtliches Treiben bei Breitenbrunn *204*
Das goldene Lamm *205*
Venediger am Lautenbach bei Lengefeld *206*
Venediger in Marienberg *207*
Die Goldstampfe am Borlasbache *208*
Venetianer auf dem Emmler *208*
Die Walen in Werdau *209*
Die Krumbholtz-Männer *209*
Der rätselhafte Bachstein in Wittigsthal *210*
Der Venetianer in Wittigsthal *210*
Aus den Walenbüchern *211*

Über den Niedergang des Bergbaus

Der Bergbau in Frankenbergs Umgebung *221*
Dic Mordgrube zu Freiberg *222*

Das Berggebäude Turmhof bei Freiberg *223*
Wie aus der Glückszeche die Flehzeche wurde *227*
Der Untergang der Höckendorfer Silberbergwerke *229*
Die hartherzigen Fundgrübner *231*
Die verschworenen Zechen am Mühlberge in Schneeberg *232*
Frevelhafte Worte werden bestraft *232*
Das Ende der Grube Gottes Geschick wird angezeigt *233*
Das blaue Wunder *235*
Das verschwundene Bergwerk im Theesenwald *237*
Das verschworene Bergwerk bei Uhlsdorf *240*
Das Zigeunerloch *241*

Die Sagen um das verlassene Bergwerk

Die frühere Ausdehnung des Altenberger Bergwerks *246*
Der große Bergsturz zu Altenberg *246*
Der umgehende Geist in der alten Pochmühle *247*
Der kleine Jäger am Ochsenkopf bei Antonsthal *248*
Die Wehklage bei Bockwa *249*
Die drei Kreuze bei Brand-Erbisdorf *249*
Bergbau bei Breitenbrunn *250*
Das schwarze Loch bei Breitenbrunn *250*
Die Zwerge im Cottaer Spitzberg *251*
Spuk in einer Binge bei Eibenstock *252*
Vom frühen Bergbau in der Freiberger Gegend *252*
Die Unterhöhlung der Bergstadt Freiberg *253*
Ein kaiserliches Regiment versinkt bei Freiberg durch einen Erdfall *254*
Der Hungerborn bei Freiberg *254*

Der gespenstische Mönch bei Grünhain 255
Der Johannisbruch auf dem Halsbrücker Gange 255
Die zwölf silbernen Apostel 256
Das weiße Schaf zu Neustädtel 257
Der Pudel an der Eisenbrücke bei Niederschlema 257
Der Hüttenmops 258
Das Gespenst beim Bocksloch 258
Die Schwedenlöcher bei Plaue 259
Die weiße Frau von Sadisdorf 261
Der Lindwurm auf dem Totenstein 261
Wie der Zwickauische Kohlenschacht brennend wurde 262
Ein gespenstischer Bergmann führt irre 264
Der Globensteiner Bergmann 264
Der rätselhafte Reiter in Halsbrücke 265
Der umgehende Grubenbesitzer 265
Der verstellte Bergmann zu Scheibenberg 266
Der gespenstische Bergmann bei Scheibenberg 267
Gespenstische Bergknappen bei Zinnwald 267

Der Bergbau in den Sagen über Orts- und andere Namen

Wie es zu dem Namen Altenberg kam 272
Der Aschergraben bei Altenberg 272
Der Name der Bergstadt Eibenstock 273
Die Entstehung von Schellerhau 273
Die Trauben im Beierfelder Gemeindesiegel 274
Der Goldbrunnen bei Blauenthal 274
Der Ursprung des Namens Buchholz 274

Der Name der Stadt Frankenberg *275*
Von dem Namen der Stadt Marienberg *275*
Die Entstehung des Namens Silberstraße *276*
Keglers Pflaster in Schneeberg *277*
Wie die Herren von Römer zu Zwickau zu ihrem Wappen gekommen sind *277*

Erläuterung ausgewählter berg- und hüttenmännischer Begriffe *280*
Fußnotenverzeichnis *309*
Quellenverzeichnis *311*

Einleitung

Bereits in früheren Zeiten war die Arbeit des Bergmanns schwer und gefahrvoll. In der Tiefe der Erde, im Dunkel, in Einsamkeit und Stille stand der Bergmann der unberührten Natur gegenüber, deren Gesetze er nicht kannte und deren Wirkungen er ausgeliefert war. Die Bergleute – und nicht nur sie – besaßen kaum Kenntnisse über die Mineral- und Gesteinsentstehung oder die Lagerungsverhältnisse der Bodenschätze, die sie abbauten. So war das Ergebnis ihrer Arbeit von Zufällen, von Wagnissen, von Risiken begleitet. Glückliche Funde, Bedrohung und Untergang lagen oft nahe beieinander. Dafür suchten die Bergleute eine Deutung zu finden.

Die Sagen und Überlieferungen, die in diesem Buch zusammengetragen sind, entstanden schon im Mittelalter mit dem Beginn des Bergbaus im Erzgebirge. Sie spiegeln die Gedanken, die Gefühlswelt, die Ängste und Wünsche der Bergleute wider. Glückliche Zufallsfunde von Erzen an der Erdoberfläche – Gegenstand vieler Sagen – waren bald abgebaut. Dann mußten die Erzgänge in Grubenbauen untertage weiterverfolgt und hereingewonnen werden. Damit eröffnete sich für den Bergmann eine neue, vorher nicht gekannte Welt. Sie erweckte in ihm veränderte Vorstellungen über die ihn umgebende Natur und Arbeitswelt. Und sie zwang ihn, mit verbesserten technischen Mitteln die auftretenden Schwierigkeiten zu meistern oder aber die Arbeit im Bergwerk aufzugeben.

Die bereits in dieser Zeit entwickelte Technik zur Beherrschung der immer schwieriger werdenden Arbeitsbedingungen untertage verdient auch heute noch unsere uneingeschränkte Bewunderung. Immer größere Wasserzuflüsse mußten abgeleitet, die Bergleute mit Frischluft versorgt, der mit großer Mühe hergestellte Grubenbau durch Ausbau gesichert werden. Geschickte Handwerker vollzogen auf diese Weise im sächsischen Erzbergbau wie auch in anderen vergleichbaren Bergrevieren Mitteleuropas die erste große Mechanisierung im Bergbau.

Gleichzeitig entwickelte sich eine phantasievolle Sagenwelt, bedingt und gefördert durch die geschilderte besondere Arbeitswelt des Bergmanns. Darin war sehr oft von glücklichen Funden oder von Mißerfolgen die Rede, für die die sehr uneinheitlich ausgebildeten Gangerzlagerstätten genügend Beispiele boten. Daß mit derartigen Ereignissen oft menschliche Tugenden und wohl auch Untugenden in Zusammenhang gebracht wurden, ist erklärlich. Erscheinungen, die dem Bergmann unverständlich waren, die er mit seinem Wissen nicht erklären konnte, schrieb er dem Wirken von Geistern und Kobolden zu. All dies – eine fortgeschrittene Technik auf der einen und eine mystische Geister- und Sagenwelt auf der anderen Seite – möge niemanden verwundern; es kennzeichnet die damalige Erlebnis-, Vorstellungs- und Arbeitswelt der Bergleute.

Für den Bergbau des ausgehenden Mittelalters gab es wenig Bücher. So mußte sich die Ausbildung der Knappen mündlich und bei der Arbeit vor Ort durch Weitergabe des damals bekannten Wissens von Generation zu Generation vollziehen. Bezeichnenderweise sind zwei der ältesten Bücher über den Bergbau in belehrender Form als Zwiegespräch zwischen einem erfahrenen und einem jungen, noch lernenden Bergmann aufgezeichnet: Rülein von Calws »Nützlich Bergbüchlein« und Agricolas »Bermannus, sive de re metallica.«

In das vorliegende Buch wurden die Sagen aufgenommen, die einen Einblick in das Leben der Bergleute vergangener Epochen, in ihr Fühlen und Urteilen ermöglichen, und wie sie im sächsischen Erzgebirge erzählt wurden. Sie werden ergänzt durch einige Sagen, die sich auf die Verarbeitung der geförderten Erze beziehen. Dabei wird nicht unterschieden zwischen den Sagen, die unmittelbar in diesem Gebiet entstanden sind, und den sogenannten Wandersagen. Auch wurde bei den letzteren weder Ursprung noch Verlauf ihrer Weitergabe angemerkt. Die Auswahl der Sagen ist folglich weder durch Sprach- oder Dialektgrenzen noch durch historisch entstandene oder veränderte Herrschaftsgebiete begründet. Denn die Ausübung des Bergmannsberufs war an kein bestimmtes Land bzw. keinen bestimmten Ort gebunden. Arbeits- und Erlebniswelt waren überall ähnlich, so daß sich auch Sagen und Überlieferungen ähnlichen Inhalts herausbildeten, oder Bergleute folgten einem neuen »Berggeschrei«, und mit ihnen wanderten die Sagen. So soll es ja nach der Überlieferung ein Fuhrmann aus dem Harzer Bergrevier gewesen sein, der in den Spuren seines schwer beladenen Wagens bei Christiansdorf reiches Silbererz fand. Nachweislich bestand an dieser Stelle schon lange eine bäuerliche Ansiedlung, und ganz in der Nähe kreuzte sich der Handelsweg aus dem Niedersächsischen ins Böhmische mit dem aus dem Fränkisch/Bayrischen ins Polnische. Aus verschiedenen Urkunden läßt sich auch mit Sicherheit schlußfolgern, daß daraufhin im Jahre 1168 im Freiberger Revier das »freie Berggeschrei« erschallte und alle zum Bergbau rief, die ihn betreiben wollten. Es wurden vor allem Bergleute aus dem Harz angezogen, weil durch die Streitigkeiten zwischen Barbarossa und Heinrich dem Löwen das Bergwerk in und um Goslar fast zum Erliegen gekommen war.

Die neu entstandene Ansiedlung wurde bald im ganzen Meißnischen Lande als Sächs-Stadt bekannt und unter ihrem späteren Namen Freiberg als Bergbauhauptstadt berühmt. Von hier aus wurden im Kammgebiet des Erzgebirges weitere Bergstädte gegründet, wie zum Beispiel 1492 die Neustadt am Schreckenberg, die 1501 in St. Annaberg umbenannt wurde. Eine Vorstellung von dem in Annaberg gewonnenen Reichtum soll eine Zahl verdeutlichen: Von 1505 bis 1530 schütteten 380 Zechen eine Ausbeute von 17 Millionen Gulden.

Das Erzgebirge hat jedoch den Menschen die Erschließung nicht leicht gemacht. Ein riesiger, schier undurchdringlicher Wald – der Miriquidi – bedeckte das Gebiet. Kein einziger Fluß durchschneidet die Kammlage des Gebirges, alle Flüsse fließen nach Norden ab. Man drang ursprünglich in dieses Gebiet nur vor, um Landbesitz und die wenigen, jedoch wichtigen Handelswege durch feste Burgen zu sichern. Von Waldhufendörfern aus wurde allmählich in harter Arbeit dem dichten Wald der Boden abgerungen. So richtig interessant wurde das Erzgebirge aber erst, als man reiches Silbererz fand. Es lag nahe der Erdoberfläche, konnte also leicht abgebaut werden. Zur Aufbereitung war genügend Wasser vorhanden, mit dem gewaschen und gepocht werden konnte. Schließlich mangelte es auch für den Verhüttungsprozeß niemals an Holz. Außer dem Silbererz fand man Eisen für alle notwendigen Werkzeuge sowie Zinn, Kupfer und auch ein wenig Gold. Bevor letzteres als Münzmetall Bedeutung gewann, war es ein begehrtes Edelmetall für Goldschmiede, deren Handwerkskunst prachtvollen Schmuck, einzigartige Pokale und liturgische Gefäße daraus zu fertigen verstand. Wenn die fremden Walen oder Venetianer im Gebirge Gold seiften, es ohne Erlaubnis mitnahmen und in ihrer Heimat damit zu sagenhaftem Reichtum gelangten, so schien dies damals – zumindest der Sage nach – nicht ganz so schlimm gewesen zu sein. Münzsilber hätten sie sich dagegen nicht ungestraft aneignen dürfen.

Welche Entwicklung nahm nun die bergmännische Arbeit? Der Abbau vor Ort blieb von Anfang an über Jahrhunderte einfache Schlägelarbeit. Zentimeter um Zentimeter wurde, Erzadern folgend, der Fels ausgespitzt. Bevor es jedoch soweit war, mußte der Bergmann schürfen, um fündig zu werden. Wie wir uns leicht vorstellen können, gab es dabei zwischen Bergleuten und Bauern manchen Streit. Der Schürfer hatte das landesherrlich verbriefte Recht, überall dort einzuschlagen, wo er eine Lagerstätte vermutete. Welchem Bauern gefiel das aber, wenn seine bestellten Äcker umgewühlt wurden und er keine Ernte einbringen konnte? Natürlich war es möglich, sich auf Brauch und Gesetz zu berufen. Aber war ein Hinweis auf wunderbare Träume, göttliche Fingerzeige oder unerklärbare Naturerscheinungen nicht wirkungsvoller? Und nach diesen Geschehnissen erhielten auch viele Gruben ihre Namen. Mitunter werden in den Sagen solche und andere Grubennamen erklärt und teilweise neu gedeutet, vor allem wenn der tatsächliche Anlaß bereits zur Zeit der Entstehung der Sagen nicht mehr bekannt war, nicht mehr verstanden wurde oder auch vergessen werden sollte. Eine besondere Form der Lagerstätte hieß beispielsweise bergmännisch »Kutte«. War es da nicht naheliegend, an die Kutte als typische Kleidung der Mönche zu denken, wenn man bergmännisches Sprachgut nicht beherrschte? Weiterhin wurden im Zuge der Reformation aus Bergbauheiligen »einfache Menschen« gemacht. So schrieb beispielsweise Peter Albinus in seiner 1589 in Dresden gedruckten »Meißnischen Land- und Berg-Chronika« über den Bergbauheiligen St. Daniel: »... wer aber derselbe Bergmann sonsten gewesen, ist mir nicht bewußt.« Ganz offensichtlich wird damit eine aus katholischer Sicht stammende, früher oft verehrte Heiligengestalt protestantisch umgewandelt.

Folgte der Bergmann in der Zeit der Entstehung der Sagen einer Erzader und drang in immer größere Tiefen vor, traten unerwartete und oft unbekannte Naturerscheinungen auf. Da war das Wasser zu lösen, wie es bergmännisch heißt. Anfangs halfen noch kleine Gräben auf der Stollnsohle, um Grundwasser abzuleiten. Später mußte geschöpft werden, und in großen Teufen half nur noch die Kunst, eine Wasserhebemaschine. Zu ihrem Betrieb brauchte man Aufschlagwasser, das oft durch Gräben und Röschen von weit her herangeführt werden mußte. Ein solches Verbundsystem konnte nur mit Hilfe des Landesherrn gebaut und in Betrieb gehalten werden. Ansätze für Sagen waren mit dieser Entwicklung erneut gegeben. Mitunter wurde unvermutet eine Wasserader angeschlagen, oder es erlosch die offene Flamme des Grubengeleuchtes, obwohl genug Öl in der Lampe und kein

Luftzug zu spüren war. Und noch heute spricht der Bergmann vom Wetter, vom guten und vom bösen, das für ihn so lebenswichtig ist wie das Licht zur Arbeit. Nicht selten brach eine Erzader plötzlich ab, das Glück riß ab. Dies erschien in der damaligen Zeit gleichsam als eine Strafe für ein Vergehen, das der gläubige Bergmann begangen hatte. Das war eine Gelegenheit zu moralisieren, sogar mit Sagen, die bewußt in die Welt des Bergmanns hineingetragen wurden.

Interessanterweise verdichtete sich die Sagenüberlieferung dann, wenn wissenschaftliche Erklärungen für einen bestimmten Sachverhalt zustande kamen. Vergleicht man – soweit möglich – die Entstehung der bergmännischen Sagen aus dem sächsischen Erzgebirge mit den Erscheinungsjahren berg- und hüttenmännischer Literatur, wird man dies bestätigt finden. Beispiele dafür sind das »Nützlich Bergbüchlein« des Ulrich Rülein von Calw, Georg Agricolas »Bermannus« und »De re metallica« und sogar die Rechenbücher des Adam Ries. Gehörte es doch zu den Besonderheiten der bergmännischen Arbeit und des bergmännischen Lebens, daß ständig auf neue Situationen, bedingt durch verschiedenartigste, meist überraschend eintretende Naturerscheinungen bei der Arbeit am Schlägelort, schnell und richtig reagiert werden mußte. Dazu mußte man Erfahrungen bewahren, weitergeben und empfangen. Ob das mündlich oder schriftlich, in sagenhafter oder belehrender Form erfolgte, ist dabei nicht entscheidend.

Aber die Sage bemächtigte sich nicht nur der unmittelbaren Arbeit im Berge. Vielmehr wird das gesamte Leben des Bergmanns mit all seinen Problemen von der Sage in mehr oder weniger ausgeprägter Form widergespiegelt. Dabei kommen auch die frühzeitig im Bergbau entstandenen sozialen Spannungen zum Ausdruck. Typische Beispiele dafür lassen sich besonders in den Sagen über das Leben der Bergherren und den Niedergang des Bergbaus finden. Trotz des »freien Berggeschreis« blieb der Bergmann stark abhängig von der Obrigkeit, der herrschenden Klasse.

Die Sage ist in unserer heutigen von der Industrie geprägten Zeit kaum noch lebendiges Erzählgut. Somit muß jegliche Sammlung von Sagen prinzipiell auf einer Literaturarbeit beruhen. Dabei kommt es insbesondere darauf an, das bisher verstreut veröffentlichte oder auf andere Weise festgehaltene und oft schwer zugängliche Material zusammenzutragen, zu sichten und für den interessierten Leser aufzubereiten.

Bei der Beschäftigung mit den Bergmannssagen stellt man fest, daß von der ursprünglichen Form der Volkserzählung, die sich auf das Notwendigste beschränkt und oft nicht einmal ausschmückende Adjektive verwendet, manchmal nicht viel übriggeblieben ist. Als um die Mitte des vorigen Jahrhunderts mit der schriftlichen Sammlung der Sagen begonnen wurde, schrieben einige Sammler bzw. Herausgeber diese in blumigem, künstlichem Stil nieder. Solche Sagen sind in der vorliegenden Sammlung beispielsweise »Der Silberbaum«, »Die Schwedenlöcher in Plaue«, »Der Gevattersmann vom Greifenstein«, »Das graue Männchen warnt einen Bergmann« u. a. m. Oft sind jedoch diese Überlieferungen – soweit es sich nicht um bewußte Verfälschungen handelt – aus heutiger Sicht gleichfalls interessante Beiträge zu dem Bild über den Bergbau vergangener Jahrhunderte, so daß sie hier nicht ausgeschlossen wurden.

Die Sagen wurden in der vorliegenden Sammlung nach

ihrem inhaltlichen Schwerpunkt geordnet und unter dem betreffenden Thema zusammengefaßt: Auffinden der Bodenschätze, Leben der Bergleute, Berggeist usw. Da manche Sagen verschiedene Aspekte aufweisen und mehr als einem Kapitel zugeordnet werden könnten, spiegelt die Gliederung letztlich die Auffassung des Herausgebers wider und ist nicht als gar so streng zu betrachten. Das Buch will und soll ein abwechslungsreiches Lesebuch sein. Innerhalb der einzelnen Kapitel wurden die Sagen in der Regel nach Ortsnamen oder geographischen Begriffen in alphabetischer Reihenfolge geordnet bzw. diesen zugeordnet.

Die Sagen werden im Quellenmaterial vielfach in einer Form und einem Stil überliefert, die dem heutigen Leser das Eindringen erschweren. Bei der Aufbereitung des Quellenmaterials wurden sie deshalb behutsam dem heutigen Sprachgefühl angepaßt, ohne ihren Inhalt zu verändern. Um jedoch dem volkskundlich Interessierten den Zugang zur Originalfassung zu ermöglichen, ist am Ende jeder Sage in Form einer Nummer die maßgeblich benutzte Quelle angegeben. Das Quellenverzeichnis befindet sich am Schluß des Buches. Ebenso werden die Fußnoten zum Text zusammengefaßt vor dem Quellenverzeichnis angeführt.

Aus dem bisher Gesagten geht hervor, daß das vorliegende Buch nicht als volkskundliche Untersuchung der Sagen über den Bergbau im sächsischen Erzgebirge verstanden werden will. Vielmehr soll, die Erzähltradition der Bergleute fortsetzend, eine »ziemliche« (geziemende) Anzahl (wie es in alten Bergkalendern heißt) solcher Sagen und sagenhaften Überlieferungen dem Leser nahe gebracht werden. Wem ein solches Lesen Vergnügen bereitet, auch wenn er nicht »bergkundig« ist oder »bergläufig« sprechen und verstehen kann, dem wird im Anhang einiges erklärt. Es ist ja mit den Bergleuten in diesen alten Bergbaugebieten seit eh und je so eine Sache: Sitzen sie beieinander, so reden sie lange Zeit gar nichts. Beginnen sie dann aber zu erzählen, langsam und bedächtig, dann versteht der Uneingeweihte das Gesagte oft nicht. Da gibt es Andeutungen, fremde Begriffe und Worte, die anderes meinen, als beim ersten Hören zu verstehen ist. Nur dem leichteren Verständnis derselben soll der beigegebene Schlüssel dienen, nicht etwa einer wissenschaftlichen Deutung oder gar einer exakten Erklärung des Inhalts der Sage. Denn wenn man durch das Erzgebirge wandert, ist es ja auch so, daß man sich nicht alles und jedes erklären lassen möchte. Vielmehr verleitet der eigenartige Reiz dieser wunderbaren Landschaft, dieses geologisch interessante Gebirge mit den wie Spielzeug darin eingebetteten Dörfern trotz seines rauhen Klimas und seiner naturbedingten, oft nicht einfachen Lebensbedingungen leicht zu romantischen Träumen. Warum auch nicht! Lassen wir deshalb die Sagen so wie sie sind auf uns wirken.

An dieser Stelle sei es gestattet, ein Wort des Dankes an all die vielen Freunde und Helfer zu richten, die durch Zuarbeiten und Hinweise die Herausgabe des Buches ermöglichten. Besonderer Dank gilt den Gutachtern, den Herren Prof. Dr. Arnold und Prof. Dr. Wächtler, für die wertvollen Hinweise und Anregungen während der Erarbeitung des Manuskripts. Ebenso sei den Mitgliedern des Arbeitskreises »Sächsische Volkssagen« im Kulturbund der DDR und allen interessierten Bürgern, die zur Vervollständigung der Sagensammlung beitrugen, herzlich gedankt. Hervorgehoben seien hier vor allem die Herren G. Barthel (Breitenbrunn) und H. Becher (Schwarzenberg). In den betreffenden Archiven sind die Sammler sowie deren Quellen exakt nachweisbar. Schließlich danke ich dem Verlag für die vielfältigen Bemühungen und die verständnisvolle Zusammenarbeit.

Verlag und Herausgeber freuen sich über die positive Aufnahme des Buches, das nunmehr in dritter Auflage vorgelegt werden kann. Nach wie vor besteht großes Interesse an Hinweisen zur Vervollständigung der dem Buche zugrunde liegenden Sammlung von Sagen rund um den Bergbau im sächsischen Erzgebirge.

Der Herausgeber

Über das Auffinden der Bodenschätze

Die Sagen entstanden bereits zu der Zeit, als die ersten Bodenschätze aufgefunden wurden. Die erfolgreiche Schürftätigkeit, die vom Landesherrn als Inhaber des Bergregals stark gefördert wurde, war jedoch in den vergangenen Jahrhunderten das Ergebnis glücklicher Zufallsfunde, harter, gefahrvoller Arbeit und handwerklichen Erfindergeistes. Die Gesetzmäßigkeiten der geologischen Verhältnisse, der Entstehung und des Verlaufs der Erzgänge blieben den Bergleuten verborgen. Die Sagen vermitteln einen Eindruck davon, wie die Menschen in den Bergbaugebieten die ihnen damals unerklärlichen Erscheinungen und Vorgänge deuteten.

So haben einige der Sagen den alten Bergmannsglauben zum Inhalt, daß das Erz in der Erde wachse und beim Zutagetreten entdeckt werde. Vielfach bestand die Vorstellung, daß die Bodenschätze nachts brennen und ein meist bläuliches Licht ihren Standort verrate. Gleichfalls war der Glaube an das Beben über den Schätzen weit verbreitet.

Aber auch ein Fund, der rein zufällig, beispielsweise in einem Wagengeleise, beim Ausräumen eines Meilers oder durch Tiere gemacht wurde, ist vielfach behandelter Gegenstand in den Sagen über das Auffinden der Bodenschätze. Diese Beispiele mögen bei vielen Zuhörern des Sagenerzählers den Eindruck erweckt haben, daß ihnen gleiches ja in nächster Zeit auch »zufallen« könne.

Weiter enthalten die Sagen auch gezielte, mythisch verbrämte Hinweise auf Funde. Aus dem zur Zeit der Entstehung der Sagen vorherrschenden Glauben heraus erklärbar, zeigen dabei Gott, Maria oder ein Engel dem auserwählten Bergmann die Stelle, an der er einschlagen soll. Mitunter wird auch eine Naturerscheinung wie der Blitz zu dem geheimnisvollen »Sendboten«. Reiche Ausbeute lohnt die Befolgung dieses Gebots. Auffallend bei diesen Sagen ist, daß es in vielen Fällen arme, aber arbeitsame und fromme Menschen sind, denen nach einem Gebet auf diese Weise aus zwingender Not geholfen wird. Der reiche Fund wird damit in der Regel zum verdienten Glück, das emsige und ausdauernde Arbeit sowie festes Vertrauen auf Gottes Hilfe einbringt. Die Hilfe in Form eines guten Anbruchs kommt in der Regel erst dann, wenn die Not am größten ist. Die Aufforderung zum Durchhalten in schweren Zeiten ist dabei nicht zu übersehen.

Wenn auch wahrscheinlich ein Teil dieser Sagen unter »erzieherischen« Gesichtspunkten von außerhalb des Bergmannsstandes stehenden Kreisen in die Vorstellungswelt des Bergmanns hineingetragen wurde, entsprachen sie doch in erheblichem Umfange dem heimlichen Wünschen und Sehnen der einfachen Menschen in der damaligen Zeit. Sie sind deshalb auch vom Volke angenommen und schnell in das bergmännische Erzählgut eingeordnet worden.

Die ersten Sagen über das Auffinden der Bodenschätze entstanden in der Zeit, als der Bergmann auf eigene Rechnung schürfte. Aber diese Periode, in der man unter den Wurzeln von Bäumen oder am Bachrand ausstreichende Gänge finden konnte, war nicht allzu lang. Und deshalb mußte sich der Bergmann im Gefolge der schwieriger werdenden Abbaubedingungen mit anderen Bergleuten zusammentun, um die auftretenden Probleme bewältigen zu können. Dies blieb natürlich nicht ohne Folgen auf das Suchen und Finden von Bodenschätzen und die Entstehung von Sagen. Doch auch in späteren Zeiten, als kapitalistische Methoden bereits umfassend im Bergbau Fuß gefaßt hatten, bildeten sich vereinzelt noch entsprechende Sagen heraus.

Köhler [15] bringt dafür in seinem Vorwort ein sehr treffendes Beispiel, das gleichzeitig illustriert, wie ein tatsächliches Ereignis zur Sage werden kann. Köhler schrieb 1886: »Als vor einigen Jahren die verlassen gewesenen Baue des St. Georg zu Schneeberg wieder aufgeschlossen wurden, fand man in den Erd- und Gesteinsmassen neben zahlreichen Werkzeugen auch ein kleines gußeisernes Männchen. Dasselbe stellt eine harlekinartige Figur vor, welche vielleicht ein Musikinstrument in den Händen hielt und wahrscheinlich von einem der Trinkgefäße abbrach, die 1447 auf den bekannten Silbertisch Herzog Albrechts gestellt wurden. Als man bald hernach im St. Georg auch reiche Silbererze fand, da erzählten die Bergleute, das Männchen habe so gelegen, daß es mit seinem ausgestreckten linken Arme dorthin gezeigt habe, wo man diese Erze suchen müsse. Der den Bau leitende Beamte habe dieses Zeichen wohl verstanden. Wenn man nun weiß, daß der betreffende Beamte diese Figur gar nicht gefunden hatte, sondern daß man ihm dieselbe erst einige Tage später übergab, so wird man zugestehen müssen, daß hier die dichtende Phantasie der Bergknappen etwas schuf, was sich vielleicht nach Jahrzehnten den älteren Volkssagen von wunderbaren Anzeichen auf verborgene Schätze ebenbürtig an die Seite stellen dürfte.«

Ein Aspekt darf aber bei den Sagen über das Auffinden der Bodenschätze sowie bei all den anderen Sagen nicht übersehen werden: Der exakte Zeitbezug gehört nicht zu den Wesensmerkmalen einer Sage. Vielfach werden sogar Geschehnisse verschiedener Epochen zusammengefaßt, oder ein Ereignis wird in eine andere Zeit verlegt. So ist beispielsweise die unvorstellbar große Not der Bergleute im Erzgebirge, die in einigen Sagen sehr drastisch anklingt, in der Regel typisch für den Rückgang der Ausbeute im Bergbau. In der Periode aber, in der vor allem diese Sagen angesiedelt sind, bis hinein ins 16. Jahrhundert, waren die Bergleute im Verhältnis zu den anderen Berufsständen relativ wohlhabend.

Wenn es auch nicht das Ziel dieses Buches ist, einzelne Sagen zu erläutern und zu kommentieren, erscheint im Zusammenhang mit der ersten Sage vom Traum des Daniel Knappe doch eine Bemerkung erforderlich. Dabei geht es nicht um die Meinungsverschiedenheiten hinsichtlich des Ursprungs dieser Sage, sondern vielmehr um den Hinweis auf die goldenen Eier in den Zweigen eines Baumes, die aber dann unter den Wurzeln gefunden werden. Der »umgekehrte« Baum hat in der Mythologie eine große Bedeutung. Auch Plato sagte in diesem Zusammenhang: »Der Mensch ist eine Himmelspflanze, was darauf hinweist ist das, daß der Mensch einem umgekehrten Baume gleicht, dessen Wurzeln gen Himmel und dessen Äste zur Erde gewendet sind.«[1] Der aufmerksame Leser wird in den folgenden Sagen noch vielfach derartige Verbindungen entdecken. Somit erschließt sich unter dem Aspekt der Widerspiegelung mythischer Vorstellungen in den Sagen über den Bergbau im sächsischen Erzgebirge ein interessantes Forschungsgebiet.

Die Entdeckung der Altenberger Zwitter

Als Anno 1458 in dem ehemaligen Walde, welcher dem Herrn Walzig von Bärenstein gehörte, ein Köhler einen Meiler auf einem mächtigen flachen Gange zugerichtet hatte, fand er beim Ausstoßen Zinn. Denn die zutage getretenen Zwitter, die der Köhler zu seinem Kohlebrennen lange Zeit hindurch zum Unterlegen gebraucht hatte, waren durch die heftige Hitze nach und nach zermalmt und mürbe geworden, so daß endlich »berglauter Zinn« zum Vorschein kam. Auf diese Art ist der sogenannte Zwitterstock zum Altenberge unvermutet fündig geworden.

Nachdem nun hierauf die Nachricht von diesem reichen Zinnbergwerke durch das Land erscholl, haben sich viele Bergleute an diesem Platze niedergelassen und die Stadt Altenberg gegründet. [15]

Der Traum des Daniel Knappe

I.

Als noch dichte Waldungen den Bielberg und seine Nachbarn bedeckten, lebte im Dorfe Frohnau ein Bergmann, Daniel Knappe, fromm und brav, aber sehr arm. Er hatte sieben Kinder und ein krankes Weib in seiner Hütte. Er wußte nicht, wie seine Not enden sollte, und war nahe daran, an der göttlichen Hilfe zu zweifeln. Da erschien ihm im Traum ein Engel und sprach zu ihm: »Gehe morgen in den Wald! Am Fuße des Schreckenberges ragt eine Tanne hoch über alle Bäume des Waldes hervor. In ihren Ästen wirst du ein Nest mit goldenen Eiern finden. Dies ist dein, gebrauche es wohl!«

Als Daniel am anderen Morgen erwachte, erinnerte er sich des Traums und ging hinaus in den Wald. Er wollte das Nest mit den goldenen Eiern ausnehmen. Bald hatte er auch die bezeichnete Tanne in der Nähe der Wolfshöhle gefunden und kletterte rasch in ihren Ästen bis in den höchsten Wipfel hinauf. Aber er fand nichts.

Traurig, daß ihn der Traum getäuscht hatte, stieg er wieder herab und setzte sich auf die Wurzeln des Baumes. Er sann hin und her. Dabei fiel ihm ein, daß mit den Zweigen wohl auch die Wurzeln der Tanne gemeint sein könnten. Die Vermutung wurde bald zum festen Glauben. Eilig lief er heim und holte aus seiner Hütte das Gezäh zum Schürfen. Eifrig begann er den Schurf. Kaum hatte er die Dammerde durchbrochen, als ihm mächtige, nach allen Seiten streichende Silbergänge entgegenblinkten. Er sank auf die Knie und dankte Gott.

Bald war die Kunde von dem neu entdeckten Bergreichtum in allen Landen verbreitet. Tausende zogen herzu, um sich in der bisher so wilden Gegend anzusiedeln. Dies veranlaßte Herzog Georg den Bärtigen, eine neue Bergstadt zu gründen. Am 21. September 1496 wurde der Grundstein zu dem ersten Haus gelegt. Die neue Stadt hieß Neustadt am Schreckenberg. Später wurde sie jedoch in Annaberg umbenannt.

Zum Andenken an Daniel Knappe aber wurden die Bergleute im allgemeinen Knappen und ihre Gemeinschaft wurde die Knappschaft genannt.

II.

Einem Bergmann mit Namen Daniel[2] träumte, daß er in den dichten, undurchdringlichen Wald gehen soll. Daselbst würde ein Feuer vom Himmel fallen. Diesem solle er nachgehen und an dem bezeichneten Orte suchen. Er würde dort einen großen Schatz finden. Von diesem könne er gut leben und seine Armut beenden.

Sobald es nun Tag geworden war, stand der Bergmann auf. Er rief Gott im Gebet an, daß er ihm gnädig sei und den Traum erfüllen wolle. Danach ist er in den Wald gegangen, hat bald auf die Erde, bald gen Himmel gesehen und wieder gebetet, das ihm im Traum verheißene Feuer sehen zu lassen.

Wider Vermuten zog hernach am Himmel ein Gewitter auf. Dasselbe schlug mit starkem Donner in den Wald ein. Da eilte der Bergmann und durchsuchte alles, um zu sehen, wo es eingeschlagen hatte. Als er an dem Orte war, nahm er die Wünschelrute und hielt sie fest in die Höhe. Die Rute wandte sich aber so in der Hand, daß er dieselbe fast nicht halten konnte. Hierauf hat er daselbst geschürft und wirklich einen reichen Gang entdeckt.

Dieser glückliche Finder ging hernach zu den Bauersleuten und erzählte ihnen von seinem Glück. Auch hat er viele von denselben als Gehilfen in Arbeit genommen und seines Schatzes teilhaftig werden lassen.

Da sich nun der Ruf von diesem Funde allenthalben ausbreitete, sind viele Fremde hinzugezogen. Viele von ihnen haben auch hernach gegen Abend, wo der Berg abfällt, noch andere reiche Gänge durch den Rutengänger entdeckt. Doch sei zuerst durch die Gnade Gottes das Bergwerk daselbst entdeckt worden.

III.
Zur Zeit Friedrich des Weisen lebte im oberen Erzgebirge, nicht weit vom Schreckenberge, ein alter, schlichter Bergmann mit Namen Daniel Knapp. Nach frommer Sitte beugte er jeden Abend seine Knie vor dem Muttergottesbilde. Als er dies eines Abends wieder getan hatte, erschien ihm im Traum die heilige Mutter Anna und befahl ihm, an der Stelle, die sie ihm im Traume zeigen würde, einzuschlagen.

Verwundert über den seltsamen Traum machte sich der Bergmann auf und wanderte nach Wittenberg, wo damals der Kurfürst weilte. Zaghaft trat Daniel Knapp vor denselben hin und bat ihn, seinen Traum erzählen zu dürfen. Der Kurfürst hörte dem Bergmann aufmerksam zu. Wenig später folgte er demselben mit seinem Kanzler, begleitet von Rittern und anderen Herrn.

Am Fuße des Schreckenberges, an der Stelle, welche ihm im Traum offenbart worden war, schlug darauf der Bergmann kräftig ein. Bald strahlte dem Kurfürsten und seinen Begleitern heller Silberglanz entgegen.

Zur Erinnerung an den wunderbaren Fund ließ der Kurfürst die sogenannten Engelsgroschen prägen. Aus den Ansiedlungen, die in der Nähe des silberreichen Schreckenberges gegründet wurden, entwickelte sich wenige Jahre später die Stadt Annaberg. [19]

Der Fronleichnams-Stolln bei Annaberg

Der Bergmann Caspar Nitzelt aus dem Walddorfe Frohnau am Fuße des Schreckenberges ging am Abend vor dem Fronleichnamsfeste des Jahres 1495 nach dem nahen Bache, um sich für das bevorstehende Fest ein Gericht Fische zu fangen. Er wollte das Wasser etwas trübe machen und stocherte mit einem Stock am Rande des Baches unter dem Wasser. Dadurch fiel plötzlich ein Stückchen vom Uferrand herab und entblößte eine Bergart von grünlicher Farbe, dem Gänsekote gleich.

Dem geübten Kennerauge Nitzelts fiel diese Bergart auf. Er nahm etwas davon in die Hand. Da er bemerkte, daß sie schwerer als anderes Erdreich war, trug er davon eine kleine Menge heim und ließ sie in Geyer probieren. Daselbst fand man, daß diese Gangart zwei Lot fein Silber enthielt.

Nun mutete Nitzelt den Gang und gab ihm den Namen Fronleichnams-Stolln. Derselbe ergab bis zu seinem Erliegen die große Summe von 400 000 Güldengroschen (Speziestalern) Ausbeute.

Als kurz darauf weitere Entdeckungen am Schreckenberge und auch am Schottenberge gemacht wurden, strömten immer mehr Menschen herzu. Das Dorf Frohnau soll sie nun nicht mehr haben fassen können. Darum sei die Gründung einer neuen Bergstadt beschlossen worden, zu der am 21. September 1496 der Grundstein gelegt wurde. Fünf Jahre hindurch hat sie den Namen Neustadt am Schreckenstein geführt, bis dieser Name im Jahre 1501 in den Namen Annaberg verwandelt wurde, den diese Stadt auch heutigen Tages noch trägt. [8]

Silberfund im Schacht Himmlisch Heer

Zu Beginn des Bergbaus hatte man mit geringem Kostenaufwand nur Erzgänge ausgebeutet, die dicht unter der seichten Erdschicht lagerten und hier und da auch gar zutage ausgingen. Mit der Zeit mußte aber solcher Raubbau ein Ende nehmen, da auf diese Weise das Revier bald abgesucht war.

Diese Zeit war bereits gekommen, als Kaspar Kürschner versuchte, sein Glück zu machen. Da war man bereits ausschließlich auf den Tiefbau angewiesen. Dieser allein erforderte nicht nur größere Betriebskosten, sondern auch viel Fachkenntnis. Der junge Fundgrübner hatte jedoch einen kühnen Wagemut. Er verbaute mit sorglosem Vertrauen auf künftige Ausbeute alles, was er besaß.

Im Jahr 1536 waren für das Himmlisch Heer – so hatte man hoffnungsfroh das neue Berggebäude benannt – abermals beträchtliche Opfer erforderlich. Da war Kürschner in einer gar schlimmen Lage. All sein Vermögen war verbaut. Dazu auch all das viele erborgte Geld, das man ihm ehemals sorglos anvertraut hatte. Nirgends konnte er ein neues Darlehen erhalten.

Er war bereits so verschuldet, daß ihn die Gläubiger aus seinem stattlichen Hause drängen wollten. Er ließ auch dieses fahren, nur um die Berganteile zu retten. Aber auch sie mußten verfallen, wenn er erneute Ansprüche nicht erfüllen konnte. Zum Schaden kam noch der Spott.

Wie es um das Himmlisch Heer so schlecht stand, daß man dem Verzagen nahe war, hatte ein dort beschäftigter Berghäuer einen merkwürdigen Traum. Als er eines Tages in der Kaue, die das Schachtloch deckte, vor beginnender Schicht etwas schlummerte, war es ihm, als strahle die Decke des Ganges, in dem er arbeitete, von purem Silber. Solch einen geheimnisvollen Wink haben die Bergleute selten unbeachtet gelassen. Frohgemut brach er in das Hangende hinaus – und siehe da: Der Traum wurde Wirklichkeit. Alsbald war ein Gang erschlossen, der gewachsen Silber und kostbares Glaserz in so erstaunlicher Menge barg, wie es nie zuvor gesehen worden war.

Nun kam frohes Leben in das Getriebe. Bald waren alle Zubußen zurückerstattet, und bei der Rechnung Luciä (Adventrechnung) desselben Jahres entfielen bereits als erste Ausbeute 70 Rheinische Gulden auf einen Kux. Auch anderwärts gab es bald danach gute Anbrüche. Der Annaberger Bergbau zeigte plötzlich eine zweite Blüte, die die erste bei weitem übertraf. [3]

Die Entdeckung des Zwittervorkommens in Aue

Bis zum Jahre 1661 bildeten Feldwirtschaft und Viehzucht den Haupterwerbszweig der Einwohner von Aue. In obigem Jahr soll man nun jedoch beim Graben eines Kellers auf ein reiches Zinnerzlager gestoßen sein. Daraufhin habe man angefangen, dasselbe bergmännisch abzubauen. Im Gefolge davon entwickelte sich die Ackerbaustadt zu einer Bergstadt. [41]

Der gespenstische Bergmann in Aue

In den erzgebirgischen Bergstädten sind die Bergteufel in mancherlei Gestalt erschienen. Manchmal erschienen sie als Bergmönche inner- und außerhalb der Gruben, manchmal erschienen sie mit einem Irrlicht als einem vermeintlichen Grubenlicht.

Im Jahre 1684 ließ sich in einer Auer Wohnung beim

Schnorrschen Hammerwerk ein Geist hören und darauf in Gestalt eines Bergmannes sehen. Derselbe hüpfte in eine gewisse Gegend unweit der Mulde. Als man daraufhin an diesen Ort mit der Rute ging, soll diese auf Silber geschlagen haben. [15]

Prophezeiung von reichen Erzen

Im Jahre 1471 prophezeite ein Mönch im Kloster Grünhain namens Peter Rosenkranz dem Abt viele Sachen, darunter auch, wie ein Bergwerk am Bärenstein aufkommen werde. Dasselbe würde einen langen Bestand haben und viel Ausbeute geben. Denn es läge ein ganzer Stock Erz hinter dem Stein, hinab gegen das Wasser zu, ein Gang eines Wagens breit im Streichen, gegen halb Mittag und halb Abend. Er führe solch großes Erz, daß es nicht auszusagen sei. Wenn die Zeit da sei, daß es aufkommen solle, würde eine Zeche an der anderen stehen, bis über die Waschleithe hinauf. Wer nur einen Kux davon hätte, würde für sich, seine Kinder und Kindeskinder Nahrung haben.

Auch würde ein Bergwerk aufkommen zwischen dem Pöhlberg und dem Bärenstein, das einen guten Bestand habe und viel Ausbeute gäbe. Eine schöne Stadt würde dahin gebaut werden. Aber dieses Bergwerk wäre nur eine Ader vom Bärenstein.

Es läge auch viel Eisenstein auf den Raschauer Gütern, aus dem ein gar gutes Eisen gemacht werden könne. Dieser würde bald gefunden werden. Dagegen wäre die Zeit noch nicht gekommen, daß der Bärenstein aufkommen werde. Erst würde durch einen Aufruhr das Kloster ganz zerstört werden, so daß das Erdbeerkraut auf den Mauern und die Bäume über die Mauern hinauswüchsen.

Dasselbe prophezeiten später drei fahrende Schüler, die den Abt von Grünhain, Johann Gottfried Küttner, um Herberge und Beförderung angesprochen hatten. Auf ihre Rede hin hat der Abt eine Hirsch- und Bärenjagd am Bärenstein veranlaßt und die drei fahrenden Schüler mit hingeschickt. Als man sie an Ort und Stelle fragte, zu welcher Zeit das Bergwerk aufkommen solle, sind sie ein wenig beiseite getreten und haben miteinander geredet. Dann sagten sie, daß ungefähr 50 Jahre nach dem Bauernkriege das Kloster so wüst sei, daß das Erdbeerkräutig auf den Mauern wachsen und die Bergstädte teils zugrunde gehen würden. Alsdann würde der Bärenstein angehen und angenommen. Allein man müßte mit dem Stolln die Gänge überfahren. [8]

Der Silberstock im Kühberg bei Bärenstein

Der Kühberg soll nach einer alten Bergprophezeiung auf einem Silberstock stehen, gleich einer Ente, die auf dem Wasser schwimmt. Daraufhin sind schon viele kostbare Röschen und Stolln in den Berg getrieben worden, um die zwei mächtigen Hauptgänge zu erschroten und die Schätze zu heben. Diese sollen so mächtig sein, daß sie der reichen Ausbeute auf St. Georg zu Schneeberg gleichgestellt werden. [11]

Die blaue Blume am Bärenstein

Ein aus der Freiberger Gegend zugewanderter Bergmann schürfte vergebens in der Nähe des Michaelisstollns am Südabhang des Bärensteins nach Erz. Die Not ließ ihn auch nachts nicht zur Ruhe kommen. Oft quälten ihn allerlei Träume. Doch eines Nachts träumte ihm, daß ihm ein Engel eine blaue Blume zeigte. Diese sollte er pflücken und an den steil abfallenden Fels an der Südseite des Bärensteins halten. All seine Sorgen fänden dann ein Ende.

Der Bergmann suchte und fand auch am nächsten Tage die Wunderblume. Voller Hoffnung ging er nun an den Fels und berührte ihn mit der blauen Blume. Da begann ein schreckliches Getöse. Der Bergmann wollte schon angstvoll fliehen. Doch da tat sich der Fels auf, und ein Zwerg erschien. Dieser zeigte mit der einen Hand in das Innere des Berges. Daselbst erblickte der Bergmann mächtige Silberschätze. Die andere Hand aber legte der Zwerg auf den Mund und bedeutete damit dem Bergmann, daß er über das Geschehene schweigen müsse. Daraufhin schloß sich der Felsspalt wieder, und der Bergmann stand sich selbst überlassen da. Doch grub er nun fleißig an der von dem Zwerg bezeichneten Stelle.

Dabei fand er genug Erz, um sich und seine Familie aus der Not zu befreien. Auch reichte die Ausbeute, um sich für die Zukunft einige Ersparnisse zurücklegen zu können. [54]

Ein Köhler findet Erze am Bärenstein

Als Herr Johann Gottfried (Göpfert) Abt des Klosters Grünhain war, hat ihm ein Köhler zu Schwarzbach, der alte Burkhart genannt, ins Kloster ein Geschiebe von der Größe eines Badehütleins gebracht. Dasselbe hatte er beim Abräumen des Meilers etwa einen halben Armbrustschuß vom Bärenstein herab gegen Cranzahl gefunden. Der Abt ließ es in Schneeberg probieren. Dabei wurde der Zentner für 135 Mark Silber gehalten. Daraufhin ist der Bärenstein als hoffnungsvolles Silbergebirge mit Macht angegangen worden. [8]

Der Ursprung der Bergstadt Brand

In dem dichten Urwald, der früher die Gegend um Freiberg bedeckte, lebte einst ein Köhler, namens Klaus, mit seiner Tochter Margaretha. Ein junger Mann aus dem Thüringer Lande diente ihm als Gehilfe und bemühte sich sehr um das hübsche Mädchen. Doch Margaretha verliebte sich in einen jungen Bergmann aus Freiberg, der im Walde in eine Wolfsgrube gestürzt und von der Familie gepflegt worden war. Es kam zur Verlobung und nur kurze Zeit später zur Hochzeit.

Der Gehilfe hatte all dies mit aufsteigendem Groll beobachtet. Haß und Neid quälten sein Herz. In der Nacht nach der Hochzeit führte er seinen bösen Racheplan aus – er legte Feuer. Bald stand die Hütte in Flammen. Schnell griffen die

Flammen auf den Wald über. Nur mit Mühe gelang den Neuvermählten die Flucht aus dem Flammenmeer, welches länger als einen Tag und eine Nacht wütete. Erst ein starker Gewitterregen setzte den Flammen ein Ende. Der alte Köhler Klaus war in den Flammen umgekommen.

Das junge Paar war nach Freiberg geflüchtet. Mit Gefährten aus anderen, ebenfalls abgebrannten Köhlerhütten zogen sie am vierten Tage zurück zur Brandstätte. »Wir wollen auf den Brand gehen«, sagten sie. Von den alten Wohnungen war nichts mehr zu sehen. Menschengebeine wurden in geweihter Erde auf dem Kirchhofe in Erbisdorf beigesetzt.

Als für die neuen Häuser die Grundmauern ausgeschachtet wurden, fand der Bergmann eine Stufe Rotgültigerz. Daraufhin legte er die erste Grube auf dem Brand an und nannte sie den Segensfürst.

Der Ruf vom Silberreichtum der Gegend lockte bald weitere Bergleute herbei. 1515 vereinigte Herzog Georg der Bärtige alle Berghütten, Wald- und Zechenhäuser auf dem Brand zu einer Gemeinde. [15]

Die Entdeckung der Kalkvorkommen in Crottendorf

1580 wurden in den Crottendorfer Wäldern die ersten Kalkvorkommen nachgewiesen. Über deren Entstehung berichtet die Sage folgendes:

Ein böhmischer Bärenführer entfachte während einer Rast ein Feuer. Als er dieses mit Wasser löschte, barsten einige der durch das Feuer erhitzten Steine. Diese Erscheinung erzählte er weiter. Man schloß daraus, daß an dieser Stelle Kalkvorkommen zutage treten würden. [42]

Die Entdeckung der Zinnvorkommen in Ehrenfriedersdorf

Die Sage berichtet, daß um das Jahr 1240 am Fuße des Sauberges Wildschweine die dort zutage getretenen Zinngänge entblößt haben.

Auf diesem Berghange siedelten sich auch die ersten Bergleute an. Erst nach dem großen Brande von 1528 baute man mehr in das Tal. [52]

Die Kutte bei Elterlein

Einst wanderte ein Pater aus dem Kloster Grünhain zur Kapelle, um seines Amtes zu walten. Doch die Hitze war sehr groß, und so setzte er sich im Walde nieder, um zu verkühlen und auszuruhen. Aber im Niedersetzen stach ihn etwas von hinten so unsanft, daß er vor Schmerz laut aufschrie. Er untersuchte daraufhin den Boden und fand einen starken Zacken Silbers, der drei Zoll lang aus der Erde hervorstand. Um die Stelle sicher zu bezeichnen, zog er seine Kutte aus und legte sie über den Zacken. Dann eilte er, so schnell ihn seine Beine trugen, nach Grünhain zurück und berichtete dem Abt über seinen Fund.

Bald darauf wurde an dieser Stelle ein Bergwerk angelegt, das lange Zeit gute Ausbeute gab. Zur Erinnerung an die Entdeckung der Erze wurde es Die Kutte genannt. [8]

Die Entdeckung der Freiberger Silbererze

Einst haben Fuhrleute Salz aus Halle an der Saale geholt, um es in Böhmen zu verkaufen. Als sie nun an die Grenze des böhmischen und meißnischen Gebirges kamen, haben sie in der Gegend, wo jetzt die Stadt Freiberg liegt, in einem Wagengeleise ein Geschiebe von gediegenem Bleierz angetroffen, welches vom Wasser bloßgelegt worden war. Weil es nun dem Goslarischen Erz nicht ganz unähnlich war, haben sie dasselbe auf den Wagen geworfen und hernach mit sich nach Goslar genommen. Daselbst fand man, daß das Erz an Silber weit reicher als der Goslarische Glanz- und Bleischweif war. Also hat sich eine Anzahl von Bergleuten aufgemacht und sich unter Anleitung der Fuhrleute an den Fundort begeben. Dadurch ist die heutige Bergstadt Freiberg nach und nach entstanden. [8]

Bergglück unter besorglichen Wunderzeichen

Innerhalb von zehn Jahren, von 1163 bis 1173, als das Freibergische Bergwerk rege war und die Stadt angelegt wurde, sind allerhand erschreckliche Wunder und Erscheinungen am Himmel aufgetreten, die ansonsten als böse Vorzeichen galten. So sah man drei Sonnen, etliche Wundersterne, brennende Fackeln, Blutregen, stürmende Blitze und Donner. Gleichwohl war dies dem Bergwerk nicht nachteilig.

Im Jahre 1471 erschien ein Komet im Zeichen der Waage. Darauf ist das Bergwerk zu Schneeberg, welches das vorhergehende Jahr angegangen war, in hohe Blüte gekommen und hat reichlich geschüttet.

Im Jahre 1492 erschienen im Januar drei Sonnen am Himmel, und im März war ein Komet zu sehen. Das schadete aber dem Obergebirge nichts, sondern es wurde das Bergwerk am Schreckenberge bei Annaberg rege.

In den Jahren 1515 und 1516 brannten zwei Kometen am Himmel. Dabei kamen die Silberzechen am Scheibenberg und in Joachimsthal[3] auf. [15]

Die Kapelle zu Frohnau

Im Jahre 1502 kam ein angesehener, würdiger Mann namens Lorenz Pflock nach Annaberg. Seine Frau folgte ihm nach kurzer Zeit auf einem Wagen. Als sie etwas über das Dorf Frohnau hinaus war, kam es ihr vor, als ob in dieser Gegend die Erde erschüttert werde.

Nicht lange darauf legte ihr Mann an diesem Orte ein Bergwerk an, das überreiche Ausbeute gab. Mitten im Dorfe jedoch ließ er aus Dankbarkeit eine Kapelle mit einem kostbaren Altar erbauen. [15]

Die Gründung der Stadt Geyer

Einst hatten Geier dem Hühnerhofe des Rittergutes Tannenberg argen Schaden zugefügt. Da bestieg der geschädigte Edelmann sein Jagdroß, um den Raubvögeln nachzuspüren. Das Gestrüpp der bewaldeten Höhen hinderte ihn aber am weiteren Vordringen. Er band deshalb sein Pferd an einen Baum und schritt zu Fuß weiter. Bald hatte er den Horst der Geier aufgespürt und zerstörte ihn. Auch die alten Vögel erlegte er.

Als er zu seinem Roß zurückkam, hatte es mit seinen Hufen zutage getretene Zwitter entblößt. Der Edelmann nahm einige Erzstücke mit und zeigte sie Kundigen. Auf deren Anraten schlug man an dieser Stelle ein. So wurde der Geiersberg fündig. Durch die herbeigeeilten Bergleute entstand eine Ansiedlung, die sich alsbald zur Stadt entwickelte.

Eine andere Überlieferung besagt, daß im Nest der Geier Zinngraupen gewesen seien. Daraufhin wurden die Bergleute angeregt, in der Nähe zu schürfen. So sollen die Erzschätze entdeckt worden sein. [19]

Ein Geyersdorfer Bauer findet reiche Erzgänge

Unter einem Fenster an dem hinteren Teil der Kirche zu Geyer befand sich ein Gemälde auf Leinewand, das einen Bauern darstellte, zu dessen Füßen ein Leichenstein zu sehen war.

Der Sage nach soll jener Bauer auf dem Rückwege von Geyer nach Geyersdorf, das vor Annabergs Erbauung nach Geyer eingepfarrt gewesen sein soll, von der Nacht oder einem Schneegestöber überrascht worden sein. Er nahm seine Zuflucht auf einem Baum. Daselbst habe er nun geträumt, daß unter diesem Baum Erzgänge seien. Er suchte und fand so reiche Erze, daß er durch den daraufhin begonnenen Bau in kurzer Zeit zum reichen Manne wurde. Aus Dankbarkeit ließ er den Teil der Kirche bauen, in dem sich das Bild befand. Auf dem Gemälde war er abgebildet, wie er im Begriff stand, mit einer lang gespitzten Keilhaue einzuschlagen. [9]

Engel zeigen die Fündigkeit des Bergbaus in Grünhain an

Einem Grünhainer Mönch träumte einmal, er sähe auf einem Fels gegenüber dem Hemmberge einen Engel sitzen, der sich sein Silberhaar kämmte. Als er hinzutrat, war der Engel verschwunden; aber ein Silberhaar bezeichnete die Stelle, wo er gesessen hatte. Als daraufhin die Mönche an jener Stelle schürften, fanden sie eine Silberader.

Ein anderer Mönch hatte auf einem Felsen am Ebenberg die himmlichen Heerscharen auf- und niederschweben sehen; und jeder Engel hatte zum Zeichen der Fündigkeit dieser Stelle ein silbernes Haar daselbst niedergelegt. [10]

Ein graues Männchen zeigt eine neue Grube in Johanngeorgenstadt an

Am Tage Martini Lutheri (10. November) begab sich ein Bergmann nach dem vorderen Fastenberg in Johanngeorgenstadt. Plötzlich erblickte er ein graues Männchen, das vor ihm herging und an einer bestimmten Stelle verschwand. Als man auf die Erzählung des Bergmanns hin daselbst schürfte, fand man einen neuen Silbergang. Da er am Luthertage entdeckt worden war, erhielt er den Namen Lutheri Fundgrube. [10]

Der Ursprung verschiedener Zechennamen bei Johanngeorgenstadt

Glockenklang und Vogelgesang Fundgrube

Die Fundgrube soll ihren Ursprung und ihren Namen einem starken Geläute verdanken, welches man auf des Försters Vogelherd einige Tage so deutlich vernommen habe, als komme es aus einer nahe gelegenen Stadt. Auch soll man zuweilen ein Bubbern oder Lummern in der Erde verspürt haben.

Scheller Traum

Der Name rührt von einem Traume her, welchen eine Frau gehabt haben soll und in dem ihr der Ort angezeigt wurde, wo man einschlagen müsse.

Grauen Manns Fundgrube

Dieser Name soll von einem grauen Männchen, das man daselbst gesehen haben will, herrühren.

Hohe Tanne

Dieser Name soll sich aus folgender Begebenheit herleiten: Etliche Bergleute schürften nach einem Zwittergang. Als sie im Schurf arbeiteten, knallte es in dem daneben stehenden Tannenstummel derart, daß zugleich die Splitter davon wegsprangen. [15]

Des Silbers Dach

In den Bergwerken in der Gegend um Johanngeorgenstadt traf man oft Wismut an. Die Bergleute hielten dies für ein gutes Zeichen. Sie nannten es auch des Silbers Dach, weil man sich Hoffnung machte, unter demselben zu einem reichen Silberanbruch zu kommen. Dies soll denn auch auf den Zechen Unverhofftes Glück, Treue Freundschaft, Erzengel Gabriel und anderen geschehen sein.

Auch war der Glaube verbreitet, daß sich Silber aus Wismut bilde. So habe man bei den Halden, auf die man Wismut gestürzt hatte, nach Jahren Silber gefunden. Fanden die Bergleute einen Wismutanbruch, nahmen sie an, daß daraus gutes Silber geworden wäre, wenn diese Bergart länger im Bergfeuer gestanden hätte. [30]

Die Katharina-Fundgrube in Langenberg

Eine Bauernmagd mit Namen Katharina, die damit beschäftigt war, einen Wassergraben zu ziehen, stieß beim Roden plötzlich auf blinkendes Erz. Sie schlug ein Stück davon los und brachte es freudestrahlend ihrem Herrn.

So wurde die Grube fündig, die nach der Magd Katharina-Fundgrube genannt wurde. [10]

Die Dreibrüderhöhe bei Marienberg

Über die Entstehung des Namens des an der Straße von Marienberg nach Wolkenstein liegenden Berges wird folgendes erzählt[4]:

Einst fuhren drei Brüder in den Wald, um Holz zu schlagen. Da fanden sie einen zur Oberfläche führenden Silbergang. Sie bauten ihn alsbald ab. Daraufhin legten sie ein Bergwerk an, um auch die Erze aus der Tiefe zu holen. So entstand zuerst die Grube Alte Brüder, aus der sie große Reichtümer gewannen.

Als später auch weiter abwärts Silbererze gefunden wurden, gründeten sie die Zeche Neue Brüder.

Die Anhöhe aber wurde zur Erinnerung an jene Brüder die Dreibrüderhöhe genannt. [15]

Der Ursprung der Bergwerke bei Nossen

Es wird erzählt, daß Bergwerke an der Mulde gegen Nossen lange vor den Freiberger Silbergruben gangbar gewesen wären. Das Gersdorfer Bergwerk soll unter diesen das älteste gewesen und bei folgender Gelegenheit aufgekommen sein:

Im Jahre 733, am Tage Simonis und Judä, hätte ein Mönch, der Kappenmönch genannt, einen auf der alten, jetzt gänzlich verfallenen Wunderburg bei Roßwein gesessenen Räuber mit Namen Martin Griechen besucht. Darauf habe ihn letzterer, nebst seiner Buhlerin, welche Gertrud hieß, beim Abschied ein Stück des Weges begleitet. Bei dieser Gelegenheit hätten sie unterwegs reiche Erze entdeckt. Der Mönch habe daraufhin seine Kutte für immer abgelegt und der Räuber von seinem Räuberhandwerk gelassen. Dafür hätten sie ein Bergwerk angelegt und reiche Erze gefunden. Auch hätten sie an dem Orte einen Flecken gegründet, den sie nach des ehemaligen Räubers Buhlerin Gertrud Gersdorf benannten.

Das Bergwerk wäre hierauf bis zum Jahre 887 angebaut

worden. Von da an blieb es aber zwei Jahre lang, einer sich entsponnenen Räuberei halber, liegen.

Von diesem Schicksal sei auch ein anderes Bergwerk, der Goppisch genannt, betroffen worden. Dessen Lage sei aber nicht mehr bekannt.

Nach einer weiteren Niederlage von drei Jahren, deren Zeit aber nicht mehr genau angegeben werden könne, hätte man angefangen, zu Erzdorf ein ganz neues Bergwerk herzurichten. In Ermangelung der Bergarbeiter hat ein jeder Bauer dazu zwei Leute schicken müssen. Das Bergamt wäre auf dem späteren Schafhofe gewesen. [15]

Brennende Bergwitterung zeigt Erze an

Die besonders zu Nachtzeiten lichterloh brennende Bergwitterung, die wie ausgestreutes Pulver plötzlich auflodert und wieder verlischt und die Ausgänge, Luftlöcher und Klüfte der Metalladern zeigt, ist im Erzgebirge gar allgemein verbreitet. So hat man an den Orten, an denen später Bergstädte erbaut worden sind, zuvor viel und starke Bergwitterung gespürt.

Dies ist geschehen im Jahre 1491, als starke Bergwitterung um den Pöhlberg die Bergleute veranlaßte, die Erzgänge mit der Rute zu erforschen und zu entblößen. Desgleichen hat sich um den Scheibenberg, wo früher rauher Wald und Morast war, des Nachts viel Witterung von ferne sehen lassen, so daß die Nachbarn vermuteten, es müsse daselbst reiches Erz liegen. Daher hat auch Caspar Klinger von Elterlein im Jahre 1515 zuerst daselbst eingeschlagen und die erste Fundgrube gemutet. [15]

Vom Reichtum der Gebirge bei Rochlitz

Nach dem Glauben mancher Leute stehe der Rochlitzer Wald auf lauter Gold. So habe man nicht nur viele Molche daselbst gesehen, sondern auch Goldkörner in der Mulde gefunden. Außerdem habe man bisweilen Goldflitzschen geseift.

Da man am Gerichtsberge sehr oft eine große Witterung gesehen hat, sagt man, daß der Galgen auf Silber stehe. [11]

Die Grube Buchen und glückseliger Windbruch

In Rübenau soll etwa 1590 angefangen worden sein, einen neuen Stolln auf den reichen und mächtigen Zwittergang zu treiben. Dabei verdankt die Grube den eigentümlichen Namen Buchen und glückseliger Windbruch wahrscheinlich dem

Umstand, daß der ausstreichende Gang unter einer entwurzelten Buche entdeckt wurde. [20]

Die goldene Säule im Scheibenberg

Die Alten erzählten, daß eine goldene Säule im Scheibenberg stehe. Daraufhin haben nicht nur die Waltersdorfer durch einen Stolln, sondern auch die Scheibenberger durch einen Schacht oben auf dem Berge danach gesucht. Sie nannten die Zeche Zur Güldenen Säule. Bei ihrer Suche hat der Satan die Bergleute oft geblendet, indem sie vermeinten, die Säule gefunden zu haben. Aber es war alles umsonst. Manche erzählen, daß die Säule auf dem Zug schon gefunden worden ist, und bis an den Berg hat sich alles zertrümmert. [11]

Wie das Schneeberger Silberbergwerk entdeckt wurde

I.

Zu dem Rittergut Neustädtel bei Schneeberg gehörte ein ungeheuer großer Wald, in dem sich außer wilden Tieren kein lebendes Wesen aufhielt. Ausgenommen davon war lediglich eine von Schlema aus betriebene Eisenzeche. Dorthin verirrte sich um 1470 ein böhmischer Hausierer, Sebastian Romner aus Crems. Er ließ sich vom dortigen Steiger auf den rechten Weg zurückführen. Dabei klagte ihm dieser, daß jetzt sein Gestein zu sehr an Eisengehalt abnehme. Romner aber nahm in der Meinung, das Erz könne wohl etwas anderes Gutes enthalten, einiges davon mit nach Jörkau und Nürnberg. Daselbst erklärten es die Probierer für das reichste Silbererz. Romner kehrte nun nach Sachsen zurück, um diese Entdeckung möglichst auszubeuten. In Zwickau wurde er jedoch wegen Trunkenheit festgenommen. Dabei ließ er vor dem Hauptmann Mülich von Carlowitz die Worte fallen, daß er in der Nähe einen Schatz wisse, der einen wohl zum Herrschaftsbesitzer machen könne. Als dies der Hauptmann hörte, ließ er sich von Romner nach jener Eisengrube, die sein eigenes Besitztum war, führen, und beide begannen zusammen den Silberbergbau. Romner verheiratete sich bald darauf mit Anna von Bünau, einer Muhme jenes Hauptmannes, und gründete so das Geschlecht der Römer auf Neumark. [8]

II.

Es hat sich von ungefähr zugetragen, daß ein Bergmann oder Arbeiter, welcher zu dem in Schlema vor Zeiten befindlichen Hammer gehörte, nach Eisenstein schürfte. Dabei kam er auch an den Schneeberg, wo er einen besseren Eisenstein zu finden vermeinte, als er am Wolfsberge, Hasenberge und an anderen Orten gefunden hatte. Er hatte aber auch hier schon mehrfach erfolglos geschürft.

Nicht lange danach legte sich an diesem Ort ein Bürger aus Zwickau namens Römer oder Romner in einem alten Schurf ein, wo eine schöne Gilb und Bräun in der Dammerde gewesen war. Daselbst hielt er zwei Arbeiter, die er alle vier Wochen ablohnte, während er mit seiner Würzlade weiter im Lande umherzog. Bald darauf ließ er einen Schacht senken, und die Arbeiter trafen endlich eine »gänßkötige« Bergart, samt einer Bräun und Gilben, welche der ersten Bergart im Schurf ähnlich war. Davon brachten sie am Lohntage ihrem Herrn etliche Handsteine nach Zwickau. Derselbe ließ sie bei einem Goldschmiede probieren. Dieser gab ihm zur Antwort, wenn er noch mehr von diesen Dingen habe, solle er sie ihm bringen. Er wolle ihm schöne silberne Becher daraus machen.

Dies soll ungefähr im Jahre 1470 geschehen sein. Nach dieser Zeit sollen sich bald mehr Bürger von Zwickau und den anderen Orten, edel und unedel, zusammengetan, fortgebaut und endlich ein mächtig Erz angetroffen haben. Doch erst im Jahre 1472 hat man den rechten Putzen, wie die Bergleute sagen, angetroffen.

Darauf ist das Schneebergische Bergwerk so in Schwank gekommen, daß seinesgleichen nie gewesen ist. Man konnte damals das Silber gar nicht alles vermünzen, sondern mußte es kuchenweise oder in ganzen »Plicken« austeilen. [15]

Wie der Zechenname Die fruchtbare Torheit entstand

Die fruchtbare Torheit, eine frühere Silbergrube bei Schneeberg, soll ihren Namen folgender Begebenheit verdanken:

In den ersten Jahren des Schneeberger Silberbergbaus war man so silberhungrig, daß man unter jedem Fleck Erde reiche Erze vermutete und danach schürfte. So schlug damals der Münzmeister Funk sogar in seiner Schmelzhütte ein und beschädigte dadurch das Gebäude. Man lachte ihn deswegen allgemein aus. Als aber später die Zeche ergiebig wurde, nannte man sie bezeichnenderweise Die fruchtbare Torheit. [15]

Die Grundsteinlegung der St.-Wolfgangs-Kirche in Schneeberg

Es wird erzählt, daß man anfangs beabsichtigt habe, die Sankt-Wolfgangs-Kirche auf dem Platz zu bauen, wo später die Schule errichtet wurde. Als man aber dort den Grundstein legte, verschwand dieser zweimal nacheinander. Da erschien einem Bergmann im Traume ein Grubenmännchen und zeigte ihm die Stelle, wo die neue Kirche erbaut werden sollte. Als man dort den Grundstein legte, blieb er liegen. Darauf führte das Männchen den Bergmann in die Tiefe und zeigte ihm unter dem Platze reiche Silbererze. [19]

Die Entdeckung des Freudensteiner Ganges in Schneeberg

Der Freudensteiner Gang soll 1526 von einer Magd entdeckt worden sein, als sie auf dem hinteren Gleeßberge in einem

Wald auf Neustädter Feldern Gras holte und dabei einen Silberzahn mit der Sichel abhieb und mit nach Hause brachte.

Glaublicher wird berichtet, daß das gediegene Silber daselbst von einer Kuh ausgetreten und vom Hirten gefunden wurde. Dieser hat es mit großem Nutzen abgeschlagen.

Hieraus haben die Bergleute ein Rätsel gemacht und sich gegenseitig zu raten aufgegeben: »Wo ist das Erz über den Haspel gewachsen?« [15]

Ein Pferd entdeckt die Silbererze des St. Georg in Schneeberg

Als der Schneeberg noch mit Wald bedeckt war, befand sich daselbst eine Försterei. Dort wurde den Umwohnenden, besonders aus den Mühlen gegen Griesbach sowie den Hammerleuten in Schlema, Holz angewiesen. Dabei soll ein Pferd, welches man an einen Baum gebunden hatte, gescharrt und in der Dammerde eine »Gilbe« entblößt haben. Damit begann das Fündigwerden des St. Georg, an dessen Zechenhaus sich vor Zeiten zur Erinnerung ein aufgenageltes Hufeisen befunden haben soll. [15]

Das Fündigwerden der Zeche Osterlamm in Waschleithe

Ein Klostergärtner von Grünhain wollte um die Osterzeit oberhalb der Waschleithe einen Wässerungsgraben ziehen. Dabei stieß er beim Schachten auf einen Stein von auffallender Schwere und metallischem Glanz, der die Gestalt eines Lamms aufwies.

Der Gärtner nahm das Fundstück mit in das Kloster. Es wurde alsbald nach Freiberg gesandt und daselbst als silberhaltiges Erz befunden.

Der Abt des Grünhainer Klosters ließ daraufhin zwei Stolln anlegen, die man Osterlamm nannte, weil der Fund zu Ostern gemacht worden war und der Stein, der zur Gründung dieser Bergwerke führte, die Gestalt eines Lamms hatte. [10]

Der Schacht zu den wunderlichen drei Köpfen in Zinnwald

In Graupen[5] betrieben einst drei Brüder als Eigenlehner eine ausgiebige Zeche und gelangten dadurch zu Reichtum. Das plötzliche Verschwinden des Erzgangs erforderte aber hohe, jedoch ergebnislose Aufwendungen, so daß der erworbene Reichtum schnell dahinschwand.

Da erschien allen drei Brüdern im Traume der Berggeist und forderte sie auf, die zwecklose Mühe aufzugeben und gegen Mitternacht zu wandern. Reiche Ausbeute würde ihnen daselbst beschieden sein. Sie befolgten den Rat und zogen alsbald los. Als sie einige Stunden gegangen waren, fanden sie im dichten Wald zutage stehende Zwitter. Sie stritten hin und her, ob dies wohl schon der rechte Platz zum Einschlagen wäre oder ob sie weiterwandern sollten. Als sie sich nicht schlüssig werden konnten, erschien der Berggeist als Berggnom und sprach nur: »Ihr seid aber doch drei wunderliche Köpfe!« Daraufhin verschwand er wieder. Die Brüder wußten nun, was sie zu tun hatten. Sie schlugen an dieser Stelle ein und hatten reiche Ausbeute. Den Einschlag nannten sie

Zu den drei Wunderköpfen. Es war der erste Schacht im Zinnwalder Bergrevier und wurde später nur der Köpfenschacht genannt.

Diese drei Männer sollen der Sage nach die Gründer von Zinnwald gewesen sein, da sich wegen des großen Zinnreichtums bald weitere Bergleute einfanden. Sie nannten ihre Siedlung »Der Zinnwald«, weil der gesamte Wald reich an Zinn war. [13]

Ein Hirtenknabe findet die Steinkohle auf

Es war gegen Ende des 12. Jahrhunderts. Jörg, ein Hirtenknabe auf dem Schloß Planitz, trieb seine Herde auf die Weide. Die Gegend um den Schloßberg hatten die Tiere den Sommer über schon abgeweidet. Darum zog er nun weiter ostwärts, etwa in die Gegend des heutigen Hammerwaldes.

Der Himmel zeigte an diesem Tage kein freundliches Gesicht. Nach den vergangenen warmen Tagen fühlte Jörg das kühle Wetter doppelt. Ihn fröstelte. Er wollte sich deshalb ein Feuer anzünden, um sich zu wärmen.

Bald hatte er auch genügend dürres Holz gesammelt. Doch

mit dem Feuer mußte er sich heute plagen. Es wollte nicht so recht brennen. Jörg schichtete Steine um die Feuerstelle, um sie einigermaßen zu schützen. Die Steine brauchte er nicht zu suchen. Überall lagen schwarze glänzende Steine umher.

Von Zeit zu Zeit mußte Jörg nach dem Vieh sehen. Wie leicht liefen die Tiere auseinander. Als er wieder einmal einen Ausreißer zur Herde zurückgetrieben hatte und er an seine Feuerstelle zurückkam, staunte er nicht schlecht. Die Steine, die er um die Feuerstelle geschichtet hatte, brannten. Ein Stein nach dem anderen wurde vom Feuer aufgezehrt, bis nur Asche übrig blieb. Jörg holte daraufhin noch ein paar solcher Brocken und warf sie ins Feuer. Auch diese brannten und strahlten, wenn sie richtig glühten, eine herrliche Wärme aus.

Nach dem Eintreiben berichtete er im Planitzer Schloß von seiner Entdeckung. Aber erst nachdem man sich selbst davon überzeugt hatte, glaubte man ihm.

So soll ein Kuhhirt im Hammerwald zwischen Planitz und Cainsdorf die Zwickauer Steinkohle entdeckt haben. [54]

Die Entdeckung des Zöblitzer Serpentinsteins

Einst hütete Matthias Brendel die Ziegen des Bergmeisters Christoph Illgen. Als er einmal sein Messer an einem Stein schärfen wollte, beobachtete der Junge, daß sein Messer eine glatte Höhlung in dem Stein entstehen ließ. Diese Entdekkung teilte er dem Bergmeister mit. Dieser erkannte sofort deren Wert. Er kam auf die Idee, aus dem weichen Stein Gebrauchsgegenstände herstellen zu lassen.

Seit jener Zeit wird in Ansprung und Zöblitz dieser Serpentin- oder Schlangenstein gebrochen und verarbeitet. [40]

Aus dem Leben der Bergleute

Die in diesem Abschnitt zusammengefaßten Sagen geben dem Leser einen Einblick in die Sorgen und Nöte der Bergleute in den vergangenen Jahrhunderten, aber auch in ihre Freuden und Vergnügungen. Es sind auch Sagen enthalten, die gleichermaßen aus anderen Lebensbereichen stammen könnten, die aber durch die Einbeziehung von Bergleuten in das Geschehen ihren »bergmännischen Bezug« erhalten, so z. B. Sagen über die Begegnung eines Bergmanns mit einem Gespenst.

Diesem Abschnitt wurden weiterhin Sagen zugeordnet, in denen über Versuche berichtet wird, einen Schatz zu heben. Sicher kann man darüber streiten, ob hier der Bergmannsberuf mit dem des Schatzgräbers gleichgesetzt wird oder ob der aus der Not des Bergmanns geborene Wunsch zum tragenden Motiv der Sage wird. Jedenfalls unterscheiden sich diese Schatzsagen prinzipiell weder in ihrem Aufbau noch in ihrer Aussage von den sonstigen Schatzsagen.

Insgesamt vermitteln diese Sagen – wie übrigens auch viele andere – einen Eindruck von den vielen Schwierigkeiten und Nöten des damaligen Lebens. Da wird berichtet, daß Bergleute nach anstrengender Tagesarbeit oder auf Grund früher Invalidität noch in andere Orte musizieren gehen, um sich ein paar Pfennige zu verdienen. Ebenso spiegelt sich der Krieg mit all seinen schrecklichen Folgen wider. Es gehörte zwar zu den Privilegien der Bergleute, daß sie nicht zum Militärdienst gezwungen werden durften. Durch den Krieg wurden sie jedoch in Not und Elend gestürzt, oft ihrer Existenzgrundlage beraubt. Und nicht jedem gelang es dann, wie in der Sage über die Entstehung des Mühlgrabenstollns in Scharfenstein, wenigstens sein Leben zu retten.

Weiter wurden hier einige Sagen erfaßt, die Aufschluß über das Verhältnis der Bergleute zu Religion und Kirche geben. Ausgehend von den mittelalterlichen Vorstellungen spielen dabei auch der personifizierte Teufel und die Bergbauheiligen eine Rolle. Möglicherweise stand z. B. die Sage vom Kätchenstein bei Frohnau ursprünglich im Zusammenhang mit der Verehrung der Bergbauheiligen St. Katharina. Weitere Ansatzpunkte lassen sich bei den Sagen über die Errettung aus tödlicher Gefahr finden.

Es sei schließlich noch hervorgehoben, daß in einigen Sagen dieses Abschnittes die beginnende Erkenntnis der Bergleute zum Ausdruck kommt, daß sie aus eigener Kraft sogar »übernatürliche« Mächte überwinden können. Beispiele dafür sind die Sagen »Kobold und Nickel im Spiegelwald bei Grünhain« und »Der Teufel am Diebshäusler Schacht bei Mittweida«.

Wie Dr. Martin Luther einem Bergmann zu Altenberg Böses mit Gutem vergolten hat

Im Jahre 1522 schufen Leute aus Altenberg ein hölzernes Bild, das wie Luther angezogen war. Dasselbe haben sie vor ein aus fingierten Richtern und Schöppen gebildetes Gericht geführt und es wegen Ketzerei verklagt und verurteilt. Dann wurde es mit großem Geschrei und Lärm auf den Geisingberg geführt und am Sonntag Lätare auf einem aus 25 Fudern Holz bestehenden Feuer verbrannt. Zuvor hatte ein Bergmann darüber den Stab gebrochen und das Urteil gesprochen.

Zwanzig Jahre danach kamen zwei Bürger aus Altenberg zu Martin Luther nach Wittenberg und brachten ihm einen schönen Handstein aus rotgüldenem Erz. Martin Luther bat sie daraufhin zu Tisch. Da sagte einer der beiden Besucher, daß sich sein Kamerad einst schwer an ihm versündigt habe, indem er sein Bild wie Johann Hus zum Feuer verdammt habe. Später habe er aber die Wahrheit seiner Lehre erkannt. Daher bitte er nun, da ihm solches von Herzen leid sei, de-

mütig um Gnade und Vergebung seines törichten Unverstandes. Luther gefiel die Rede. Er sagte daraufhin: Weil solches Feuer ihm und seiner Lehre nicht geschadet habe, soll es ihm im Namen des Herrn vergeben und die Sache vergessen sein. Als nun dieser Handel ein gutes und ehrliches Gelächter gab, sagte der Absolvierte: »Ich danke Ew. Ehrwürden, aber ich habe noch eine große Schuld auf mir, bitte, ihr wollt mich auch davon absolvieren. Ich armer Bergmann habe mich bei der Zeche verpufft und bin an die 500 Gulden schuldig.« Da sagte Luther: »Ihr Bergleute, wenn ihr am ärmsten seid, blüht euer Glück, dann haltet ihr an und seht selber zu euern Zechen. Die Not lehrt euch beten, zur Kirche gehen und nüchtern und mäßig zu sein. Drum wisset ihr selber nicht, wie reich ihr seid. Ziehet hin und arbeitet treulich, handelt redlich und glaubt an Gott den Allmächtigen. Er läßt immer Erz wachsen und gibt's zur rechten Zeit denen, die in ihren Zechen anhalten und bei ihm im Gebet aushalten. Gott wird mit euch sein. Auf seinen reichen Segen und seine milde Hand absolviere ich euch von all eurer Schuld.«

Bevor nun dieser Bergmann wieder nach Hause kam, erhielt er die Botschaft, daß man in seiner Zeche auf dem seligen Asar gut Erz angetroffen habe. Da konnte er alle Schuld abzahlen und behielt sogar noch einen Überschuß. [8]

Die Hungerfichte auf dem mittleren Friedhofe zu Annaberg

Auf dem mittleren Friedhofe zu Annaberg erhob sich eine Fichte von ziemlichem Umfang und stattlicher Höhe. Über sie erzählt man folgendes:

In einem Häuschen in der Nähe des Letzten Hellers bei Frohnau wohnte während der großen Hungersnot von 1771 und 1772 die arme Bergmannsfamilie Hänel. An der Seuche, die diese Hungersnot begleitete, starb die Mutter. Da kein Geld vorhanden war, um die Bestattungskosten zu bezahlen, fuhr der Sohn die Leiche auf einem Schubkarren auf den Friedhof. Daselbst begrub er sie mit Hilfe des Totengräbers Rentsch in geweihter Erde. Um das Grab zu kennzeichnen, pflanzten beide eine junge Fichte auf dasselbe. Diese entwickelte sich zu einem prächtigen Baume und ward vom Volke Hungerfichte genannt.

Die Familie zog später nach Frohnau, und die Nachkommen lebten noch viele Jahre danach als Posamentierer in Annaberg. Das alte Häuschen beim Letzten Heller blieb unbewohnt. Es verfiel und ist bis auf den letzten Stein verschwunden. [9]

Die Annaberger Sperrgusche

In der Frohnauer Gasse zu Annaberg zierte in früheren Jahren ein besonderes Wahrzeichen den Vordergiebel eines kleinen Häuschens. Weder seine augenfällige Größe noch eine außergewöhnliche künstlerische Schönheit erhoben es zu einer Sehenswürdigkeit. Das Merkwürdige an ihm ist vielmehr die Überlieferung, die an die Entstehung desselben gebunden ist:

In alter Zeit lebte in diesem Häuschen eine Familie, die sich rechtschaffen vom Bergbau ernährte, dem der Hausvater emsig nachging. Das Häuschen machte sowohl außen als auch innen den Eindruck eines bescheidenen Wohlstandes. Auch die Kinder wuchsen sorgsam erzogen zur Freude der Eltern heran.

Nicht so erfreulich stand es dagegen um das gegenüberliegende Hauswesen eines Schmiedes. Wenn dieser, von der Arbeit aufschauend, das Haus des Bergmanns und dessen glückliche Familie sah, wuchs der Neid und fraß sich immer tiefer in sein Herz. Bald verließ ihn auch die Lust zur Arbeit. Anstatt das Eisen im Feuer zu erhitzen, erhitzte sich der arme Tor am Inhalt einer im Winkel verborgen gehaltenen Flasche. Doch das brachte der Schmiede keinen Segen und ihrem Meister nicht die Erleichterung, die er suchte. Je seltener das Schmiedefeuer loderte, desto häufiger und empfindlicher machte sich der Mangel im Hause bemerkbar. Bald gab es für den lässigen Schmied gar keine Arbeit mehr. Nur an Schulden und Sorgen fehlte es nicht. Nach langer Qual kam dem Schmied ein befreiender Gedanke:

Ob ihm nicht der benachbarte Bergmann helfen könnte, wenn er sich vertrauensvoll an ihn wenden würde?

So klopfte eines Tages der ernüchterte Schmied hilfesuchend bei dem Bergmann an. Dieser hörte ihm aufmerksam zu. Schließlich holte er eine kleine Truhe hervor und zählte dem Schmied die Summe vor, um die dieser gebeten hatte. Des Schmiedes Augen leuchteten freudig auf, und dankbar drückte er dem Bergmann die Hand.

Bald stellte sich auch wieder Kundschaft in der Schmiede ein, und allmählich schwand die Not aus dem Hause des Schmiedes. Aber eines trüben Tages vergaß sich der Schmied doch wieder dermaßen, daß er voller Unmut auf das Haus des Bergmanns blickte. Dabei kam ihm der argwöhnische Gedanke, daß man gar von dort herüberschauen und die Hammerschläge zählen möge. Nun war es mit der Arbeitslust gänzlich aus. In der Schmiede hielt wieder die Flasche Einzug und im Gefolge davon im Hause die Not.

Der Bergmann, der dies bemerkte, versuchte Einhalt zu gebieten. Aber seine Bemühungen waren umsonst. Schließlich wurden sie mit Schmähungen und Lästerungen belohnt. Wehmütig gab er daraufhin seine Versuche auf.

Der Schmied, über diesen Erfolg erfreut, kannte von Stund an kein anderes Vergnügen, als sich zu berauschen. Auch öffentlich wiederholte er den Schimpf, den er dem Bergmann schon angetan hatte. Dabei dachte er sich immer neue Schmähungen aus. Bald raunte man sich diese in der Stadt von Ohr zu Ohr. So brachte der Schmied den Bergmann nach und nach in üble Nachrede.

Trotz richterlicher Verfügung, um die der Bergmann nachgesucht hatte, griff die üble Nachrede immer weiter um sich. Seinem schlichten, biederen Wesen traute man plötzlich nicht mehr. Daß sein Wohlstand lediglich die Frucht ehrlicher Arbeit und sparsamer Haushaltung sei, bezweifelte man immer stärker. Wie käme es denn, so grübelten viele, daß gerade er von der Ungunst des Bergbaus nicht berührt zu werden scheint. Schließlich erzählte man sich sogar, daß in dem Hause des Bergmanns nicht alles mit rechten Dingen zugehe. Ein geisterhaftes Wesen gehe dort um. Der Schmied habe den Kobold oftmals ganz deutlich in finsterer Mitternacht kommen und gehen sehen. Seine Gestalt sei die eines feurigen Drachens. Als Einschlupftor diene ihm der Schornstein des Hauses. Nun war allen, die das Gerücht kannten, klar, woher der Reichtum des Bergmanns stammte.

Es währte nun nicht mehr lange, bis man die unheimliche

Beschuldigung zur öffentlichen Anklage erhob. Eines Tages holte der Stadtknecht den Bergmann vor den Richter, damit er sich wegen des Verdachtes der Hexerei verantworte.

Viele Zeugen wurden in dem Prozeß gehört, doch wußte keiner etwas Glaubwürdiges auszusagen. Der Schmied wurde alsbald als alleinige Quelle des Gerüchts erkannt. Als er sich immer mehr in Widersprüche verwickelte, gab er endlich zu, daß seine Angaben möglicherweise auf Täuschungen beruhen könnten. Als der Richter immer weiter in ihn drang, legte er endlich ein offenes Geständnis ab. Der Bergmann wurde daraufhin sofort aus seiner Haft und von der üblen Nachrede ehrenvoll befreit.

Nun harrte des Verleumders wohlverdiente Strafe. Der Bergmann aber, der mit dessen Familie Mitleid hatte, bat für ihn, daß sie erlassen würde. Der Schmied versprach, sich zu bessern, und hielt diesmal auch sein Wort.

Um seiner Dankbarkeit auch äußeren Ausdruck zu geben, brachte der Schmied gar manche Stunde bei der Herstellung eines eigenartigen Geschenks zu. Als es endlich fertig war, überreichte er es dem Bergmann mit der Bitte, daß er es als Zeichen des Friedens in oder an seinem Hause zu Nutz und Frommen aller, die ein- und ausgingen, anbringen möge.

Es war ein Schnitzwerk, das einen Kopf mit aufgesperrtem, die Zunge weit vorstreckendem Munde zeigte. Darunter stand:

Habt Eure Zunge wohl in acht,
Daß sie nicht Schaden und Schande macht!
Ein' lüstern' Zung', die macht Euch arm,
Ein' falsche Zung' – – daß Gott erbarm!

Der Bergmann freute sich gewaltig über dieses Geschenk und brachte es als Zierwerk am vorderen Giebelfeld seines Hauses an. Der Eindruck, den es auf die Umwelt gemacht hat, soll außerordentlich lebhaft und nachhaltig gewesen sein. Die Sperrgusche, wie das Bild bald genannt wurde, erlangte große Berühmtheit.

Gegenwärtig wird die Annaberger Sperrgusche im Erzgebirgsmuseum der Stadt Annaberg aufbewahrt. [3]

Der heilige Wolfgang

Nach dem Glauben der Bergleute wandelt der heilige Wolfgang in den Gruben unsichtbar unter den Bergleuten einher und tut still seine Wunder.

Ein alter Steiger will ihn jedoch einmal gesehen haben. Als der Alte halbzerquetscht unter einem Felsblock lag, sei ihm der heilige Wolfgang erschienen und habe die Wand ein wenig von seiner Brust gewälzt. Der heilige Wolfgang habe einen kostbaren Mantel angehabt. Ansonsten habe er aber ganz wie ein Bergmann ausgesehen. [1]

Das umgehende Fräulein auf der Mulde

Vor langer Zeit war auf dem Rittergute Klösterlein bei Aue ein Edelfräulein gestorben, das nach dem Tode des Nachts auf der Mulde dahinschweben sollte. Da geschah es, daß eines Sonntags zwei Bergleute in einer schönen Sommernacht von Schlema nach Zelle gingen, um daselbst Musik zu machen. Ihr Weg führte sie über die sogenannte Ochsenwiese und den Klostersteg. Als sie an die Ochsenwiese kamen, setz-

ten sie sich nieder, um ein wenig auszuruhen. Dabei kamen sie auf den Gedanken, dem Fräulein ein Morgenständchen zu bringen.

Als sie eine Weile gefiedelt hatten, näherte sich ihnen das in einen Schleier gehüllte Fräulein und warf jedem ein Sträußchen in den Schoß. Der eine von ihnen steckte das Sträußchen in eine Tasche seines Kittels, der andere aber warf es weg.

Als am nächsten Morgen der Bergmann, der sein Sträußchen eingesteckt hatte, den Kittel wieder anziehen wollte, kam ihm derselbe so schwer vor. Er griff in die Tasche. Zu seinem größten Erstaunen zog er das Sträußchen hervor, das sich in lauter Gold verwandelt hatte. Voller Freude teilte er dies seinem Kameraden mit. Dieser lief nun eilends nach der Ochsenwiese, um das weggeworfene Sträußchen zu suchen. Doch all seine Mühe war vergeblich! Er konnte es nicht finden und mußte unverrichteter Sache wieder nach Hause zurückkehren. [15]

Der Tod des Obersteigers wird angezeigt

Der Obersteiger der Alten Mordgrube bei Brand hatte seine Wohnung im Schachtgebäude des Richterschachtes. Seine Söhne durften, einem alten Brauche folgend, nicht auf dem gleichen Schachte arbeiten. Sie waren auf benachbarten Gruben als Häuer angelegt. So fuhr einer seiner Söhne damals auf Junge Hohe Birke an. Da der Vater erkrankt war, ging dieser, nachdem er sonnabends in der Nacht ausgefahren war, zur Mutter, die die Krankenwache hielt. Sie weinte, denn es stand schlecht um den Vater. Kein Wunder, daß der Sohn in dieser Nacht schlecht schlief. Da hörte er in seiner Kammer, daß unten in der Kaue, wo der Richterschacht mündet, Leute ausfuhren. Aber sonnabends war doch um diese Zeit niemand mehr im Schacht! Ob ein Unfall geschehen war? Er verdoppelte seine Aufmerksamkeit. Da hörte er die Männer die letzten Fahrtsprossen betreten und den schweren Schachtdekkel zuschlagen. Kurze Zeit später waren Schritte auf der Treppe zu hören. Er war empört! Wie konnte sich denn noch jemand abmelden wollen, wo der Vater so schwer erkrankt war! Bevor er aufspringen konnte, flog auch schon die Tür auf, und vor seinem Bette standen plötzlich drei Bergleute in altertümlicher Tracht. Die Blenden, die sie vorn am Blendenriemen hängen hatten, brannten hell, wie das bei der Ausfahrt üblich war. Die Gesichter der Bergleute waren starr und unbeweglich. Er mußte vor Schauer die Augen schließen. Als er sie wieder öffnete, waren die Bergleute fort. Er hörte noch, wie die Tür zuschlug und die Tritte sich entfernten.

Schnell eilte er daraufhin in das Krankenzimmer, um die Mutter zu fragen, ob auch sie die ausfahrenden Bergleute gehört habe. Kopfschüttelnd verneinte sie. Weinend sagte sie jedoch, daß soeben der Vater gestorben sei.

Am anderen Morgen wurde der Schachtdeckel untersucht. Er war wie üblich mit einem Vorlegeschloß sorgsam verschlossen. Den Verschluß hatte dreiviertel vor Zwölf der diensttuende Steiger versorgt. [6]

Wunderbare Errettung

Am 19. September 1581 sind vier Berghäuer auf dem Brand in der Grube St. Stephan verfallen. Trotz unausgesetzten fleißigen Räumens konnten sie erst am 23. September, abends 9 Uhr, wiedergefunden werden. Drei von ihnen waren tot. Der vierte aber, namens Georg Strobel, war noch am Leben. In einem kleinen Querschlag, etwa eine halbe Elle hoch, hatte er sich wunderlich erhalten. Er erzählte, daß er oft habe einen hellen Schein auf- und niederfahren sehen. Davon sei er erquickt worden.

Er war der einzige Sohn einer armen Witwe, die er nebst seinen drei kleinen Geschwistern in kindlicher Treue durch seine saure Arbeit ernährte. [7]

Ankündigung bevorstehenden Unheils

In Bräunsdorf war ein Häuer, der oftmals früh in der Betstube gesagt hat: »Hört, Kameraden, ich will euch was sagen! Es ist wieder ein Unglück auf dem Wege! Seht euch vor!« Da hieß es dann immer: Wenn es der Weinhold sagt – so hieß der Häuer –, ist auch das Unglück nicht mehr weit.

Es dauerte dann auch kaum zwei, drei Tage, bis etwas passierte. Entweder war einer gestürzt oder hat sich einer erschossen, oder es stürzte gar eine Wand ein. Einmal hatte er auch wieder gesagt: »Seht euch vor!« Da zerquetschte es einem beim Schmieren des Zapfens an der Wasserkunst den ganzen Kopf, so daß er sofort tot war. Ja, der Weinhold hat allemal vornweg gewußt, wenn etwas passierte.

Auch ansonsten gab es verschiedene Anzeichen vor einem Unglück. Da hat es gepocht oder geklingelt oder dergleichen. Aber etwas Genaues ist nicht mehr bekannt. [12]

Der Geisterreiter

Eines Tages hatten Bergleute aus Bräunsdorf ihre Tagschicht von 5 Uhr morgens bis 3 Uhr nachmittags in einer Grube des Freiberger Reviers verfahren, und sie marschierten zu Fuß nach Hause. Unweit der späteren Bahnstation Kleinwaltersdorf lag damals die Struthenschänke, benannt nach den mit Erlensträuchern durchsetzten Wiesen. Mancher vorbeikommende Fuhrmann kehrte in diesem Wirtshause ein. Auch die Bergleute aus Bräunsdorf, die sich bei neigender Sonne kurz zuvor an der Wegkreuzung von ihren Kameraden aus Langhennersdorf getrennt hatten, gingen in dieses Wirtshaus. Beim Kartenspiel verging die Zeit, Korn und Kümmel schmeckten. Erst zu später Stunde brachen die Zecher auf.

Am Wegefarther Wald vernahmen sie plötzlich Hufschlag. Als sie sich umdrehten, sahen sie einen Geisterschimmel auf sich zukommen. Auf demselben sahen sie einen unheimlichen Reiter ohne Kopf. »Der Philipp ohne Kopf!« schrieen die Bergleute. Einer von ihnen warf sich auf den Boden, um nicht umgeritten zu werden. Aber mit mächtigem

Satze sprang der Schimmel über ihn hinweg. Im Nu war der Spuk im Walde verschwunden. [47]

Eine merkwürdige Anfahrt in Bräunsdorf

Wenn in die Grube eingefahren wurde, gab es immer ein Glockenzeichen. Fuhr jedoch einmal ein hoher Beamter ein, gab's ein besonderes Zeichen. Dieses bedeutete »große Fahrt«.

Einstmals hörten die Bergleute dieses Zeichen. Gleich darauf kamen zwölf feine Herrn in altmodischen Anzügen. Sie gingen die Strecke ab und besichtigten alles. Danach fuhren sie wieder aus. Bei Schichtwechsel frugen die Häuer: »Was waren denn das für feine Herren, die heute eingefahren sind?« Aber die Leute übertage wußten nichts davon. Sie behaupteten, daß niemand eingefahren sei. Sie wollten den Bericht gar nicht glauben. Aber alle Häuer untertage hatten ja die Herren gesehen. [12]

Die Entstehung von Dippoldiswalde

Über die Entstehung der Stadt Dippoldiswalde überliefert die Sage folgendes:

In der Mitte des 10. Jahrhunderts, als die ganze Gegend noch unbebaut und von einem einzigen Walde bedeckt war, lebte in dieser Gegend ein Eremit namens Dippoldus. Dieser führte ein so heiliges Leben, daß er vom Papste canonisiert wurde.

Nun hatte zu dieser Zeit Herzog Boleslaus der Gottlose von Böhmen an seinem Bruder, Herzog Wenzel dem Heiligen (nach anderen Berichten wäre es jedoch nicht Boleslaus, sondern Wenzel gewesen), einen Brudermord verübt. Vom bösen Gewissen getrieben, kam er nun häufig in diese Gegend, um bei der Jagd dasselbe zu betäuben. Dabei kam er auch einmal in die Nähe der Einsiedelei des heiligen Dippold. Als er denselben traf, begab er sich mit ihm in dessen Klause. Der heilige Wandel des Einsiedlers hat Boleslaus dermaßen gerührt, daß er sich von ihm taufen ließ und sich von seinem gottlosen Leben völlig bekehrte. Dem Einsiedler zu Ehren erbaute er nicht weit von dessen Klause eine Kapelle (an der Stelle, wo später die Stadtkirche errichtet wurde), die er Sancti Dippoldi Silva nannte. Er verlieh ihr viele Freiheiten und setzte den heiligen Dippold daselbst zum Priester ein (um 930), inmaßen die ganze Gegend damals unter böhmischer Herrschaft stand.

An diesem anfänglich nur der Kapelle beigelegten Namen hat nachmals die später geschaffene Kommune Anteil genommen und die an dieser Stelle erbaute Stadt Dippoldi Wald oder Dippoldiswalde genannt. Denn schon zu Lebzeiten des Einsiedlers wurde um diese Gegend der Bergbau so betrieben, daß sich dorthin eine große Anzahl von Leuten zog. Anfänglich siedelten sich diese im Grunde an der dort vorbeifließenden roten Weißeritz an. Als sie jedoch durch häufige Überschwemmungen des Flüßchens beunruhigt wurden, verlegten sie später ihren Wohnsitz auf die Höhe an denjenigen Ort, wo die Stadt noch steht. [13]

Die lange Schicht zu Ehrenfriedersdorf

Einst lebte in der uralten sächsischen Bergstadt Ehrenfriedersdorf im Erzgebirge ein junger Bergmann, namens Oswald Barthel, Sohn des alten Bergmanns Michael Barthel. Dieser wurde durch seinen Vorgesetzten so geschätzt, daß ihm der reiche Obersteiger Baumwald seine einzige Tochter Anna verlobte.

Einst sollte Oswald Barthel nun im tiefen Stolln Gutes Glück im Sauberge anfahren, um einen Durchschlag zu machen. Dies gehörte wegen des entgegenstehenden Wassers zu den gefährlichsten Arbeiten des Bergbaus. Er und diejenigen seiner Kameraden, welche die Reihe hierzu traf, traten nun, nachdem sie zuvor gebeichtet und das heilige Abendmahl genommen hatten, am Tage St. Katharinä im Jahre 1508 die Fahrt mit einem herzlichen »Glück auf!« an.

Als sie an dem gefährlichen Punkte angekommen waren, ward die Arbeit sofort in rolliger, sehr gebrechlicher Bergart betrieben. Das Einstürzen der Firste verhütete man durch Zimmerung. Die Last war groß, die auf ihr ruhte. Als nun der Steiger, etwas zurückstehend, eben eine Anordnung treffen wollte, hörte er in der Firsten-Zimmerung ein heftiges

Krachen, das sich gleich darauf wiederholte. »Schnell, Brüder, rettet euch! Es macht einen Bruch!« Diesem Rufe des Steigers folgten alle in großer Eile. Nur Oswald, der jüngste und rascheste von allen, blieb auf eine bis jetzt unbegreiflich gebliebene Weise zurück und ward so verschüttet. Zwar gab man sich die unsäglichste Mühe, den armen Oswald zu retten, und immer neue Arbeiter lösten die bereits ermatteten ab, aber es war vergebens. Es brach immer mehr vom Berge nach, so daß der Unglückliche nicht wieder gefunden ward.

Als nun aber die Braut des armen Bergmanns die furchtbare Kunde erhielt, sank sie in eine tiefe Ohnmacht. Als sie wieder erwachte, verfiel sie in eine tödliche Krankheit. Doch besiegte ihre Jugendkraft dieselbe, und sie ward dem Leben erhalten. Als sie jedoch nach ihrer Genesung zum ersten Male wieder das Gotteshaus betrat, da legte sie am Altar der hochheiligen Mutter des Herrn das Gelübde ab, ihrem Oswald treu zu bleiben und ihr Leben lang nur als Jungfrau zu leben und so zu sterben. Dann hing sie ihren Brautkranz mit eigener Hand unter den übrigen Totenkränzen in der Kirche auf und lebte fortan in tiefster Stille, den Armen dienend. So gingen seit jenem Unglückstage viele Jahre dahin. Zuletzt waren nur noch die jungfräuliche Braut sowie drei Bergleute, nämlich Balthasar Thomas Kendler und Andreas Reiter der Ältere, beide aus Ehrenfriedersdorf, sowie Simon Löser aus Drebach von all denen am Leben, die damals das unglückliche Ereignis mit angesehen hatten.

Da fügte es sich, daß in Brünlers Fundgrube am Sauberge ein Stolln gewältigt wurde. Als man nun an die sieben Lachter im rolligen Gebirge fortgerückt war, stieß man auf einen in der Erde liegenden menschlichen Körper. Derselbe lag noch in seinen unverwesten Kleidern da. Mit viel Mühe machte man ihn von seiner drängenden Umgebung frei und schaffte ihn nach dem Tageschacht. Dabei brach jedoch der harte Leichnam mitten auseinander. Man konnte ihn also nur in zwei Stücken heraufwinden.

Diese Begebenheit wurde sogleich dem damaligen Bergmeister Valentin Feige gemeldet, welcher den Geschworenen Thomas Langer rufen und die oben genannten Greise an Bergamtsstelle bescheiden ließ.

Diese Männer sagten nun aus, daß sie sich wohl noch erinnern könnten, wie einst in ihrer Jugend, vor 60 Jahren, ein junger Bergmann mit Namen Oswald Barthel in der Gegend des Fundorts des Leichnams so verfallen sei, daß ihn niemand mehr retten konnte. Als man nun den Leichnam brachte, erkannten sie ihn als den Verschütteten. Dieses Wiedersehen geschah am 20. September 1568, so daß der Verschüttete 60 Jahre, 9 Wochen und drei Tage in der Erde gelegen hatte, als man ihn fand.

Darauf ward er am 26. desselbigen Monats mit einem feierlichen Leichenbegräbnis wieder zur Erde bestattet. Es war ein Begräbnis, wie Ehrenfriedersdorf noch keins gesehen hatte. Der Leichenzug bestand aus Tausenden, die herbeigekommen waren, um dem so wunderbar Wiedergefundenen das letzte Geleit zu geben.

Als die Leiche eingesenkt werden sollte, eilte auch Oswalds treu gebliebene Braut herbei. Sie sprach den Wunsch aus, ihm bald folgen zu können. Dies ging auch in Erfüllung. Oswald und Anna ruhen vereint in einem Grabe.

In der Gedächtnispredigt, welche der damalige Ortspfarrer M. Georg Reute hielt, sagte derselbe eingangs, daß es eine wunderbare Mär sei, daß er, der im 31. Jahr seines Lebens stehe, einer Leiche die Gedächtnispredigt halte, die schon 30 Jahre vor seiner Geburt gestorben sei. [8]

Eine vergebliche Schatzhebung

Nachdem man beim Bergamt in Eibenstock in Erfahrung gebracht hatte, daß der Sohn des Bergmanns Gottfried Bley, ein Knabe von etwa zehn Jahren, einen Schatz gefunden haben soll, hat man diesen am 22. Februar des Jahres 1736 ins Bergamt vorfordern lassen, um ihn über die genauen Umstände zu befragen.

Der Knabe sagte, daß ihm am Freitag vor vierzehn Tagen gegen morgen geträumt hätte, daß er sich am gleichen Tage hinaus in Gründigs Wäldlein begeben sollte. Daselbst sollte er über den alten Fußsteig nach der Bretmühle zu über den Grünen Graben fortgehen. Da würde er einen Stock antreffen, auf welchem ein Tännel und dabei ein Grubenlicht stehen würde.

Als er aus dem Schlaf erwachte, hätte er zwar über diesen Traum nachgedacht, wäre aber selbigen Tages nicht hinausgegangen. Vielmehr wäre er erst acht Tage später mit seinem Bruder, der ungefähr acht Jahre alt sei, dahin gegangen. Als beide an die bewußte Stelle gekommen seien, hätte er den im Traum gesehenen Stock, worauf das Tännel stand, angetroffen. Der Stock war so faul, daß er ihn mit den Händen weggerissen und sich dann ein paar Hände tief in den Stock hineingearbeitet hätte. Dabei wäre er auf ein stählernes Grubenlicht gestoßen, das seine Mutter, weil es voller Rost war, gescheuert habe. Dieses Grubenlicht hätte auf einem Topf, der wie ein Nößelmaß beschaffen gewesen sei, gestanden. Im Topf selbst wäre alles goldgelb gewesen. Als er diesen Topf erblickt habe, hätte er seinen Bruder, der abseits stand, gerufen und gesagt: »Siehe, ich habe etwas!«

Kaum seien jedoch diese Worte gesprochen worden, hätte es geklungen, als ob einer an ein Glas klopfe. Hierauf wäre alles verschwunden. Nur das Grubenlicht hätte er noch in den Händen gehalten. Weiter könne er nichts berichten.

Trotzdem hat man es für nötig erachtet, das Grubenlicht von dem Knaben abzufordern und im Bergamte in Verwahrung zu nehmen. [52]

Die spukhafte Brauhauskatze in Elterlein

Im Brauhaus zu Elterlein, das an das Rathaus angebaut war, trieb eine Spukgestalt ihr Unwesen. Man nannte sie im Volke die Brauhauskatze. Sie verübte allerhand Schabernack.

Die Brauhauskatze konnte aber auch bösartig sein. Im Jahre 1653, zwei Jahre vor dem großen Brande, spielte sie dem Gemeindesteiger Christoph Zänker übel mit. Der Gemeindesteiger hatte sich im Rathaus betrunken. In seinem Rausche forderte er trotz eindringlicher Warnung durch den Wirt die Katze heraus. Schließlich blieb er betrunken liegen.

Da erschien nachts die Brauhauskatze, schleppte den Steiger in die Kälte hinaus. Auch richtete sie ihn mit Kratzen, Schlagen und Drücken so jämmerlich zu, daß er gestorben wäre, wenn ihn nicht der Wirt gerettet und in die Wärme gebracht hätte. [10]

Nächtlicher Spuk bei Tännicht

Beim Hammergut Tännicht, auf einer Anhöhe jenseits des Schwarzbaches, stand einst die alte Brandruine des sogenannten Hasengutes. Hier führte der Bergmannssteig nach Elterlein hinüber.

Als die Besitzerin des Gutes, die Hasengut-Gettel, gestorben war, ging ihr Geist nachts in dem Gemäuer um. Einmal kam ein Bergmann von seiner Schicht und mußte an der Ruine vorbei. Da es Nacht und er allein war, wollte ihm das Gruseln ankommen. Doch er sprach sich selber Mut zu, und um zu zeigen, daß er sich nicht fürchtete, rief er in das Gemäuer: »Hasengut-Gettel! Lebst du noch?« In demselben Augenblick aber fühlte er, wie ihm etwas auf den Rücken sprang und sich an Schultern und Waden festklammerte. Zu Tode erschrocken rannte er bis zu seinem Haus, pochte an die Tür und brach zusammen. Als ihn seine Frau in die Schlafkammer führte, konnte er nur noch stockend erzählen, was geschehen war. Am anderen Morgen war der Bergmann gestorben. [10]

Der Anfang der Stadt Freiberg

Im Jahre 1169 hat der Bergmeister mit den Bergleuten auf dem Zellerfeld in Sachsen wegen verschiedener Unbilligkeiten, die ihnen widerfahren waren, einen Aufstand gemacht. Sie begaben sich sodann in die Mark Meißen zu dem neuen Bergwerk, das bereits in gutem Rufe stand.

In den Jahren darauf verbesserten die eingewanderten Sachsen das Dorf Christiansdorf am Münzbache so, daß es einer neuen Stadt glich. Dieser Ort wurde deshalb auch später die Sachsen- oder Sächsstadt genannt. Etliche rechnen deshalb den Anfang der Stadt Freiberg vom Jahre 1186 an, da in diesem Jahre die Erhebung des Dorfes Christiansdorf zur Sächsstadt erfolgt sein soll. [15, 54]

Die Errettung des Bergmanns Michael Oelschlägel

Aus dem Jahre 1665 wird erzählt, daß auf der Hohen Birke bei Freiberg über den Bergmann Michael Oelschlägel eine große schwere Wand aus dem Hangenden hereinbrach. Dadurch war er so gefangen, daß er weder reden noch sich regen konnte. Es schien, als ob er bald gänzlich erdrückt werden würde.

Als aber seine Kameraden und der herbeigerufene Steiger rat- und hilflos dastanden und ihn Gott befohlen hatten, half dieser ihm gar wunderbar hervor: Während seine Schlägelgesellen noch auf den Knien ein Vaterunser beteten, stand der verschüttete Kamerad auf einmal vor ihnen, obwohl er vom Kopf bis zum Fuß arg zerquetscht war. Gott half ihm auch weiter, so daß er später noch lange seine Arbeit verrichten konnte. [7]

Das rettende Gebet zu Freiberg

Als am 28. Juni 1609 der Steiger auf dem Jungen St. Stephan mit zehn Häuern einfahren wollte, wurde zuvor das angeordnete gemeinschaftliche Gebet verrichtet. Just in diesem Moment stürzte der Tageschacht mit zwei Radstuben samt der Kaue, die darauf stand, zusammen. Es gab ein solches Geprassel, daß man es weit und breit hörte. Also hat das Gebet die Bergleute gerettet, denn keiner wäre lebendig davongekommen, wenn sie ohne Gebet sofort eingefahren wären. [11]

Der Teufel ängstigt zu Freiberg einen Bergmann

Es geschah im Jahre 1609, daß ein Bergmann, der ansonsten wegen seines stillen und guten Lebenswandels oft gelobt wurde, in der Fastnachtszeche von einem anderen zur Üppigkeit und zu etlichen leichten Reden über Gott und göttliche Dinge verleitet wurde. Unter anderem meinte er, daß er schon genug gute Gesellen in der Hölle antreffen würde, falls er einmal dahin käme.

Diesem Bergmann ist nun eines Abends auf dem Heimwege der Teufel in schrecklicher Gestalt erschienen. Dieser hat ihm gedroht und gesagt, daß, wenn er erst rechte Macht über ihn hätte, er ihn an den Ort führen wolle, wo er seine guten Gesellen fände. Der Teufel ist auch lange Zeit neben dem Bergmann in die Grube mit eingefahren und aus derselben wieder mit ausgefahren, so daß der Bergmann nirgends mehr Ruhe fand.

Endlich suchte er Trost bei seinem Beichtvater, nahm das heilige Abendmahl, mied böse Gesellschaft und begann wieder ein gottesfürchtiges Leben. Daraufhin hat sich der Teufel nicht wieder bei ihm sehen lassen. [15]

Der Donatsturm zu Freiberg

Auf dem sogenannten Donatstore befindet sich ein runder und sehr starker Turm, dessen Mauern neun Ellen dick sind und den angeblich die Bergleute haben erbauen lassen. Dazu soll jeder nur einen Pfennig von seiner Löhnung abgegeben haben.

Zu den Eigenheiten des Donatsturmes gehört folgendes: Wenn man um die Stadt Freiberg herumgeht, so sieht man, wenn man vom Erbischen Tor nach dem Donatstore zugeht, einen kleinen viereckigen Wachtturm. Sobald man nun demselben gleichsteht, versteckt sich hinter diesem der große Donatsturm, so daß man von diesem nicht mehr als den Knopf von der oben darauf stehenden Fahne sehen kann, obwohl der Donatsturm doppelt so hoch ist wie der Wachtturm. [15]

Der Kätchenstein bei Frohnau

In Frohnau lebte der fromme Steiger Günzer. Einst trat in der Winterzeit bei der Heimkehr vom Tagewerk im Waldesdickicht plötzlich ein Mann mit dem Wunsche zu ihm, mit in seine Wohnung gehen zu dürfen. Als die Tochter Katharina den Ankommenden die Tür öffnete, ließ sie vor Schreck die Lampe aus ihrer Hand fallen und stürzte ohnmächtig nieder. Der Fremde aber war im gleichen Moment verschwunden. Als Katharina wieder erwachte, erzählte sie ihrem Vater, daß sie in der vergangenen Nacht geträumt habe, der Teufel begehre sie als Braut. Der Fremde aber war niemand anders als der Böse. In neun Wochen wolle er wiederkommen, stand auf einem Zettel, den er hinterlassen hatte. Nach dieser Frist kam auch um die Mitternachtsstunde der Bewerber wieder. Vater Günzer rief den Namen Gottes an, da verschwand der Teufel unter Blitz und Donner. Nach abermals neun Tagen war er wieder da. Der Vater rief: »Um Christi Wunden, hebe dich hinweg, Satanas!« Zwar wich er auch diesmal, doch stand danach das Haus in Flammen. Die Bedrängten flohen zu Verwandten. Am Waldesrand baute man ihnen eine neue Hütte.

Voller Angst und unter ständigem Beten vergingen die folgenden Wochen. Da träumte Kätchen abermals. Ein Engel kam zu ihr, ein Kreuz hoch in der Hand tragend. Er sprach zu ihr: »Folge mir, ich bringe dir Frieden!« Er führte sie an einen Fels im Walde. Der Engel berührte ihn mit dem Kreuz. Ein Spalt öffnete sich. Vor einem silberglänzenden Tore saßen sieben Greise mit spitzen Mützen und langen Bärten. Vor dem Kreuze neigten sie sich. Sie gelangten nun in einen von lauter Edelsteinen erglänzenden Saal, in welchem unter prächtigem Thronhimmel eine von leuchtendem Sternenkranze umstrahlte Frau lag. Sie begehrte die Ursache der Ankunft des Engels zu erfahren. Der bat für Kätchen um Hilfe. Da befahl sie einem Zwerg, ein Kreuz von blitzenden Diamanten zu bringen. Zu dem Mädchen sprach sie: »Kätchen, trage dieses Kreuz stets auf deiner Brust, und der Böse

wird dir nichts anhaben können.« Da hing es ihr der Zwerg an einer Perlenschnur um.

Der Vater erzählte bei der Heimkehr, er habe im Schachte ein goldenes Jesuskreuz gefunden. Darauf standen des Steigers Namen und die Worte: »Dem Gläubigen hilft Jesus Christus.«

Als nun der Teufel wieder erschien und Kätchen entführen wollte, wich er vor dem Kreuze zurück und rief: »Ich habe keine Macht über dich, dich schützt Gottes Macht!« Als er sich daraufhin an dem Steiger vergreifen wollte, hob ihm dieser sein Kreuz abwehrend entgegen, so daß er auch ihm nichts zuleide tun konnte. Ein furchtbares Gewitter mit einem schrecklichen Sturme zog herauf. Doch als die Uhr die erste Stunde verkündete, leuchtete still und silberhell der Mond durch die Wolken. Nun waren sie ihrer Angst für immer ledig.

Nach zehn Jahren starb der Vater, und Kätchen ließ ihn an dem wunderbaren Felsen begraben. Als sie einst an dem Grabe betete, starb sie daselbst als Greisin. Ein Engel nahm ihr das Diamantkreuz ab und geleitete den von Kätchens Gemahl bereiteten Sarg in den Felsen.

Seit dieser Zeit heißt derselbe der Kätchenstein. [8]

Der Pfarrer von Geising

In der Mitte des 18. Jahrhunderts lebten in Geising viele Bergleute lutherischer Konfession. Sie arbeiteten meist in den Bergwerken des benachbarten Zinnwaldes. Dieser lag damals über der Grenze in Böhmen und gehörte zum Reiche der Kaiserin Maria Theresia, einer überzeugten Katholikin.

Einst erließ Maria Theresia, was niemand erwartet hatte, den strengen Befehl, daß es von einem bestimmten Tage an nur katholischen Bergleuten erlaubt sein solle, auf dem böhmischen Zinnwalde zu arbeiten. Bei harter Strafe wurde verboten, den lutherischen Bergleuten Geisings noch Arbeit in den kaiserlichen Bergwerken zu geben. Wegen ihres Glaubens sollten sie also fernerhin keinen Verdienst und kein Brot mehr haben. Das war hart! Mit einem Schlag sollten sie an den Bettelstab kommen, denn wo sollten sie neue Arbeit bekommen? Die Not war gar groß.

Zu dieser Zeit lebte in Geising ein ehrwürdiger Pfarrer, dem die Not seiner Gemeinde tief zu Herzen ging. Wußte er doch wohl, was die Kaiserin, die den Glauben ihrer Kirche für den alleinrichtigen hielt, durch ihr Gebot bezweckte. Ihre Absicht war, recht viele Protestanten wieder in den Schoß ihrer Kirche zurückzuführen. Hierzu sollte der harte Befehl ein Mittel sein. Denn wollten die lutherischen Bergleute fernerhin ihr Brot haben, so waren sie gezwungen, sofern nicht von anderwärts Hilfe kam, zur katholischen Kirche überzutreten. Es kostete ja nur ein Wort, und die Not hatte ein Ende. Armut und Mangel mußten den Entschluß erleichtern. Der Pfarrer überlegte nun, wie er wohl den Bergleuten helfen und sie beim rechten Glauben halten könne. Ihm kam zugute, daß er genau die Gebräuche der Bergleute kannte. Er lebte ja seit vielen Jahren unter ihnen.

Als Bergmann verkleidet ging er noch vor dem Wirksamwerden des Befehls der Kaiserin nach Zinnwald und fuhr in das Bergwerk mit ein. Arbeiteten doch die Geisinger Bergleute in einem besonderen Bergwerke unter sich. Auch waren somit an dieser Stelle keine Späher zu befürchten.

Tief unter der Erde hielt der Pfarrer nun den Geisinger Bergleuten einen feierlichen Gottesdienst. Er ermahnte die Bergleute, ja dem Glauben der Väter treu zu bleiben. Dann kniete er mit der kleinen Gemeinde nieder und flehte Gott inbrünstig an, daß er sich der armen und bald brotlosen Bergleute annehmen und ihr Geschick auf irgendeine Art wenden möge, damit sie nicht verleitet würden, um des täglichen Brotes willen dem Glauben der Väter zu entsagen.

Getröstet und voller Vertrauen auf Gott sahen nun die Geisinger Bergleute dem Tage entgegen, an welchem der Befehl der Kaiserin Maria Theresia Kraft und Wirksamkeit erhalten sollte. Wie richtig der Pfarrer von Geising über die Absicht der Kaiserin gedacht hatte, zeigte sich an diesem Tage. Mehrere katholische Geistliche hatten sich am Morgen desselben am Zinnwald versammelt, um die Bergleute aus Geising zu empfangen. Doch sie warteten vergebens. Nicht ein einziger Bergmann erschien und meldete sich zum Übertritt.

Inzwischen war der Pfarrer nach Dresden gereist, um Unterstützung zu erbeten.

Daraufhin wurden vom Oberbergamt zu Freiberg sachverständige Männer abgesandt, welche die sächsische Seite des Zinnwaldes untersuchen sollten. Bald zeigte sich, daß der sächsische Teil des Zinnwaldes ebenso reichhaltig an Zinn war wie die böhmische Seite. Daraufhin wurden sogleich Zinngruben angelegt, die den Geisinger Bergleuten Arbeit und Brot sicherten.

So hatte Gott durch die Fürbitte nicht nur Not und Armut an den Bergleuten vorbeigehen lassen, sondern sie auch beim rechten Glauben erhalten. [40]

Der Ursprung des Dorfes Geyersdorf bei Annaberg

Daß lange vor der Erbauung Annabergs in der dortigen Gegend schon Bergbau betrieben worden ist, wird daraus ersichtlich, daß das Dorf Geyersdorf, eine dreiviertel Stunde von der genannten Stadt entfernt, schon vor der Gründung derselben angebaut gewesen ist und eigentlich Häuersdorf geheißen hat. Viele Bergleute von Geyer sind in dieses Dorf, in dem damals nur Häuer und andere Bergleute gewohnt haben, gezogen und haben ihm den Namen gegeben.

Auch hat an dem Pöhlberge ehemals ein Dorf gelegen, in dem vielleicht ebenfalls Bergleute gewohnt haben, die hernach nach Geyersdorf gezogen sind. Dieses Dorf lag damals, als St. Annaberg erbaut worden war, bereits wieder wüst. Vielleicht ist es von seinen Einwohnern wegen der gefährlichen Gewitter am Pöhlberge verlassen worden. [15]

Kobold und Nickel im Spiegelwald bei Grünhain

Als die Bergleute immer stärker den Spiegelwald durchwühlten, drangen sie auch tiefer in das unterirdische Reich der beiden Geister Kobold und Nickel ein. Da überlegten die beiden, wie sie dem Treiben der Menschen Einhalt gebieten könnten.

»Ich verwandle mein Silber in Kobalt«, sagte der eine, »und ich verwandle mein Silber in Nickel«, sagte der andere. Auch dachten die beiden noch darüber nach, welchen Schaden sie an den Fahrten, den Wasserkünsten anrichten und wie sie die Menschen selbst vernichten könnten.

Was die beiden sich vorgenommen hatten, geschah auch.

Die Ausbeute an Silber ließ nach. Statt dessen fand man Kobalt und Nickel, womit man zur damaligen Zeit noch nichts anzufangen wußte.

Hinzu kam Unfall auf Unfall.

Als drei Alchimisten aus dem Morgenlande im Kloster zu Grünhain eintrafen, schöpfte man neue Hoffnung. Man erzählte sich nämlich von ihnen, daß sie einen Stein der Weisen herstellen könnten, der Kobalt und Nickel wieder in Silber verwandle. Wenn nun auch die Bemühungen der Alchimisten erfolglos waren, war doch der Glaube an die Verwandlung geweckt worden. Die Bergleute trieben daraufhin wieder mit Zuversicht Bergbau im Spiegelwald.

Kobold und Nickel mußten mit der Zeit einsehen, daß sie sich in den Menschen verrechnet hatten. Beide fühlten ihre Kräfte schwinden und wanderten aus. [10]

Der Schatz im Kloster Grünhain

In der Klosterkirche zu Grünhain liegt angeblich ein großer Schatz vergraben. Im März des Jahres 1657 hat der Schäfer Eucharius Bömely einen Bergmann sechs Tage und Nächte danach graben lassen. Als aber der Schatz in der letzten Mitternacht gehoben werden sollte, bewegte der Bergmann mit seiner Keilhaue eine Wand. Als er sie jedoch der Schwere wegen wieder gehen ließ, sank diese eine Viertelelle tiefer und mit ihr der vermeintliche Schatz.

Man ließ sofort den Rutengänger Tippmann kommen, der das Vorhandensein des Schatzes mit der Rute feststellte. Doch brachte man nichts weiter zustande, da der Schatz unter großem Geräusch immer weiter fortrückte.

Der Abt zu Ebersbach soll einst in Franken Siegmund Siegeln anvertraut haben, daß es ein großer und reicher Schatz sei. Aber er sei auch sehr flüchtig und schwer zu erlangen. Deshalb sei wohl der Versuch mißlungen. [15]

Der goldene Hirsch

Als in der Gemeinde Hundshübel der Bergbau noch in höchster Blüte stand, hielt sich daselbst auch ein böhmischer Bergmann mit Namen Woduschek auf. Dieser bemerkte eines späten Herbstabends auf dem Heimwege von einem seiner freien Schürfgänge inmitten des dichtesten Fichtenwaldes auf einmal ein magisches, goldenes Leuchten, das die Form eines Hirsches zeigte. Obgleich sich ihm darüber aus Furcht und Grauen die Haare sträubten, entschloß er sich doch nach längerem Zögern, der Sache auf den Grund zu gehen. Langsam, Gebete murmelnd und sich bekreuzigend, schlich er der Stelle immer näher. Doch je weiter er herankam, um so bleicher wurde der Schein. Als er sie endlich erreicht hatte, war der Schein sogar gänzlich verschwunden. Als er aber im Lichte seiner Berglampe den Boden untersuchte, um die Ursache für das seltsame Schauspiel zu erkunden, bemerkte er plötzlich zu seiner großen Freude einen reichen Goldschatz. Dieser lag teilweise sogar übertage. Aus Furcht, daß dieser kostbare Fund auch von anderen Menschen zufällig bemerkt und weggenommen werden könnte, bedeckte er die Fundstelle wieder leicht mit Walderde. Obenauf setzte er zu seiner Orientierung einen größeren Stein, in den er zuvor einen Hirsch eingemeißelt hatte.

Glückstrunken begab er sich alsdann auf den Heimweg.

Aber ungetreu seinem Vorsatz, die ganze Sache für sich allein zu behalten, drängte ihn doch sein übervolles Herz, einem seiner besten Freunde, einem Einwohner Hundshübels, Mitteilung davon zu machen. Als dieser dem Vorfall keinen Glauben schenken wollte, ließ er sich sogar dazu verleiten, ihm nach Abnahme eines schweren Eides den Fund zu zeigen. Mit verbundenen Augen führte er ihn an die betreffende Stelle. Nach Abnahme der Binde konnte sich der erstaunte Freund von dem Vorhandensein dieses kostbaren Schatzes überzeugen. In Kreuz- und Quergängen wurde der Mann wieder mit verbundenen Augen zurückgeführt, um eine Rückkehr zu dieser Fundstelle zu verhindern.

Aber trotz strengster Geheimhaltungspflicht sickerte mit der Zeit doch etwas von dem Schatz in der Einwohnerschaft durch. Ja, die Kunde drang letztlich bis zu der Behörde. Diese wollte der Angelegenheit sofort energisch auf den Grund gehen. Doch der Bergmann Woduschek, dem eine Inhaftierung drohte, hatte davon erfahren und war über die Grenze nach Böhmen geflohen.

Nun aber begann seitens der Behörde und der Einwohnerschaft des kleinen armen Bergdörfchens ein fieberhaftes Suchen nach diesem Schatz. Doch alles Suchen blieb vergeblich, und so schlief es nach und nach gänzlich ein. Nur die Hoffnung blieb, doch noch einmal zufällig den Goldschatz zu entdecken.

Als nach vielen Jahren in Stützengrün ein Gasthof errichtet wurde, wurden dazu auch Steine verwendet, die mit Erlaubnis der Revierverwaltung aus den Staatswaldungen zusammengetragen worden waren. Da entdeckte auf einmal ein Maurer beim Zurichten derselben den langgesuchten Stein mit dem eingemeißelten Hirsch. Da aber niemand mehr sagen konnte, wo der Stein einst gelegen hatte, zerrann auch die letzte Hoffnung, den Schatz jemals zu finden. So ruht er wohl auch heute noch geborgen und geschützt im Schoße der Mutter Erde. [54]

Die merkwürdige Bewahrung des Bergmanns Oßwald Solbrich

Ein gar sonderbarer Fall ereignete sich 1670 im alten Johanngeorgenstadt. Oßwald Solbrich, Besitzer des Hauses zum Fels, wagte sich mit noch einem anderen Bergmanne, namens Georg Gündel, in das an seinem Hause gelegene Bergwerk. Sie wollten erkunden, wo noch etwas zu tun wäre, denn sie hatten vorher auf dieser Zeche ein wenig Zinn gefördert.

Als nun selbige 16 Lachter über ihren gewöhnlichen Stolln herumfuhren und eine große Weite antrafen, schlug Solbrich mit seinem Fäustel auf eine Wand unter sich. Doch die Wand löste sich, und Solbrich fiel mit ihr etwa 10 Lachter hinunter. Gleichzeitig gingen so viel Erde und Gestein über ihn herein, als ob man große Fässer ausschüttete. Zu seinem Glücke setzte sich aber ein sehr großer Stein über das Loch, in dem er stak. So blieb er zwar lebendig, lag aber wie in einem tiefen Gefängnis. Sein Gefährte und Schlägelgeselle wußte indessen nicht, wo Solbrich hingekommen war. Er erhielt ungeachtet allen Rufens keine Antwort. Erst als er nach unten in den Stolln fuhr, hörte er auf sein Schreien die Stimme: »Ich lebe noch!«

Darauf legte das Bergamt nach erhaltener Nachricht viele

Bergleute an. Als aber diese, um Solbrich zu retten, vom Stolln aus hinauf brechen wollten, rief der Verschüttete, daß sie dies nicht tun sollten. Er müsse sonst vor Kälte, die in den Stolln zog, sterben. Denn es war gerade Fastenzeit und sehr kalt. Also fing man an, von oben hernieder zu brechen. Aber obwohl die Bergleute mit aller Macht Tag und Nacht arbeiteten, mußte Solbrich in seinem Arrest von früh 5 Uhr an den ganzen Tag, die folgende Nacht und wieder den anderen Tag bis abends 8 Uhr verbleiben. Besonders wegen der Kälte fand man ihn wie außer sich selbst, doch war er sonst am ganzen Leibe unbeschädigt. Auch wollte er gar nicht glauben, daß sein Aufenthalt so lange gewährt habe. [30]

Die Teufelskanzel in Johanngeorgenstadt

Nordwestlich von Johanngeorgenstadt liegt an dem Wege nach dem Steinbachtal die Teufelskanzel, auch Kanzelsteine oder Schneiderfelsen genannt. Von der Teufelskanzel wird folgende Sage erzählt:

In der Zeit, als sich böhmische Exulanten in Johanngeorgenstadt ansiedelten, zogen eines Morgens drei Bergleute hinaus, um mit Hilfe der Wünschelrute in den umliegenden Bergen nach Silbererz zu suchen. Dabei kamen sie auch an einen Felsen, an dessen Fuße sie sich ermüdet niederließen. Sie sprachen von der Not der Zeit, von der Gründung und dem Bau ihrer Stadt und beklagten es, daß häufig Katholiken aus der alten Heimat kämen, um sie wieder zum katholischen Glauben und zur Rückkehr in die ehemalige Heimat zu veranlassen.

Da rauschte es hinter ihnen. Als sie sich erschrocken umwandten, sahen sie einen großen, dicken Mönch aus einem Gebüsch hervortreten. Dieser winkte ihnen dreimal mit dem Zeigefinger der rechten Hand. Betroffen erhoben sich die Bergleute und folgten dem Fremden, wie von unsichtbarer Gewalt gezogen.

Der Mönch stieg mit langsamen, schweren Schritten den Felsen empor wie auf einer Treppe. Bei jedem Schritt bildete sich unter dem Tritt seines Fußes eine Stufe. Als der Fremde auf der Spitze des Felsens angelangt war, begann er mit tiefer, schauerlicher Stimme zu predigen. Er ermahnte sie, wieder zum katholischen Glauben zurückzukehren, und versprach ihnen viel Gold und Silber, wenn sie seinen Worten gehorchten.

Den drei Bergleuten wurde es gar sonderlich zumute. Einem von ihnen fiel schließlich auf, daß der predigende Mönch nie den Namen Gottes und des Heilands erwähnte. In seiner Seelenangst rief er: »Heiliger Gott, sei uns gnädig und barmherzig!«

Bei diesen Worten ertönte ein furchtbarer Schlag. Der

Mönch verschwand in der Luft und ließ ein gräßliches Gewinsel hören. Den dreien wurde wieder leichter ums Herz. Sie wußten jetzt, daß der sonderbare Prediger niemand anders als der leibhaftige Teufel gewesen war, der sie in Versuchung führen wollte. Sie wandten sich um und kehrten nach der neuen Ansiedlung zurück. Da erreichte sie die frohe Kunde, daß soeben eine neue, reichhaltige Silberader gefunden worden sei. [10]

Die Braut des Teufels

Das elfjährige Töchterchen Margarete des Bergmanns Johann Ernst Grimmer aus Johanngeorgenstadt ging an einem schönen Sommertage in den Wald, um Blumen zu suchen. Als sie auf dem Heimwege war, trat plötzlich der Teufel in Gestalt eines Edelmanns zu ihr, angetan mit rotem Wams, Federbarett und mit einem Stoßdegen an der Seite. Er begehrte sie zur Frau. Wenn sie 24 Jahre alt würde, wolle er sie heimführen. Ihr Vater habe sie ihm bereits zugesagt. Sie müßte nur noch ihr Jawort geben und ihre Unterschrift – und zwar mit Blut; Tinte habe er nicht bei der Hand.

Das Mädchen sträubte sich lange, gab aber schließlich dem eindringlichen Reden des Fremden nach und unterschrieb mit ihrem Blute.

Nun war sie dem Teufel verfallen, der sie von Stund' an plagte und quälte, so daß sie oft Anfälle bekam und sich in Krämpfen winden mußte. Sie betete stunden-, ja tagelang; sie beichtete ihr Vergehen dem Beichtvater; sie ging täglich in die Kirche – alles war umsonst. Der Teufel plagte sie nur noch ärger.

Inzwischen waren neun Jahre vergangen. Das Mädchen war zur Jungfrau erblüht. Aber noch immer trieb der Teufel sein Spiel mit ihr. Da entschloß sich endlich ihr Beichtvater, der Kaplan Kunad, die Teufelsbeschwörung vorzunehmen. Dies sei im Jahre 1734, am 4. August geschehen. Ein neuer schwerer Krampfanfall begleitete die Beschwörung. Die Kranke erbrach Blut. Doch von diesem Augenblicke an ging es ihr besser, und sie genas. Der Bann war von ihr gewichen, der Böse hatte keine Macht mehr über sie. [10]

Das wilde Heer in Jugel

Zur Zeit, als das Huthaus im Römischen Reich noch stand und bewohnt war, kehrte an einem späten Herbstabend eine Frau aus Johanngeorgenstadt dahin zurück. Es war kalt und rauh draußen. Sie hatte zum Schutz gegen das Wetter die damals übliche schwarze Samtjacke mit Fuchspelzbesatz angezogen.

Da hörte sie plötzlich hinter sich in der Richtung ihres Weges den wilden Jäger gezogen kommen. Der Sturm heulte und schnob, die Bäume ächzten und krachten, Hundegebell und Jagdhornklänge erschallten. Von ihrer Großmutter wußte sie, daß man irgendein Kleidungsstück ablegen und sich selbst aber ganz ruhig verhalten müsse, um bei einer Begegnung mit dem wilden Jäger ohne Schaden davonzukommen. Deshalb zog die Frau in fieberhafter Eile ihre Samtjacke aus, warf sie hin und legte sich mit dem Gesicht mitten auf den Weg.

Da war auch schon der wilde Jäger da, und das ganze Heer zog über sie hinweg, ohne ihr ein Leid zu tun.

Als es wieder ruhig geworden war, rannte sie zu dem nicht mehr weit entfernten Haus. In Schweiß gebadet und einen Todesschreck in den Gliedern, kam sie zu Hause an.

Die Jacke aber, die sie in ihrer Angst auf dem Wege hatte liegen lassen, fand man am Morgen, in tausend kleine Fetzen zerrissen, auf dem Weg verstreut. [10]

Merkwürdige Geräusche in einer Grube

In Langenstriegis war einmal ein Bergmann ganz allein im Bergwerk. Als er sein Frühstück machte, fing es an zu hämmern und zu sägen, Nägel einzuschlagen und zu bohren. Der Bergmann dachte, daß er die Wettertür nicht zugemacht habe und die Geräusche von draußen kämen Aber die Tür war zu. Das Klopfen und Pochen war in der Grube. Da wurde es dem Bergmann unheimlich zumute, und er fuhr aus. Der andere Häuer wollte es nicht glauben und fuhr mit ein. Da ging's auch schon wieder los. Daraufhin meldeten sie es dem Direktor. Der lachte die beiden erst einmal gehörig aus, fuhr aber dann doch mit ein. Als sie sich an der betreffenden Stelle hingesetzt hatten, ging's wieder los, wohl eine halbe Stunde lang. Der Direktor ist daraufhin nie wieder mitgegangen.

Der Gang, wo die Bergleute arbeiteten, hatte eine Drehe, und an der Ecke war ein alter Gang zugemauert und ein richtiges Kreuz eingehauen. An dieser Stelle hörten die beiden Bergleute das Sägen. Manchmal sprachen auch zwei Männer in unterschiedlichem Tone miteinander. Da wollten die Bergleute die zugemauerte Stelle aufbrechen und sehen, was dahinter verborgen sei. Der Direktor sagte: »Meinetwegen!

Aber bezahlen tu ich nichts dafür!« Da haben sie es gelassen.

Als die beiden Bergleute wieder einmal an dieser Stelle jemand reden hörten, wollte einer der beiden die Stiefel ausziehen und sich leise heranschleichen. Denn sie hatten noch nie etwas verstanden. Aber da meinte der andere: »Laß es lieber sein, es könnte dich ausrußen!« [12]

Der Teufel am Diebshäuseler Schacht bei Mittweida

Langes Großvater soll einst nach der Ausfahrt aus dem Diebshäuseler Fahr- und Wetterschacht von dem Teufel angefallen worden sein, der als wilder Ochse aus dem verstürzten Albertschacht des Wildenmannsstollns gekommen ist. Doch hat er ihm mit dem Fäustel so auf die Hörner geschlagen, daß mit einem Schlage beide Hörner weg waren.

Seitdem sei der Böse in und an dem Schachte nie wieder gesehen worden. [54]

Das wiederkehrende Kreuz bei Neustädtel

Vom Drei-Könige-Schacht im Hüttengrund erzählt man sich, daß vor vielen Jahren drei Bergleute durch von Tage hereinbrechende Wasser ums Leben gekommen seien. Die Verunglückten konnten damals trotz größter Anstrengungen nicht gefunden werden.

Zur Erinnerung an diese Bergleute soll am Giebel des Huthauses auf dem Drei-Könige-Schacht ein eisernes Kreuz angebracht worden sein. Durch einen späteren Umbau wurde jedoch das Kreuz entfernt und unter das alte Eisen geworfen. Obwohl es mehrmals als solches verkauft wurde, fand man es doch immer wieder in der Nähe des Huthauses. Da das Immerwiederkommen des Kreuzes von den Bergleuten als Anzeichen ihrer verunglückten Kameraden gedeutet wurde, hob man es schließlich im Huthaus auf. [11]

Das Gänschen als Klagemutter

Als ein in der »Zienggaß« wohnender Neustädtler Bergmann einmal von der Schicht nach Hause ging, sah er in der Nähe des Auerswald-Hauses – Kuhtrifft genannt – unter einer kleinen Brücke ein schönes weißes Gänschen liegen. In der Meinung, daß es beim Eintreiben vergessen worden war, nahm er es mit nach Hause. Er freute sich schon auf den schönen Braten. In seiner Stube steckte er das Gänschen unter den Ofen und zündete die Petroleumlampe an. Wie groß war aber sein Schreck, als er im Scheine der Lampe eine große weiße Gestalt mit feurigen Augen hinter dem Ofen sah. Da fauchte ihn auch schon das Gespenst an: »Schaff mich sofort wieder hin, wo du mich hergeholt hat, oder ich dreh dir das Genick um!« Dem Bergmann standen die Haare zu Berge, und der Angstschweiß trat ihm auf die Stirn. Wohl oder übel mußte er sich entschließen, die Gestalt wieder fortzuschaffen. Als das Gespenst merkte, daß es der Bergmann fortbringen wollte, schrumpfte es wieder zusammen, und unter dem Ofen lag wieder das weiße Gänschen. Der Bergmann lief nun zurück an die Brücke und legte das Gänschen an den alten Fleck. Kaum hatte er es abgelegt, war es auch schon verschwunden.

Der ehemals so lustige Bergmann, der jeden Spaß mitmachte, wurde jedoch daraufhin ein ernster und in sich gekehrter Mann. Er wurde immer hinfälliger und starb kurze Zeit nach jenem Ereignis. [11]

Die Entstehung des Mühlgrabenstollns bei Schloß Scharfenstein

In den Jahren nach dem Dreißigjährigen Kriege wimmelte es auch in den Wäldern um Scharfenstein von ehemaligen Kriegsknechten, die nach der Beendigung des Krieges ihre Waffen nicht abgelegt hatten, sondern plündernd durch die Gegend zogen. Sie wurden zu einer gefürchteten Plage für die Bevölkerung.

Nicht ungern gesehen waren jedoch die Gesellen, die sich, durch den Krieg ihrer Existenz beraubt, am Wilde vergriffen. Denn der Wildbestand hatte sich im 17. Jahrhundert so vermehrt, daß nicht selten eine ganze Ernte den Tieren zum Opfer fiel. Und so verringerte sich mit jedem abgeschossenen Hirsch, mit jeder erlegten Sau die Zahl der Schädlinge.

Freilich dachten die Schloß- und Grundherrn anders. Sie belegten den Wilddiebstahl mit schweren, zum Teil unmenschlich grausamen Strafen. Dabei war wohl die schrecklichste das sogenannte Hirschreiten. Es bestand darin, daß man den Wildschützen auf einem zu diesem Zwecke eingefangenen Hirsch festband und diesen dann in den Wald jagte. Das geängstigte Tier raste mit seiner Last sodann wie toll durch die Wälder, bis es erschöpft zusammenbrach oder in einer Felsschlucht verendete. Während des wilden Rittes wurde der unglückliche Schütze von dem Geäst zerrissen und zerfleischt, bis er oft nach tagelangen Qualen vom Tode erlöst wurde.

Nun waren in die Hände des Schloßherrn von Scharfenstein auch zwei Wilddiebe gefallen. Er beschloß, als abschreckendes Beispiel sie mit der Strafe des Hirschreitens zu belegen. Als sie die Strafe vernahmen, erbleichten sie. Sie wußten nur zu gut, was dies für sie bedeutete. Schon sollten sie abgeführt werden, um im Burgverlies auf die Vollstrekkung der Strafe zu warten, als der ältere der beiden Schützen vor dem Schloßherrn auf die Knie fiel und sprach: »Wir sind von Haus aus Bergknappen und haben, bevor wir das Soldatenhandwerk ergriffen, mit Schlägel und Eisen so manchen Stolln getrieben, auch durch das festeste Gebirge. Wenn ihr uns die Strafe des Hirschreitens erlaßt, so wollen wir uns verpflichten, in drei Tagen und Nächten einen Stolln durch den Burgfelsen zu treiben, damit auf der anderen Seite genug Wasser zu einer guten Mühle herausgebracht werde.«

Der Schloßherr hatte den Worten des Bergmanns aufmerksam zugehört. Er ließ sich die Worte durch den Kopf gehen und beschloß, auf das Anerbieten einzugehen. Er sprach: »Zwar habt ihr euer Leben verwirkt. Da aber das, was ihr willens seid, der ganzen Gemeinde zu gutem Nutzen sein kann, will ich euch die Gelegenheit geben, euer Leben zu lösen. Wählt soviel Mannen, wie ihr zur Handreichung braucht. Dann geht ans Werk! Könnt ihr jedoch nicht halten, was ihr versprochen, so geht's euch an den Kragen wie gesprochen.«

Die beiden Gefangenen waren für den Augenblick zwar gerettet. Aber das Werk, das der ältere versprochen hatte, schien die Kraft von zwei noch so geübten Bergleuten zu übersteigen. Trotz alledem begannen sie sofort ihre Arbeit mit Schlägel und Eisen. Tag und Nacht ertönte das Pochen und Hämmern aus dem Felsen. Die Handlanger, die das gebrochene Gestein zu entfernen hatten, lösten einander ab. Aber die beiden Bergleute hielten aus, arbeiteten sie ja für Leben und Freiheit. Als der dritte Tag vergangen war, blitzte das Tageslicht von der anderen Seite her in den Felsengang. Die Bergleute sanken zu Tode erschöpft nieder, aber das Werk war vollbracht.

Der Schloßherr staunte nicht wenig, als ihm von der gelungenen Tat berichtet wurde. Die beiden Wildschützen wurden zwar des Gebietes von Scharfenstein verwiesen, aber sie hatten sich Leben und Freiheit erarbeitet. [28]

Vom Fürstenvertrager Zug

Vom Fürstenvertrager Zug im Griesbachtale, der 1534 von einer Lehmgrube aus erschürft wurde, wird uns folgendes überliefert:

Als sich die ersten Knappen in der Lehmgrube einlegten, verwunderten sich die Schneeberger und meinten: »Was suchen die nur in dem Lehmloch? Wollen die hier auf Erze stoßen?« Man lachte und höhnte, als sich herumsprach, daß man wirklich nach Erzen einschlug. Nicht einmal die Knappen hegten Hoffnung.

Es soll folgendes vorgekommen sein: Ein Mädchen trug von Griesbach frische Rüben in die Stadt. Als es an der Lehmgrube vorbeiging, scherzte einer von den dort arbeitenden Knappen: »Gib so 'ne Rübe her, ich schenk dir einen Kux von unser'm Lehmloch dafür.« Das Mädchen antwortete: »Nichts gibt's. So ein Kux ist doch nicht einmal eine Rübe wert.«

Und welchen Segen zog man nachmals gerade aus dieser Lehmgrube! [36]

Vom Bergmann, der an anderen Orten sein Glück machte und es wieder verscherzte

Arme Bergleute mußten bei ausbleibendem Anbruch oft ihr Heil anderswo versuchen, wenn sie nicht elendiglich in Armut umkommen wollten. So erging es auch zu Schneeberg dem Bergmann Konrad. Obwohl er fleißig arbeitete, hat er nicht genug für das tägliche Brot erbringen können. Da dachte er bei sich: »Du willst dein Glück doch einmal woanders versuchen!« Sein beschwerlicher Weg führte ihn bis Lothringen. Daselbst hatte er endlich so großes Glück im Bergbau, daß er zuletzt drei Jahre lang wöchentlich 1500 Goldgulden über alle Unkosten als Ausbeute erhielt. Er wurde daraufhin mit dem Namen Cuntz vom Glück belegt und des Reichtums wegen von Kaiser Maximilian I. in den Grafenstand erhoben.

Weil er aber seinen armen Freunden nicht die geringste Hilfe gab, sondern nur selbst im Luxus lebte, hat ihn Gott zur Strafe wieder in Armut und Elend verstoßen, daß er schließlich sein Leben im Spital verbringen mußte. [11]

Vom Lebensende der Hammerschmiede

Wenn ein Hammerschmied nicht mehr arbeitsfähig war, so zog er bettelnd von einem Hammerwerk zum anderen. So kam es, daß selten einmal einer in seiner Heimat starb und begraben wurde.

Kein Wunder also, wenn früher in der Schwarzenberger Gegend die Rede sprichwörtlich war: »Kein Hammerschmied stirbt, sondern er kommt von der Welt, man weiß nicht wie!« [17]

Der Schatz im Kiefricht

Zwischen Silberstraße und Schönau liegt ein Wald, den man »Kiefricht« nennt. Hier befindet sich ein Felsen, auf dem einst ein Raubschloß gestanden haben soll. Deshalb heißt der Felsen jetzt auch gewöhnlich das »Raubschloß«. Unter diesem soll ein großer Schatz liegen.

Da viele Leute glauben, daß am Weihnachtsheiligabend verborgene Schätze gehoben werden können, ging vor vielen Jahren ein Oberhaßlauer Bergarbeiter zu dieser Zeit zum Raubschloß, um den Schatz zu heben. Als er aber die üblichen Zeichen gemacht hatte und eben im Begriffe war, nachzugraben, erblickte er auf einmal eine Gestalt, die so zart wie Spinngewebe war. Diese sprang plötzlich auf seinen Rücken und klammerte sich an seinem Halse fest. Wie er das Gespenst wieder losgeworden ist, weiß niemand. Als der Bergmann jedoch nach Hause kam, legte er sich krank nieder und stand nicht wieder auf. Nach neun Tagen starb er. [15]

Die Tellerhäuser bei Wiesenthal

Um das Jahr 1570 lebte in Wiesenthal ein armer, aber frommer Bergmann namens Teller. Dieser war in einer Grube beschäftigt, die auf einmal keine Ausbeute mehr gab und deshalb liegen blieb. So sah er sich plötzlich in die mißlichste

Lage versetzt. Er hatte zwar noch rückständigen Lohn zu fordern, doch weigerte sich der geizige Bergherr, diesen auszuzahlen. Auch neue Arbeit wollte sich für den Bergmann nicht finden. So mußte er nach und nach sein ganzes Hab und Gut verkaufen, um wenigstens Brot für seine kranke Frau, seine drei Söhne und sich zu haben.

Am Ostermorgen war die Not am größten. Als er voller Verzweiflung in die Kirche ging, glaubte er eine Gestalt, die ihm aufs Haar glich, unter der Kanzel im Festtagsgewand mit einer Stufe glänzenden Silbers zu sehen. Er rieb sich die Augen und wandte sein Gesicht ab, aber sobald er auf jenen Punkt schaute, erblickte er seinen Doppelgänger wieder.

Endlich verließ er die Kirche und ging heim. Auf dem Wege begegnete ihm ein Unbekannter, der ihn fragte, warum er so traurig aussähe. Als Teller seine Not klagte, gab ihm dieser ein größeres Geldstück zum Geschenk. Teller faßte daraufhin neuen Mut, kaufte von dem Geld des Unbekannten bei dem Bergmeister die Erlaubnis, in der auflässigen Grube zu bauen, und machte sich mit neuen Kräften an die Arbeit.

Doch der erste Tag verfloß, ohne daß Teller auf Erz gestoßen war. Auch der zweite war schon zur Hälfte vorüber. Mißmutig hatte er sich niedergesetzt, um das letzte Stückchen Brot zu verzehren. Da kroch aus einem Loch plötzlich eine Maus hervor, die ohne Scheu die heruntergefallenen Brosamen auflas. Teller ließ das Tier ruhig gewähren. Als es jedoch anfing, an seinem Grubenlicht herumzuknabbern, warf er sein Fäustel nach ihm. Zwar traf er nicht das Tier, aber der Wurf sprengte ein starkes Stück des Gesteins los. Hinter diesem trat ein reicher Gang gediegenen Silbers zutage.

Nun hatte alle Not ein Ende, und er eilte schnell mit der frohen Kunde heim. Aus dem armen Bergmann wurde ein reicher Bergherr. Er vergaß aber nicht seine frühere Armut. Er war mild und freigiebig gegen die Armen und blieb fromm und redlich bis an sein Ende.

Seinen Söhnen erbaute er vom Segen des Bergbaus in einer unbewohnten Gegend zwischen Wiesenthal und Rittersgrün drei kleine Bauerngüter, die nach dem Erbauer Tellerhäuser genannt wurden. [35]

Das wandernde Haus in Zinnwald

Anfang des 18. Jahrhunderts wurden die protestantischen Einwohner Böhmens ihrer Religion wegen hart verfolgt. Sie mußten entweder zur katholischen Kirche übertreten oder das Land verlassen. Die meisten wanderten deshalb damals nach Sachsen aus. Unter diesen war auch ein Bergmann mit Namen Hans Hirsch. Er hielt fest an seinem Glauben und besann sich deshalb auch keinen Augenblick, was er tun solle. Aber sein Häuschen, das unweit der Grenze stand, hätte er gern mitgenommen. Er beriet sich mit Freunden und Gevattern. Schließlich hatten sie's erklügelt: Das Häuschen wurde auf Walzen gebracht und glücklich nach Sachsen gepascht. Ungefähr fünfzig Schritte von der Grenze entfernt fand es in Zinnwald einen neuen Standort. [35]

Silberhaltige Schlacken werden von der Mulde fortgeführt

Im Angehen des Schneeberges hat man die köstlichen Erze in großer Menge in Zwickau geschmolzen. Sehr viel Schlakken hat man sodann in die Mulde gestürzt. Dieselbe hat diese, wenn sie anschwoll, mit fortgeführt.

Einstmals hat's sich nun zugetragen, daß auf Grund böser Wetter und schlechter Wege eine ganze Woche kein Erz nach Zwickau gebracht worden war. Da man nun vermeinte, daß man noch länger in der Schmelzhütte kalt liegen müsse, ist ein Schmelzer nach einem Regen hinaus auf einen Schlackenhaufen spazieren gegangen. Dabei haben ihm die Schlacken so in die Augen geschimmert, als ob Silberflitzschen darauf liegen würden. Daraufhin hat er dieselben genommen, durchgesetzt und die folgenden Tage mehr Silber aufs neue als je zuvor daraus gewonnen.

Als nun der Hauptmann oder Verwalter (andere wollen wissen, daß es Römer gewesen sei), der zu ihm gekommen war, wissen wollte, woher das Silber käme, berichtete es ihm der Schmelzer. Daraufhin ist er mit dem Schmelzer auf die Knie gefallen und hat Gott um Verzeihung gebeten, daß er den Gewerken und Fürsten so übel vorgestanden habe, daß er die herrlichen Gaben Gottes so unnütz, jedoch wider sein Wissen, vernichtet hätte. [15]

Aus dem Leben der Bergherren

In seinen Sagen beschäftigt sich das Volk – wie in allen Bergbaugebieten – auch im Erzgebirge mit dem Leben und Treiben der Bergherren.

Versetzt man sich einmal in die Lage der Bergleute, verwundert es sicher nicht, daß bei diesen Sagen der Reichtum und die Verschwendungssucht der Bergherren[6] einen großen Raum einnehmen. Die Sagen und Überlieferungen offenbaren dabei recht deutlich soziale Spannungen, die sich im Bergbau frühzeitig herausbildeten. Die Ursachen für die Mißstände werden jedoch noch vielfach dem Verschulden einzelner Menschen zugeschrieben. Besonders deutlich wird dies, wenn der Niedergang des Bergbaus[7] mit dem Verhalten der Bergherren in Verbindung gebracht wird. Dabei ist auch folgendes interessant:

In den meisten Sagenkreisen außerhalb des Bergbaus können irdische Mißstände in fast allen Fällen nur nachträglich und durch das Wirken übernatürlicher Kräfte »korrigiert« werden. Erinnert sei an die Nachtodstrafen für ungerechte und grausame weltliche und geistliche Herren sowie die nachträgliche Rechtfertigung unschuldig zum Tode Verurteilter, u. a. durch das Grünen verkehrt eingepflanzter Bäumchen. Beispiele dafür finden sich in jeder regional ausgerichteten Sagensammlung. Die Vergehen der Bergherren dagegen werden in den Sagen meist bereits zu Lebzeiten bestraft und mit recht natürlichen Dingen in Verbindung gebracht. Erscheinen doch in vielen Fällen die Vertaubung der Erzgänge oder die Erschöpfung der Lagerstätten und die hieraus resultierende Verarmung gewissermaßen als verdiente Strafe für die Vergehen der Bergherren.

Unverkennbar ist allerdings auch in verschiedenen Sagen

die moralisierende Tendenz, daß nur durch Armut zu echter Glückseligkeit gefunden werden kann.

Manche Überlieferungen von bestraften Bergherren, die im Erzählgut des Volkes erhalten blieben, gehen jedoch über den Charakter von Sagen hinaus. Ein typisches Beispiel dafür ist die Erzählung »Das Ende des Silberherrn von Annaberg«. Doch da speziell diese sehr gut die Aussagen einiger Sagen ergänzt, wurde sie hier mit aufgenommen.

Durch die Sage werden daneben noch andere Ereignisse aus dem Leben und Wirken der Bergherren überliefert. Doch wird nur relativ wenig über positive Ereignisse erzählt. Teilweise werden in diesem Zusammenhang auch Vermutungen und Gerüchte weitergegeben. Nicht selten kommt es zu Widersprüchen und gegenteiligen Aussagen zwischen Chroniken und überlieferten Sagen. Beispielsweise wird in der Chronik der Ritter Conrad von Theler als gottesfürchtiger Mann geschildert, und der Priestermord, von dem die Sage berichtet, ist in den bekannten Unterlagen nicht angeführt. Eine Erklärung für diese Differenzen zwischen Chronik und Sage ergibt sich bereits in vielen Fällen, wenn gegenübergestellt wird, wer die Chronik schrieb und wer die Sagen weitergab.

Bestrafter Übermut führt zur rechten Einsicht

In Annaberg lebte einst eine vom Bergwerk sehr reich gewordene Frau. Sie wußte aber diesen Segen Gottes nicht richtig anzuwenden. So hat sie neben anderer Verschwendung nicht nur im Weine gebadet, sondern hat auch das Stückchen Land, auf dem Erdbeeren wuchsen, mit Malvasier begießen lassen.

Schließlich ist sie jedoch bettelarm geworden. Da sprach sie hernach, daß sie Gott danke, daß er sie so arm gemacht habe. Sie würde sonst wenig an ihn gedacht haben. [15]

Eine wahnsinnig gewordene Gewerkin

Eine Witwe in Annaberg, eine Bäckerin, hatte auf sechs Kuxe an dem Himmlischen Heere gebaut. Sie klagte sehr über die starke Zubuße, die sie geben mußte, bevor man 1536 in die Anbrüche kam.

An einem Sonnabend nahm sie einen Korb mit Broten und Semmeln und setzte sich damit unter das Buchholzer Tor. Ein Bürger, der sich erst neulich unweit von diesem Tore in der Stadt angekauft hatte, hörte die Bäckerin klagen. Er beredete darauf dieselbe, ihm fünf Kuxe für ein Geringes zu verkaufen.

Nach einem Monat kam die Zeche jedoch in die Anbrüche. Die Bäckerin bereute daraufhin so sehr den Verkauf, daß sie in Wahnsinn darüber geriet. Sie zählte immer an den Fingern: »Eins, zwei, drei, vier, fünf, und nur einen behalten! Daß Gott erbarm! Oh, daß meinem Betrüger der Hals in die Zeche stürze!« [9]

Das Ende des Silberherrn von Annaberg

Kaspar Kürschner hatte wohl bereits wie kein zweiter Fundgrübner die Höhen und Tiefen des Erzbergbaus durchlebt, als ihn der plötzliche reiche Anbruch im Berggebäude Himmlisch Heer aller seiner Sorgen enthob.[8] Sein Reichtum wuchs so rasch, daß er der Silberherr von Annaberg genannt wurde. Auch zu Fragen um das Wohl und Wehe der Stadt war sein Rat wieder gefragt. Bald wurde er sogar zum Bürgermeister gewählt. Da ging es gar hoch her bei den festlichen Gelagen. Im Jahre 1544 gab er als Bürgermeister dem gesamten Rate ein Mahl, das auf das Prächtigste ausgestattet war. Wildbret und Fisch wurden neben weiteren kostbaren Gerichten aufgetragen. Zu den leckeren Speisen gab es Malvasier und andere köstliche Weine. Am Abend labte man die schweren Zungen mit würzigem Met. Für den Sonntag darauf luden er und sein Weib die Frauen der Ratsherren ein, um sie gleichermaßen zu bewirten. Die Eheherren blieben natürlich auch nicht aus. Da war des Prassens kein Ende, bis die Kräfte versagten. Schließlich mußten die Weiber samt ihren Männern auf Schlitten heimgebracht werden.

Aber es dauerte nicht lange, bis infolge der Ereignisse jener Zeit Kürschner bei seinem Landesherrn in Ungnade fiel. Am schlimmsten aber war für ihn, daß im Gefolge davon auch immer mehr sein Ansehen in der Stadt schwand, obwohl er den Bau der Schule durch reiche Zuwendungen förderte.

Er verlor schließlich nicht nur sein Amt als Bürgermeister, sondern wurde auch aus dem Rate entsetzt.

Mit scheinbarer Gleichgültigkeit ertrug er das Unabwendbare, indem er sich dem üppigsten Wohlleben hingab. Sein gekränkter Stolz artete in Hochmut aus, und dieser reizte ihn zum Prunk nach außen. Wenn er sich ins Bad begab, ritt er auf einem kostbaren Pferde, von vielen Dienern umgeben. Im Bade selbst trug man ihm ein Becken vor, das mit köstlichem Malvasier angefüllt war. Die Fußsohlen rieb man ihm mit gerösteten Semmeln ein, die man in den Wein getaucht hatte. Das sollte den Appetit zum Essen und Trinken fördern. Sooft er im Bade war, sammelten sich daselbst viele arme Leute, die die gerösteten Semmeln zu sich nahmen.

Das Wohlleben war die Ursache einer ungeheuren Körperfülle. Im Jahre 1554 ließ er sich nebst dem Ratsherrn Heinrich Kerndörfer, der ein vierschrötiger Gerbermeister war, in der Ratswaage wiegen, um festzustellen, welcher von beiden der Schwerere sei. Kürschner zog jenen hinauf bei einem Gewicht von zwei Zentnern und 15 Pfund. Zu verwundern war es nicht, daß ihm das Volk den Spitznamen »Fleischmann« beilegte.

Nachdem Kurfürst Moritz gefallen und sein Bruder August an die Macht gekommen war, stand Kaspar Kürschner wieder ein Ratsstuhl offen. Er nahm dieses Amt auch bis ein Jahr vor seinem Tode wahr. Wieder wurde er in allen wichtigen Angelegenheiten zu Rate gezogen, obwohl ihm ein selbständiges Ratsamt nicht mehr übertragen werden konnte. Denn er hatte genug Sorgen in seinen eigenen Geschäften. Ihm war das Glück durchaus nicht mehr so hold wie ehedem. Alle größeren Unternehmungen schlugen fehl. Alle Anstrengungen waren nutzlos. Wie sein Wohlstand abnahm, so verringerte sich auch die Zahl seiner Freunde.

Er verarmte schließlich so weit, daß er das stattliche Wohnhaus verkaufen mußte. Als er auch das letzte Sümmchen verbaut hatte, mußte er von dem Bergbau, durch den er wechselnd arm und reich geworden war, ablassen. Er war letztlich so arm geworden, daß ihm oft ein Bissen Brot fehlte, um seinen Hunger zu stillen.

Anderen Erwerbsmöglichkeiten nachzugehen, war ihm auch versagt. Denn zur Entbehrung hatte sich unversehens eine unüberwindliche Leibesschwäche gesellt, die ihm den Krückstock aufnötigte. Da gewährte man dem Armen mitleidig ein städtisches Almosen. Da dies aber nicht hinreichte, um sein Dasein zu fristen, mußte er schließlich an den Türen der Reichen anklopfen und um milde Gaben betteln.

Am 26. Januar 1572 starb er bei seinem Eidam. Ohne Sang und Klang ward er in die kühle Erde gebettet. [3]

Der Blutfleck auf dem Pfarrhofe zu Elterlein

Seit etwa 1516 wirkte in Elterlein am damaligen Bergamte als geschworener Bergmeister der Herren von Schönburg Hans Hünerkopf. Dieser stach im Jahre 1518 den Kaplan

Moritz von Annaberg nieder, weil er seiner Ehefrau nachgestellt hatte.

Die Stelle, an der der Kaplan verblutete, wird nach jedem Regen rot und erinnert an die unselige Tat. [10]

Der treue Haberberger von Freiberg

Als Markgraf Friedrich der Freidige, vom Kaiser Adolf besiegt, elend im Lande umherzog, kam er, von einem einzigen Diener begleitet und unerkannt in eine Schmelzhütte. In dieser trieb ein Freiberger Bürger, namens Haberberger, ein starkes Silber ab. Als der Markgraf nun fragte, wem so viel Silber zustehen würde, und ihm darüber berichtet worden war, hat er den Haberberger allein vor die Hütte geführt und sich zu erkennen gegeben. Gleichzeitig sprach er ihn um das Silber an. Haberberger hat ihm dies nicht allein willig zugestellt, sondern ihm versprochen, daß er ihm in einigen Tagen, wenn er es geschmolzen, noch mehr geben wolle. Markgraf Friedrich nahm es mit Dank an. Da ihm in der Folge noch mehrere reiche Bürger heimlich von ihren Ausbeuten schickten, konnte er neues Kriegsvolk anwerben. Mit diesem gelang es ihm, in dem Lande wieder festen Fuß zu fassen.

Haberberger wurde reichlich beschenkt und erhielt manche Freiheiten. [15]

Der Klosterräuber von Altzella

Markgraf Otto, den man den Reichen nannte, hatte zwei Söhne, Albrecht und Dietrich. Dietrich war ihm lieber als der ältere Albrecht. Dietrich sollte nach des Vaters Tode Herr werden über das Meißner Land. Darüber ergrimmte der Ältere.

Als Albrecht erfuhr, daß sein Vater kurz vor seinem Tode einige tausend Mark Silber, gewonnen aus den Freiberger Gruben, den Mönchen zu Altzella übergeben hatte, eilte er ins Kloster und verlangte das Geld. Dies wurde ihm vom Konvent verweigert. Als er Gewalt anzuwenden drohte, legten es die Mönche in den Altarschrein unter das Muttergottesbild. Albrecht ließ den Schrein erbrechen und floh mit dem Gelde. Doch ist er seines Raubes nimmer froh geworden. Bald ward er krank und hat bereits zu Lebzeiten so übel gestunken, daß keiner seiner Freunde bei ihm bleiben mochte. Jedermann sagte, daß dies die Strafe für Albrechts Kirchenraub gewesen sei. [47]

Die Betfahrt nach Ebersdorf

Am Silvestertage des Jahres 1212 unternahmen die Mönche des Zisterzienserordens in Freiberg eine große Betfahrt nach dem Marienbilde zu Ebersdorf[9], um daselbst Gott für den reichen Bergsegen zu danken. Es war eine strenge Kälte. Doch mit freudigem Mute zogen die Betfahrer unter frommen Gesängen rüstig am Schieferbache hin. Da brachen plötzlich aus der dichten Waldung die Räuber von Schellenberg und Lichtenwalde hervor und drangen auf den Zug ein. Sie wollten die kostbaren Geräte, Fahnen und Kleinodien rauben, die bei einer Betfahrt in der damaligen Zeit nie fehlen durften. Augenblicklich geriet der Zug in große Verwirrung, und die Mönche flohen mit Jammern und Entsetzen. Aber der Schirmvogt warf sich mit seinen Reisigen und den

Klosterknechten den Räubern entgegen. Es entbrannte ein heißer Kampf, der eine gute Weile währte. Aber er endete zuletzt mit dem Siege der guten Sache. Die Räuber wurden geschlagen und flohen nach dem Flöhaflusse, hoffend, daß das Eis sie trage. Doch die dünne Eisdecke brach in der Mitte des Flusses, und die Hälfte der Räuber ertrank in den kalten Fluten. Die übrigen flüchteten das Ufer entlang stromaufwärts und verkrochen sich in eine Felsenschlucht. Als dies die Klosterknechte bemerkten, besetzten sie den Eingang der Schlucht und wollten darinnen die Räuber mit den Waffen angreifen. Aber der Schirmvogt gebot, daß sie ihr Blut schonen und die Räuber durch Feuer verderben sollten. Hierauf schlugen die Knechte eine Menge Baumstämme nieder, zündeten sie an und warfen sie in die Schlucht, bis dieselbe zuletzt einem brennenden Ofen glich. So wurden die Räuber von Lichtenwalde und Schellenberg vernichtet, und der Weg für die Betfahrer war wenigstens auf einige Zeit sicher.

Jene Felsenschlucht, in der die Räuber verbrannten, heißt zum Andenken an jene Begebenheit der Höllengrund. [35]

Die Bäuerin zu Frohnau

In den dreißiger Jahren des 16. Jahrhunderts soll das Berggebäude Himmlisch Heer in Cunnersdorf 1400 Flgr. vierteljährliche Ausbeute für den Kux gegeben haben. Zu dieser Zeit baute auch eine Bäuerin aus Frohnau an diesem Gebäude mit. Durch die hohe Ausbeute wurde sie in kurzer Zeit sehr reich. Sie vermochte aber nicht, mit dem Glücke mäßig zu sein, und trieb allerhand Unfug und Verschwendung. So badete sie täglich in dem teuersten Wein, den sie auftreiben konnte. Anschließend gab sie diesen, mit Semmelbrocken vermischt, den Armen zu trinken. Da diese nicht wußten, was die Bäuerin zuvor damit gemacht hatte, verzehrten sie die Gabe mit großer Lust und dankten der reichen Geberin vieltausendmal für die köstliche Erquickung.

Als sie aber die Badegeschichte erfuhren, ekelte es sie, und sie warfen der übermütigen Bäuerin die Fenster ein. Auch sangen sie Spottlieder auf sie, so daß sie sich nicht mehr öffentlich sehen lassen konnte.

Übrigens muß die Bäuerin auch noch andere recht unziemliche Dinge verübt haben, denn der Klerus war darüber so erzürnt, daß er Gott öffentlich bat, den Bergsegen zu mindern.

Ein Andenken an diese Bäuerin ist das alte Berggebäude »Die Bäuerin« am Schottenberge, welches sie aufgenommen haben soll. [35]

Die Sühne des Ritters Conrad von Theler

Ritter Conrad von Theler soll seinen Hauspfaffen am Sonntag Oculi 1332 in der Sakristei der Burgkirche erstochen haben. Der Pfaffe wollte von dem reichen Bergsegen immer mehr für die Kirche haben. Als ihm dies Conrad von Theler verweigerte, habe ihn der Pfaffe von der Kanzel herab verflucht. Daraufhin sei es zu der verbrecherischen Tat gekommen.

Danach sei Conrad von Theler nach Jerusalem gezogen, um am heiligen Grab Buße zu tun. In die Heimat zurückgekehrt, habe er nach genauen Maßen des Leidensweges Christi sieben Betsäulen zwischen Obercunnersdorf und

Höckendorf gesetzt. Auch soll er den Altar der Dorfkirche mit seiner reichen Vergoldung aus den Erträgnissen seines Goldbergwerkes in der Höckendorfer Heide gestiftet haben.

Nach anderen war der Anlaß für den Mord an dem Pfaffen folgender: Conrad von Theler war mit reichen Schätzen aus dem Kriege zurückgekehrt. Diese veranlaßten den Burggeistlichen, immer wieder um eine Schenkung zu bitten. Nach endlosen, vergeblichen Versuchen habe er den Ritter daraufhin von der Kanzel herab verflucht. Im Grimm habe dieser ihn darum niedergestochen. [24]

Die Grabmäler der Ritter von Theler

In der Kirche von Höckendorf befinden sich unter dem Altare die Erbbegräbnisse der durch den Silberbergbau so reich gewordenen Ritter von Theler. Eine arme, hilflose Schlafwandlerin, welche im Höckendorfer Pfarrhause längere Zeit Aufnahme gefunden hatte, war in der Nähe des Altars jedes-

mal von einer fieberhaften Unruhe ergriffen worden. Sie erklärte, daß sie hier nicht bleiben könne, da unter ihren Füßen Metall vorhanden sein müsse. Die Sage geht auch, daß die Ritter von Theler in diesen Grüften in silbernen Särgen ruhen. [15]

Der Hähnel-Schatz

In Johanngeorgenstadt lebte ein Fundgrübner namens Hähnel. Dieser besaß in Johanngeorgenstadt und Breitenbach [10] eine Anzahl Gruben, die reiche Ausbeute gaben. Er erlangte auf diese Weise ein großes Vermögen. Von einem Teil seines Geldes ließ er die Kirche innen vorrichten. Er erwarb auch in der alten Kirche einen eigenen Sitzplatz, ein sogenanntes Stübel (das Hähnel-Stübel). Als Dank für seine Stiftung gestattete ihm die Kirche, von seinem Wohnhaus aus einen unterirdischen Gang zum Gotteshaus zu bauen. Diesen benutzte er auch regelmäßig, wenn er in die Kirche wollte.

Sein Bargeld hob der Fundgrübner Hähnel niemals in seinem Hause auf. Vielmehr hatte er hierfür in dem unterirdischen Gange ein Versteck, das er völlig geheim hielt. So wußte auch nach seinem Tode niemand, wo das viele Geld zu finden sei.

Beim letzten großen Stadtbrand brannte auch das Haus des Fundgrübners mit ab. Das Mundloch zu dem unterirdischen Gange, das schon zu Lebzeiten Hähnels nicht so ohne weiteres aufzufinden war, war jetzt durch die zusammengestürzten Mauern vollends verschüttet und noch schwerer zu entdecken.

Die Brandstelle wurde verkauft, und der neue Besitzer

ließ ein neues Haus errichten. Dazu wurden auch die Steine verwendet, die vor dem Mundloch des Ganges lagen. So entdeckte der neue Besitzer den Gang und schließlich auch den großen Schatz, der in dem Gang verborgen war. In dem Schatzkasten waren so viele Münzen, daß sie mit dem Schubkarren weggeschafft werden mußten. Der glückliche Finder konnte mit Recht sagen: »Wir können unser Haus mit preußischen Talern decken!«

Als der ehemalige Besitzer der Baustelle von dem Auffinden des Schatzes erfuhr, ärgerte er sich, daß er, solange er in dem Hause lebte, niemals den Gang gefunden hatte. Er besann sich auch jetzt, daß an der Stelle, wo das Mundloch war, immer ein Wasserbottich gestanden hatte. Auf dem Wasserspiegel hatte er oft ein sonderbares Flämmchen gesehen.

Wenn er diesem Zeichen verborgener Schätze nachgegangen wäre, hätte auch er bestimmt den Gang entdeckt. [53]

Üppiges Leben in den Bergstädten wird mit Verarmung bestraft

Gegen Ende des 15. Jahrhunderts sollen einige Fundgrübner zu Neustädtel, die Meerbicken genannt, in ihrem Leben eine unwahrscheinliche Pracht und auch einen großen Überfluß im Essen und Trinken entfaltet haben. So haben sie sich im Bade die Füße mit Brot und Malvasier reiben lassen. Sie sind aber in kurzer Zeit so verarmt, daß sie zum Bettelstab greifen mußten. Einer von ihnen bat in Neustädtel vor der Kirche um Almosen. [15]

Die Sage vom Hüttenmatthes

Zu Beginn des 17. Jahrhunderts lebte und wirkte in der Saigerhütte Grünthal bei Olbernhau der Hammerverwalter Matthes. Er war mit seinem Los jedoch nicht zufrieden. Sein ganzes Tun und Trachten war darauf gerichtet, Geld und Reichtum zu erlangen. Als er gar noch die Pracht erleben mußte, die beim Besuch des russischen Zaren Peter I. in der Saigerhütte entfaltet wurde, war es mit seiner Ruhe vorbei.

Er lieh sein Ohr den Einflüsterungen eines alten zauberkundigen Weibes. Dieses riet ihm, einen Pakt mit dem Teufel zu schließen, und all seine Wünsche gingen in Erfüllung. Bald darauf schloß Matthes auch oben an der »Hand«, dort wo der steinige Weg nach Schönfeld sich mit dem von Olbernhau nach Heidersdorf kreuzt, diesen Pakt und besiegelte ihn mit seinem Blute. Der Teufel wollte von nun an dafür sorgen, daß Matthes immer genug Geld habe. Seine Gegenforderung lautete, daß das älteste Kind des Matthes nach sieben Jahren dem Teufel gehören solle. Matthes mußte über den dummen Teufel lachen, als er dessen Forderung hörte. War seine Ehe doch in den bisherigen zwanzig Jahren kinderlos geblieben.

Als er jedoch glücklich über den für ihn so erfolgversprechenden Vertrag zu seiner Frau in das Schlafzimmer kam, eröffnete sie ihm freudestrahlend, daß sein jahrelanger Wunsch nach einem Kinde nun doch noch in Erfüllung gehen werde: Sie fühle sich Mutter werden. Matthes war wie vom Schlage gerührt. Jetzt erst ward ihm die Tücke und Hinterlist des Teufels so recht bewußt. Er brauchte viele Wochen, um sich wieder zu erholen.

Von Stund an konnte aber Matthes hingreifen, wo er wollte. Überall fand er Geldstücke. Der Hammerverwalter war plötzlich ein reicher Mann geworden. Doch das Böse, in dessen Gewalt er sich begeben hatte, kehrte die Freude in Angst und Grauen.

Als sein Sohn geboren wurde, starb seine Frau. Matthes klagte sich selbst bitter an. Seine Unruhe wuchs, je schneller die vereinbarte Frist ablief. Mit großen Geschenken und guten Taten hoffte er, von dem Pakte loszukommen. Doch es war umsonst.

Da hörte er, daß in einem Dorfe ein weiser Mann wohne, der ihm vielleicht helfen könne. Ohne zu zögern wandte sich Matthes in seiner Not an ihn. Dieser sagte auch seine Hilfe zu und wollte demnächst nach Grünthal kommen.

Endlich kam der erwartete Tag heran. Nach seinem Eintreffen bereitete der weise Mann in der Stube im Erdgeschoß geheimnisvoll seine Beschwörungen vor. Matthes wurde jedoch angewiesen, im Obergeschoß zu bleiben. Wenn Matthes dieses Gebot übertreten würde, wisse er nicht, was geschehe.

Doch Matthes hielt es nicht lange in der Einsamkeit. Wenn er sich auch nicht in die Stube wagte, wollte er wenigstens durch das Schlüsselloch das Geschehen beobachten. Er konnte gerade noch sehen, wie der Böse vor dem weisen Mann und seinem Kinde zurückweichen mußte. Voller Schrecken ward Matthes bewußt, daß er das Gebot des weisen Mannes übertreten hatte. Um in seine Kammer zu gelangen, war es zu spät. Aus lauter Angst verkroch er sich in die neben dem Hause stehende leere Hundehütte.

Da fuhr auch schon mit einem fürchterlichen Pfeifen der

Böse aus dem Hause. Matthes wollte gerade aufatmen, als der Teufel vor der Hundehütte verhielt. Mit unheimlicher Stimme ertönte es: »Matthes, bleibe, was du gewesen bist – ein Hund!« Von diesem Moment an hat niemand mehr den Matthes gesehen.

Aber seit dieser Zeit kann man überall dort, wo einst Matthes in seiner Gier nach Geld ging, einem großen schwarzen Hund begegnen, der von den Leuten Hüttenmatths oder zuweilen auch Hüttenmatz genannt wird. Wird er geneckt, springt er dem Höhnenden auf den Rücken und läßt sich bis in die Nähe der Saigerhütte tragen. Wanderern, die ihn in Ruhe lassen, hat er aber noch nie etwas getan. [50]

Bestrafter Übermut

Ein Seifensieder, Benedix mit Namen, der zu Scheibenberg lebte, war durch die Zeche St. Andreas in der Scheiben sehr reich geworden. Er hielt sich die zwei schönsten Reitpferde und gab sich allenthalben lustig. Dabei wurde er aber auch so übermütig, daß er einmal auf eine Anrede hin erwiderte: »Ja, Gott ist Gott! Aber ich bin gleichwohl auch ein Herr!«

Darauf folgte, daß der vordem so reiche Mann verarmte und er wieder anfangen mußte, Lichte zu ziehen und Seife zu sieden. [11]

Herzog Albrecht hält auf einer Silberstufe Tafel

In ganz Deutschland ist in keiner Zeche jemals mehr gediegen Silber gehauen worden, als in der Grube St. Georg zu Schneeberg. Von dem Herzog Albrecht wird gemeldet, daß er auf diesem St. Georg (1477) angefahren sei. Darinnen habe er auf einer großen, gediegenen Silberstufe wie auf einem Tische mit etlichen seiner Räte Tafel gehalten.

Aus dieser Stufe sollen später 400 Zentner Silber gewonnen worden sein. [15]

Wie einer eine Birne für 1500 fl verkaufte

Als die Zeche Gegendrumb des Fürstenvertrager Ganges bei Schneeberg noch nicht fündig war, hat einmal einer eine (»Hengel-« oder »Vogel-«)Birne gegen einen Rest Barchent eingetauscht. Er vertauschte den Stoffrest aber wieder gegen eine Nachtigall und bekam schließlich für diesen Vogel einen Kux von dieser Zeche.

Kurz darauf wurde die Zeche fündig, und der glückliche Kuxbesitzer bekam für seinen Kux bald 1 500 fl Ausbeute. Darum erzählt man sich, es habe einer eine Birne für 1 500 fl verkauft. [36]

Kostbarer Sand zum Häuserbau in Schneeberg

Von etlichen alten steinernen Häusern in Schneeberg, so der Fundgrübner Koithen, Dietrich Kadmann, Wolf Meiner und Jakob Seling Häuser, erzählt man, daß zu ihrem Bau solcher Sand verwendet worden sein soll, der weit mehr als die Häuser wert gewesen war. Man hat aber, bevor man die Siebarbeit und die nassen Pochwerke hatte, nicht verstanden, diesen Sand zu nutzen. [15]

Vom rechten Glauben an das Berggebet

In Schneeberg sagte einmal eine ehrbare und christliche Frau zu ihrem Ehemann Zacharias Richter, der ein erfolgreicher Handelsmann war, daß sie kein Bergwerk mehr bauen und auch das Berggebet nicht mehr sprechen wolle. Es wär schon so viel verbaut worden, daß sie glaube, Gott wolle ihnen gar keinen Bergsegen geben. Als ihr Ehemann sie daraufhin im Scherz fragte, wie lange sie denn noch ihr Berggebet sprechen wolle, antwortete sie schnell und unbedacht: »Bis auf den Montag!«

Da ergab es sich, daß an dem vorhergehenden Freitag ein Bergmann einen überaus schönen Anbruch von Kobalt und Wismut aus einem Schneeberger Bergwerk und am folgenden Tage einer einen reichen Kupferanbruch von Saalfeld, wohin sie bisher auch viel Zubuße geben mußten, brachte.

Daraufhin mußte sie erkennen, daß es Gottes Wille war, auch weiterhin Bergwerke bauen und fördern zu helfen. Sie bat daraufhin Gott inständig um Vergebung ihrer Zweifel. [11]

Vom Mißbrauch des Bergsegens

In Schneeberg lebte ein Brauer, Peter der Zeitzer genannt, der von seinem Bruder Niclaß Kloßmann sehr viel ererbt hatte. Kloßmann war durch die Junger-Zeche zum reichen Fundgrübner geworden. Doch Peter der Zeitzer wußte den Bergsegen nicht richtig zu nutzen, sondern lebte übermütig in Saus und Braus.

Aber er verarmte daraufhin bald und mußte seine eitle Fröhlichkeit büßen. Er ergriff wieder sein ehemaliges Handwerk, das er in Joachimsthal[3] betrieb. Daselbst fiel er im Alter in eine Braupfanne und kam so zu Tode. [11]

Wie das Schnorrsche Chor in der St.-Wolfgangs-Kirche zu Schneeberg eine Tür von außen erhielt

Der reiche Veit Schnorr von Carlsfeld, der um das Ende des 18. Jahrhunderts in Schneeberg lebte, wollte nicht gern durch die ganze Kirche wandern und dann im Angesichte aller Kirchgänger die damals nur von innen auf sein Chor führende Tür aufschließen. Aber obwohl er oft um die Erlaubnis bat, eine Tür von außen auf seine Kosten durchbrechen zu lassen, wurde ihm dies vom Rate nicht gestattet. Da wurde es endlich still um diese Angelegenheit, und man hielt sie für erledigt.

Unter dem Vorwande, die Herren vom Rate, welche ihm wegen seiner dringlichen Gesuche doch am Ende etwas böse gesinnt sein könnten, wieder mit sich auszusöhnen, lud er sie alle zu einem dreitägigen Feste nach Carlsfeld ein. Wer geladen war und kommen konnte, fand sich ein. Man aß und trank nach Herzenslust. Voller Dank gegen den gastfreien Schnorr zog man danach endlich wieder ab. Wer ihm irgendeinen Dienst für die Zukunft anbieten konnte, tat dies. Alles, was nur irgendwie ginge, sollte für ihn geschehen. Nur mit dem Eingange, das wisse er, ginge es nicht. Schnorr entschuldigte nochmals seine Zudringlichkeit, und versöhnten Herzens gingen alle auseinander.

Doch am anderen Tage erfuhr man, daß Schnorr sich während des Festes Maurer bestellt hatte. Diese hatten in drei Tagen eine Tür durchgebrochen und fertig gemacht. Was konnte man tun? Die Tür blieb. [15]

Weshalb keine Hoffnung auf ergiebigen Bergbau vorhanden war

Auf etlicher Leute Angaben hin hat ein vornehmer Mann am Gleesberge geschürft und einen schönen Gang entblößt. Die darauf angelegte Zeche nannte er Auf der fruchtbaren Sara. Nach einiger Zeit hat er seinem Eidam, einem berühmten und hochgelehrten Manne, auch einen Teil angeboten und geschenkt. Als aber derselbe den Namen der Zeche hörte, sagte er: »Mein lieber Herr Vater, ich komme wieder zurück mit meinen Kuxbauen. Der Name hat eine gar so böse Bedeutung. Sara ist 90 Jahre alt geworden, ehe sie fruchtbar war. Sollte ich nun auch so lange warten, so würde mir die Zeit zu lang und ich nimmer da sein. Ich will mich hiermit freundlich bedankt haben.«

Bei Neustädtel war eine Zeche, die Hundsfliegen genannt. Der Schichtmeister hieß Georg Rücker und sein Vorstand

Brosius Teuschel. Der Steiger hieß Simon Tod, der Häuer mit Zunamen Teufel und der Junge Leckhänsel.

Einmal sind Nürnberger, die daselbst bauten, hereingekommen. Als sie all die Namen der Amts- und Arbeitsleute hörten, hat einer von ihnen gesagt: »Es ist kein guter Name auf der ganzen Zeche, nur Hundsfliegen, Rücker, Teuschel, Tod, Teufel und Lecker. Was soll man da für gute Hoffnung haben? Ich will hinfort nicht mehr bauen.« [15]

Die Oswaldkirche bei Waschleithe

Nicht weit von Waschleithe erblickt man am Ufer des Oswaldbaches die Ruine einer Kirche, der sogenannten Oswald- oder Dudelkirche. Dieselbe soll 1514 vom Grünhainer Abt Georg Küttner gegründet, aber, weil inzwischen die Reformation aufkam, nicht vollendet worden sein.

Anders erzählt sich jedoch das Volk die Ursache für den Verfall: Zu jener Zeit soll ein reicher Hammerherr, namens Caspar Klinger, gelebt haben. Diesen hatte sein Reichtum so übermütig gemacht, daß er keinem Gruße, selbst von seiten solcher Personen, die mit ihm auf gleicher Stufe standen, zu danken sich herabließ. Dem begegnete nun einst ein ebenso reicher Bergherr aus Elterlein, namens Wolf Götterer. Letzterer rief ihm ein freundliches »Glückauf!« zu. Allein Klinger hielt es abermals unter seiner Würde, dem Grüßenden zu danken. Götterer sagte ihm darob einige harte, beleidigende Worte. So stolz der Hammerherr war, so rachsüchtig war er auch, und er beschloß auf der Stelle, seinen Beleidiger für seine freimütige Rede büßen zu lassen. Er teilte seinem Bruder seinen Plan mit. Eines Tages hatten sie ausgekundschaftet, daß der Bergherr allein zu Hause sein werde, weil die gesamte Dienerschaft zu einer Belustigung gehen wolle. Es gelang ihnen, sich in die Wohnung Götterers einzuschleichen, wo sie den Unglücklichen mit einem Beile ermordeten.

Weit entfernt, ihr Verbrechen, dessen sie sich freuten, zu leugnen, stellten sie sich selbst dem Gerichte. Dies verurteilte sie zwar zum Schein zum Tode. Als sich aber der reiche Hammerherr erbot, zur Sühne jenes Mordes eine Kirche zur Ehre des heiligen Oswald zu erbauen und auch die Armen der Stadt Elterlein reichlich zu beschenken, hatte das Gericht kein Bedenken, die Todesstrafe in diese Geldbuße zu verwandeln.

Auch fackelte Klinger nicht lange, sein Versprechen einzulösen. Er ließ Arbeitsleute, so viele ihrer nur kommen wollten, für seinen Bau anwerben, Bauholz in seinen Wäldern schlagen und Steine in seinen Steinbrüchen brechen. Auch zahlte er mit vollen Händen, und so verging kein Jahr, bis die Kirche fertig war. Nun ließ er es auch nicht an reicher Ausschmückung des Inneren fehlen. Kanzel und Altar wurden von den geschicktesten Künstlern äußerst prachtvoll gearbeitet. Eine herrliche Glocke zierte den Turm.

Schließlich wurde alles zur Einweihung der Kirche vorbereitet. Doch da zog an dem Morgen, an dem sich die Geistlichkeit anschickte, das neuerbaute Gotteshaus zu weihen, ein furchtbares Gewitter über das Tal herein. Man zögerte deshalb, die Prozession beginnen zu lassen. Selbst der Glöckner weigerte sich, die Glocke ertönen zu lassen, bevor nicht das Unwetter vorüber sei. Da wurde Klinger ungeduldig und schwur hoch und heilig, daß ihn nichts abhalten solle, das einmal begonnene Geschäft zu vollenden. Wenn es niemand anders tun wolle, werde er selbst in die Kirche eilen und das Geläut zum ersten Male in Betrieb setzen. Zwar versuchten die Priester, ihn von diesem Beginnen abzuhalten, aber umsonst. Er stürzte in den Turm und fing an, die Glocke zu ziehen. Aber sonderbar, dieselbe klang wie ein Armesünderglöckchen. Auch fuhr ein Blitzstrahl aus dunkler Wetterwolke herab in den Turm, tötete Klinger und zündete die Kirche an. Niemand wagte den Brand zu löschen, denn jeder sah hierin das Gericht Gottes. So waren in kurzer Zeit von dem schönen Bau nur noch die Mauern übrig. Auch wagte es seitdem niemand, die Kirche wieder aufzubauen. Klingers Leichnam wurde zerschmettert im Turme gefunden und am Rande des Waldes eingescharrt. Die Umwohner aber erzählen sich, daß sein Geist ruhelos umherirre und den zufällig dorthin verirrten und bei seinem Anblick ängstlich davonfliehenden Wanderer grüße. Sein Herumirren müsse so lange dauern, bis ihm für seinen Gruß gedankt werde.

Seinen Bruder hatte die Strafe Gottes schon vorher ereilt. Denn noch bevor das Gericht das Urteil gesprochen hatte, war er vom Pferde gestürzt und hatte sich den Hals gebrochen. [8]

Der Schatz des Wittigsthaler Hammerherrn

In Wittigsthal war einmal ein Hammerherr, der zwar viel Geld hatte, aber keine Familie, der er seinen Reichtum nach seinem Tode hätte vermachen können. Auch sonst stand ihm niemand so nahe, daß er ihn im Testament hätte bedenken müssen.

Als er nun alt wurde und sein Ende nahen fühlte, schaffte

er all sein Geld beiseite. Er ließ einen Maurer kommen und fragte ihn, ob er sich ein paar Zwanziger verdienen möchte. Der Maurer bejahte natürlich. Darauf verband ihm der Hammerherr die Augen und holte einen Kasten. Diesen nahm er in die eine Hand, und mit der anderen führte er den Maurer. Letzterer mußte das Werkzeug und ein Licht tragen. Es war finster, und der Weg führte über Stock und Stein. Endlich schloß der Hammerherr eine Tür auf. Sie mußten noch ein paar Stufen hinabsteigen. Dann waren sie endlich am Ziele angelangt. Daselbst mußte der Maurer ein Loch in die Wand hauen, in dem der Hammerherr die mit Geld gefüllte Kassette verbarg. Dann mußte der Maurer das Loch zumauern. Hierauf wurde er wieder hinausgeführt. Anschließend ging es kreuz und quer durch den Wald, damit der Maurer niemals die Richtung erraten konnte, in die sie gegangen waren.

Als nun der Hammerherr gestorben war und sich die Anverwandten den Besitz teilen wollten, merkten sie, daß gar kein Geld da war. Der Maurer erzählte schließlich den Erben, daß der Verstorbene sein Geld habe vergraben lassen. Nähere Angaben konnte er aber nicht machen. Diese Kunde erfuhren auch andere. Daraufhin machten sich viele Schatzgräber auf, die den Schatz heben wollten. Aber alles Suchen war vergebens. [53]

Über den Berggeist

Der Berggeist ist eine mit dem Bergbau verbundene typische Sagengestalt. Wie weit verbreitet und tief verwurzelt in vergangenen Zeiten der Glaube an den Berggeist war, geht daraus hervor, daß selbst Georg Agricola ihn erwähnte. In seiner 1530 erschienenen Schrift »Bermannus, sive de re metallica« äußert er sich zugleich über den zwiespältigen Charakter des Berggeistes.

In der Gestalt des Berggeistes werden Hoffnungen auf Erleichterung der körperlich schweren Arbeit, Warnungen vor Gefahren durch unbekannte Naturgewalten, Gerechtigkeit im Zusammenleben der Menschen und andere Sehnsüchte verkörpert.

Nach dem Glauben der Bergleute hielt sich der gute Berggeist vor allem in den Gruben auf, die bereits reiche Ausbeute gaben oder die Aussicht auf baldige reiche Anbrüche hatten. Seine Anwesenheit in den Gruben galt deshalb für die Bergleute als gutes Omen. Zog der Berggeist fort, war auch der Bergsegen verschwunden.

Andererseits wurde das den Bergmann Bedrohende dem bösartigen, Verderben bringenden Berggeist zugeschrieben, dessen Erscheinen sich mit Tod, Krankheit und Elend verband. Bei einigen dieser Sagen klingt recht deutlich die Schilderung eines Bergwerksunglücks durch, das – in seinen Ursachen nicht erkannt – auf das Wirken des Berggeistes zurückgeführt wurde.

Um diese beiden Pole ranken sich in mehr oder weniger großer Abweichung alle Sagen über den Berggeist. Darin eingeschlossen ist, daß der Berggeist seinen Charakter plötzlich ändern kann. Meist war dies die Folge bei Verletzung getroffener Vereinbarungen. So berichten die betreffenden

Sagen über Hilfe, die der Berggeist armen und rechtschaffenen Bergleuten gewährte, aber gleichfalls über furchtbare Strafen, mit denen er diese bei Bruch des gegebenen Schweigegebots belegte.

Auch wenn die vereinbarte Übergabe eines Brotes oder Lichtes (Rudimente alter Opfervorstellungen) unterblieb, wurde nach der Sage schrecklich gestraft.

Zu dem zwiespältigen Charakter des Berggeistes gehört weiterhin, daß er Bergleute in Versuchung führte und je nach ihrem Verhalten strafte oder belohnte.

Der Glaube an den Berggeist hatte aber gleichfalls auf die Einhaltung von Verhaltensregeln Einfluß, die vor allem im unmittelbaren Zusammenhang mit dem Betreiben des Bergbaus zu sehen sind und deren strikte Befolgung oft in entscheidendem Maße das Wohl aller Bergleute beeinflußte.

In diesem Sinne schreibt Wrubel [34]: Der Berggeist »hält Ordnung und Zucht in der Grube aufrecht und bestraft deren Verletzung, er duldet kein Fluchen, kein Pfeifen, kein Schelten, überhaupt keinen unnützen Lärm in seinem Gebiet...«

Die Bedeutung dieser Verhaltensgebote wird durch folgendes Beispiel deutlich: Bestimmte pfiffartige Laute entstehen in den Gruben vor Brüchen durch Wetterführung in den Klüften. Man pfeift deshalb nicht in den Bergwerken, weil dies als irreführendes Signal gedeutet werden könnte. Und ist nicht – eingeordnet in die Vorstellungswelt vergangener Zeiten – die Begründung wirksamer, daß der in der Grube allgegenwärtige Berggeist Lärm verabscheut, als ein nüchternes, kaum kontrollierbares Verbot auszusprechen?

Daß der Glaube an die Existenz des Berggeistes aber auch bewußt ausgenutzt wurde, um Verbrechen zu tarnen, beweist folgende Überlieferung aus Neustädtel: In der Mitte des vergangenen Jahrhunderts erschien in der Grube Adam Heber einem Bergmanne mit lautem Kettengerassel der Berggeist. In seiner mächtigen Faust hielt er einen großen Hammer, mit dem er den armen Bergmann erschlug, um in den Besitz des erbeuteten Silbers zu kommen. Als dies noch einige Male geschah, traute sich keiner mehr, an diesem Orte zu arbeiten. Schließlich fand sich aber doch noch ein mutiger Knappe, der es selbst mit dem Berggeist aufnehmen wollte. Als er an der gefürchteten Stelle, die besonders viel Ausbeute gab, arbeitete, kam auch wirklich der Berggeist wieder. Ohne sich lange zu besinnen, schlug der Knappe den Berggeist mit seinem Schlägel vor die Stirn. Dieser sank daraufhin tot zu Boden. Dabei stellte sich heraus, daß der angebliche Berggeist ein verkleideter Steiger war, der sich auf diese Weise des Silbers bemächtigte (vgl. [11]).

Leider haben viele der Sagen vom Berggeist im Verlauf der Zeit eine ganze Menge von ihrem ursprünglichen Charakter verloren, insbesondere als sie später zur Unterhaltung literarisch aufbereitet oder gar zur moralischen Erbauung erfunden wurden. Doch ist es heutzutage oft sehr schwer oder gar unmöglich, anhand der zur Verfügung stehenden Unterlagen »echte« Sagen von anderen zu unterscheiden. Es sind deshalb hier all diejenigen Sagen aufgenommen worden, die zur Abrundung des Bildes vom Berggeist im sächsischen Erzgebirge beitragen.

Über den Umgang mit dem Berggeist

In der Grube will der Berggeist nur als Bergmann behandelt werden. Nichts kann ihn mehr ärgern, als wenn einer der Knappen achtlos an ihm vorübergeht. Oft steht er still in einem Stolln und läßt die Bergleute an sich vorüberziehen. Er freut sich, wenn sie ihm ihr »Glück auf!« zurufen. Wehe aber dem, der den Gruß unterläßt. Dann schleudert er den Bergmann mit Macht gegen die Sohle des Stollns, oder er dehnt sich und wird so breit, daß er den ganzen Stolln abschließt. Der Bergmann muß sodann darin elendiglich ersticken.

Fährt einer der Bergleute mit einem vollen Hunte an dem Berggeist vorüber, braucht er ihm nur ein keckes »Ausweichen!« entgegenzurufen. Der so Angerufene tritt dann jedesmal zur Seite. Wer aber mit einem leeren Hunte an ihm vorbeifährt, muß Platz machen und ihm aus dem Wege gehen. [11]

Der Berggeist bestraft einen Flucher

Ein Schlepper konnte trotz wiederholter Ermahnungen das Fluchen nicht lassen. Als er nun wieder einmal seinen schweren Wagen nur mit großer Mühe fortbewegen konnte, stieß er die größten Verwünschungen über die harte Arbeit aus. Da bekam er plötzlich furchtbare Stockschläge, ohne daß er irgendein menschliches Wesen in seiner Nähe sehen konnte. Er war vollkommen allein auf der Strecke. Auf sein lautes Schreien hin kamen einige Häuer herbeigelaufen. Der Junge klagte ihnen sein Leid. Die Hiebe fielen aber immer weiter auf seinen Rücken, so daß er vor Schmerz zu Boden sank. Da hoben ihn die Häuer in den Wagen. Sofort hörten die Schläge auf. Als sie jedoch den Schlepper am Schacht wieder heraushoben, begannen die Hiebe erneut. Sie ließen nicht eher nach, bis er fast zu Tage gekommen war. Sobald nämlich jemand so hoch hinaufkam, daß er mit der Hand die Hängebank erreichen konnte, war er außerhalb des Bereichs des Berggeistes. [34]

Das himmlische Heer bei Annaberg

Einst lebte in der Gegend des heutigen Annaberg ein armer Bergmann namens Daniel[11]. Dieser war reich an Kindern, aber wenig mit zeitlichen Gütern gesegnet. Da seine Frau schwer erkrankt und die Grube am südlichen Abhang des Bielberges, wo er arbeitete, unergiebig war, befand er sich in großer Not.

Wie er nun mit seinem Gevatter, dem Steiger, wieder einmal lange vergeblich gearbeitet hatte, fiel auf einmal ein Teil des Gesteins von selbst herab. Dahinter erblickten sie einen mächtigen Gang reichen Erzes. Eine Stimme aber rief: »Daniel, ich bin der Fürst der Berge! Was du in diesem Schacht gewinnst, ist dein! Ich schenke es dir!« Jener aber erwiderte: »Ich kann es nicht annehmen, denn es gehört den Gewerken.« Der Berggeist forderte ihn noch mehrmals auf, das Gefundene zu nehmen. Er solle doch auch an seine Frau und an seine Kinder denken. Doch Daniel weigerte sich weiter. Da verschwand auf einmal der ganze Erzgang wieder. Traurig ging Daniel nach Hause.

Als er aber daselbst ankam, kam ihm seine Frau völlig gesund entgegen. Sie sagte, daß ein fremder Bergmann dagewesen sei, der Brot, Fleisch und Wein gebracht habe. Auch habe er sie aus einer kleinen Flasche trinken lassen. Seitdem seien all ihre Schmerzen verschwunden. Weiterhin habe er gesagt, daß ihre Not bald aufhören werde; das lasse ihr der Fürst der Berge sagen.

In der Nacht träumte der fromme und redliche Bergmann, daß der Berggeist vor ihm stehe und ihm sage, daß er ihn als Lohn für seine Ehrlichkeit glücklich machen wolle. Er solle früh in den Wald gehen. Wo er Feuer vom Himmel fallen sehe, solle er einschlagen. Gehorsam ging er am nächsten Morgen in den Wald. Plötzlich fuhr aus heiterem Himmel ein Blitz in eine hohe Fichte. Als Daniel daraufhin an diesem Orte schürfte, entdeckte er einen reichen Silbergang. Den mutete er und sein Gevatter, und beide wurden schnell reich. Die Grube aber nannte man Das himmlische Heer. [8]

Der Berggeist erscheint in Roßgestalt

In Annaberg war eine Grube, Der Rosenkranz genannt. Darinnen arbeiteten zwölf Knappen. Diese schwatzten miteinander possenhaft und wollten sich gegenseitig mit dem Berggeist schrecken. Sie leugneten ihn als einen lächerlichen Popanz.

Da sahen sie mit einem Male eine Roßgestalt mit langem Halse und mit feurigen Augen an der Stirne. Sie erschraken darüber zu Tode. Dann wurde aus der Roßgestalt die wahre Gestalt des Bergmönchs. Dieser trat ihnen schweigend nahe und hauchte jeden nur an. Sein Atem aber war wie ein böses Wetter. Von dem Anhauch sanken die Knappen tot nieder. Nur einer kam wieder zu sich, gewann mit Mühe den Ausgang und sagte, was sich zugetragen hatte. Dann starb auch er.

Darauf ist die silberreiche Grube Der Rosenkranz in Annaberg zum Erliegen gekommen und nicht mehr abgebaut worden. [15]

Der Berggeist zieht fort

Vor Jahrhunderten hatten die Bergleute den im osterzgebirgischen Bärensteiner Gemeindewald wohnenden Berggeist durch ihr gottloses Leben erzürnt. Eines Tages sah nun ein Mann den Berggeist mit einer Karre vom Gemeindewald nach Altenberg fahren. Auf die Frage, was er vorhabe, antwortete der Berggeist: »In Bärenstein gefällt es mir nicht mehr. Ich gehe nach Altenberg und breite dort meine Schätze aus.« [13]

Der Dreikönigsstolln im Rosengrund bei Bärenstein

Im Rosengrunde, dem uralten Grubenrevier des Bärensteiner Zinnbergbaus, war einst der Dreikönigsstolln durch seine reiche Ausbeute weitbekannt. Die Gewerken wußten jedoch nicht, wie sie den Bergsegen richtig anwenden sollten. Sie wurden übermütig und verschwenderisch. So wird berichtet, daß sie in ihrem Übermut Brote über den Berg herabgekollert hätten.

Mit diesem Frevel erzürnten sie jedoch den Berggeist. Er strafte sie, indem er die reichen Zinnadern versiegen ließ und die Bergleute nur noch auf taubes Gestein stießen. [13]

Die Sage vom Goldkämmerchen auf dem Bärenstein

Nachdem ein Mönch des Klosters Grünhain prophezeit hatte, daß am Bärenstein reiche Silberbergwerke fündig würden, lockte diese Voraussage viele Bergleute in die damals wilde Gegend um den Bärenstein. Doch trotz harter und schwerer Arbeit blieb die erhoffte Ausbeute aus. Hunger und Not herrschten in den Hütten der Bergleute.

Einer der Bergleute hatte nun schon wieder tagelang erfolglos am Bärenstein geschürft. Auf dem Heimweg überlegte er voller Sorge, wie er für Frau, Kinder und sich selber den nötigen Lebensunterhalt aufbringen sollte. Da erschien plötzlich vor ihm auf einem Felsblock ein kleines Männchen. Dies empfahl ihm, an einer Stelle am Südwestrand des Berges, wo kaum Aussicht auf Fündigkeit bestand, einen Stolln vorzutreiben. Geplagt von Zweifeln, aber doch voller Hoffnung auf ein baldiges Ende seiner Not, befolgte der Bergmann am anderen Tage den Rat des Männchens. Schon nach wenigen Schlägen wurde das Vertrauen des Bergmanns belohnt. Der Berg öffnete sich, und reiche Schätze zeigten sich dem Bergmann. Beim Herausschlagen des Erzes aus dem Gestein erschien jedoch das Männchen wieder und sagte zu ihm: »Nimm von diesen Erzen soviel du brauchst, um die Not deiner Familie zu lindern! Schweige aber gegen jedermann von dieser Fundstelle! Befolgst du dieses Gebot, wirst du nie mehr Sorgen haben.«

Der Bergmann war froh, daß er endlich der Sorge um das täglich Brot enthoben war. Voller Freude versprach er dem Männchen, sich an diese Schweigepflicht zu halten. Im Überschwang seiner Freude ging er in eine Schankstube im Orte. Daselbst aß und trank er gehörig. Die anwesenden Bergleute befragten ihn daraufhin, ob er solchen Erfolg in seiner Grube gehabt habe. Das zuviel getrunkene Bier ließ den Bergmann sein dem Männchen gegebenes Versprechen vergessen. Er erzählte den Bergleuten von seinem Glück.

Anderentags begab er sich wieder an seine Fundstelle. Heftig schlug er in das Gestein ein, um seine Ausbeute für den Tag zu erarbeiten. Da erschien das Männchen wieder und sagte zu ihm: »Hättest du geschwiegen, wäre für dich und deine Familie bis an dein Lebensende gesorgt gewesen. Aber du hast dich nicht an dein Versprechen gehalten und warst leichtfertig. Mein Wohlwollen hast du nicht verdient.«

Das Männchen berührte daraufhin mit seiner Hand den Fels, und der Glanz des Erzes verschwand. Der Berg schloß sich krachend über dem Bergmann, und niemand sah ihn jemals wieder.

Die Stelle aber, an der der Berg zusammenstürzte, blieb zerklüftet. Vom Volksmund wurde sie »Das Goldkämmerchen« genannt. [54]

Der Silberbaum

Während des Festbieres, das die Eigenlehner von Sehma, die auf dem Bärenstein viele Gruben besaßen, ihren Bergleuten gaben, hatte der junge Bergmann Ehrenfried, Sohn armer, rechtschaffener Bergleute, Hedwig, die Tochter des Erbrichters und Eigenlehners von Sehma, gesehen. Sofort war sein Herz in Liebe zu ihr entbrannt. Doch war die Not der Bergleute am Bärenstein so groß, daß er nicht hoffen konnte, Hedwig jemals zu freien. Die ergiebigen Gänge waren größtenteils abgebaut und fingen an, auflässig zu werden. Überall, wo neue Anbrüche die Arbeit zu lohnen schienen, dampften den Bergleuten böse Wetter entgegen.

Aber auch Hedwig hatte den jungen Bergmann entdeckt und liebgewonnen. Doch konnte auch sie nicht über ihr Herz verfügen. Früh zur elternlosen Waise geworden, hatte ihr Vormund eingewilligt, sie mit Neidhard, dem Sohn des reichen Schössers zu Schlettau, zu vermählen. Dies war ein ausschweifender Jüngling, der vor allem nach dem reichen Erbgute des Mädchens trachtete. Als er die aufkeimende Liebe zwischen Hedwig und Ehrenfried bemerkte, beschloß er, letzteren zu vernichten.

Als bald darauf das böhmische Heer neue Soldaten brauchte und die Werber auch in Weipert[12] die Werbetrommel rührten, war Neidhards Plan gefaßt: Er wollte seinen Nebenbuhler in die Hände der böhmischen Werber spielen.

Doch der Berggeist schützte den redlichen Bergmann Ehrenfried. Als nämlich Neidhard an die Ausführung seines Planes ging, versenkte er die Werber in einen tiefen Schlaf und nahm selbst die Gestalt eines Wachtmeisters an. Da betrat auch schon Neidhard das Lokal. Er krümmte sich vor dem vermeintlichen Wachtmeister und sprach: »Im Gerichtsbezirk meines Vaters ist ein junger Bergmann, schlank und stark, wie ihr ihn braucht. Aber er ist auch arg und liederlich, ein Feind der Arbeit und Freund der Dirnen. Die Gemeinde wäre ihn gern los. Doch schützen ihn des Bergmanns Rechte vor dem Dienst im Heere. Da auch Gewalt ihn nicht zu euch zu bringen vermag, soll ihn meine List euch gewinnen: Mein Vater wird ihn mit einer Botschaft zu euch senden. Ihr fangt ihn dann ein und behaltet ihn. Sendet ihn aber bald zum Heere, denn er ist ein schlauer Gesell, der euch wohl wieder entrinnen könnte.« »Bursche, du bist ja eine Art Seelenverkäufer«, erwiderte der angebliche Wachtmeister. »Doch du gefällst mir. Bleib bei uns! Du sollst bald emporsteigen. Für jetzt nimm dieses Handgeld an!« Neidhard erschrak gewaltig. Als er aber ein schweres, blankes Goldstück in seinen Händen sah, nahm er es an. Er glaubte, den Werber täuschen zu können, und sagte: »Wohlan! Ich folge dir! Doch vergönne mir zuvor, heimzugehen und dir deinen Rekruten zuzusichern.«

»Es sei!« antwortete hierauf der Wachtmeister lächelnd, »solange du mir nicht das Geld selbst zurückbringst und ein gutes Werbegeld verlangst, bist du frei gegen mich und meinen Herrn. Aber du kommst schon wieder!« Neidhard frohlockte über den gelungenen Plan und trat den Rückweg an.

Ehrenfried dachte inzwischen bei sich: Hedwig ist und

bleibt für dich armen Bergmann verloren. So entschloß er sich, freiwillig Handgeld zu nehmen und dies zur Unterstützung seiner armen Eltern anzuwenden. Dann wollte er im Kriege den Tod suchen oder mit Beute beladen, durch die Zeit von seinem Liebeskummer geheilt, zu den väterlichen Bergen zurückkehren.

Heimlich verabschiedete er sich von dem elterlichen Haus und trat ins Freie. Nur ein schmaler Bach trennte das Haus von der böhmischen Grenze, die Ehrenfried mit klopfendem Herzen überschritt. Bald darauf hatte er die Wachtstube betreten. Der Berggeist, noch in Gestalt des Wachtmeisters, rief ihm zu: »Komm! Auf dich haben wir schon gewartet! Nimm das Handgeld oder sag, wenn ich es zahlen soll! Denn morgen schon geht es mit euch Neugeworbenen ins Feld. Jetzt trink und tu mir Bescheid!« »Gebt mir das Handgeld!« sagte Ehrenfried. »Doch es ist nicht für mich, sondern für meine Eltern, die drüben in Bärenstein wohnen.« »Es sei«, sagte der Wachtmeister. »Aber sag, du hast doch ein blankes Mädel liebgewonnen. Das könnte mit uns kommen. Doppelt sei dein Handgeld, wenn du sie mitbringst. Nimm vier tüchtige Männer und mein Roß! Bevor der Morgen graut seid ihr in Sehma. Schon morgen werdet ihr dann durch den Feldpater vereint, und in Jahresfrist bin ich euer Gevatter.«

»Nein!« rief Ehrenfried, »um diesen Preis erwerbe ich mir Hedwig nicht. Ehrlich währt am längsten, und ein geraubtes Weib wird selten wohl ein treues sein.« Darauf gab er dem Wachtmeister den Handschlag. »Nun geh' und bring das Geld deinen Eltern!«

Als Ehrenfried gegangen war, heulte und wimmerte es vor der Tür. Die rechte Hand zitternd emporhebend, stürzte

Neidhard in das Zimmer. Als er das Werberhaus verlassen hatte, war das erhaltene Goldstück heiß und heißer geworden. Kurz vor dem Elternhaus Ehrenfrieds glühte es wie höllisches Feuer in seiner Hand. »Nimm diese Qual von mir!« rief Neidhard, sich dem Wachtmeister zu Füßen werfend. »Ich willige auch in alles ein, was du befiehlst.« »Es sei!« erwiderte der Berggeist, der sich noch immer hinter dem Wachtmeister verbarg. »Gib es in die Hand dessen, den du betrügen wolltest. Du aber folge dem Heer als Neuangeworbener!« Sodann erweckte er den wirklichen Wachtmeister, begrüßte ihn als Kamerad und übergab ihm den neuen Rekruten. Dieser nahm auch, von dem brennenden Schmerz des Zaubergeldes befreit, das Handgeld.

Inzwischen träumte Hedwig in ihrer Kammer im Erbgericht zu Sehma von Ehrenfried. Sie sah ihn in einem tiefen Schachte beim Anbruch eines neuen Ganges. Plötzlich öffnete sich dieser zur hellerleuchteten Höhle, und ein Silberbaum mit tausend schimmernden Blättern wuchs vor ihren Augen auf. Da trat der Berggeist zu Ehrenfried und berührte die überstehende Wand. Diese wurde daraufhin zum Spiegel, in dem ihr eigenes Bild erschien. Der Berggeist zeigte es Ehrenfried und sprach zu ihm: »Ich erkannte deinen Fleiß und deine Rechtschaffenheit. Doch ich kann dir nur eins geben: das Glück der Liebe oder das Glück des Reichtums. Wählst du den Reichtum, so wird dir dieser Silberbaum gehören, und du wirst der reichste Eigenlehner dieser Gegend werden. Aber dann ist Hedwig nicht mehr dein. Und wisse, sie bleibt nicht das reiche Mädchen, das sie im Moment ist. Ein Hungerjahr droht dem Gebirge. Danach wird ein Krieg das Land verheeren, und im Jammer werden auch die vergehen, die bisher reich waren. Nur die unterirdischen Schätze werden des Feindes Auge täuschen. Entscheidest du dich für Hedwig, so wird der Arme die Arme freien. Du mußt mit ihr Kummer und Not teilen und dein Brot im Schweiße deines Angesichts verdienen. Nun wähle!« Ehrenfried fiel zu den Füßen des Berggeistes und sprach: »Was frommt dem Armen der schnelle Reichtum! Ist Hedwig arm wie ich, ist sie doch meine Liebe. Ich will mit ihr Freud und Leid teilen.«

Hedwig erwachte durch zaghaftes Klopfen an der Tür. Schnell kleidete sie sich an und öffnete. Herein traten der Berggeist, der diesmal die Gestalt des Vormundes angenommen hatte, und Ehrenfried. »Ich komme, um dich zu trösten, mein Mündel«, sprach ersterer. »Dein alter Freier, der wüste Neidhard, ist dir untreu geworden. Er ging als Rekrut zu den böhmischen Werbern. Willst du deshalb mit diesem armen Bergmann vorliebnehmen?« »Nur zu gern«, erwiderte Hedwig. Zu dritt verließen sie bald darauf Sehma. Als sie den Fuß des Bärensteins erreichten, erglühte der neue Tag. Wenig später waren sie an der Einfahrt des Schachtes, in dem Ehrenfrieds Vater arbeitete. Als sie die Sohle erreicht hatten, sahen sie den Vater und alle anderen Knappen, die aus vollem Herzen ein Danklied sangen. »Glück auf!« riefen sie den Ankommenden entgegen. »Ein reicher Silberanbruch zeigt sich uns. Der Herr hat unsere Mühe gesegnet.« In diesem Moment war der Berggeist verschwunden. Wo er gestanden hatte, stieg ein heller Glanz auf, und es schien, als ob sich aus demselben wieder ein Silberbaum bilde. Im Lichte dessen sahen sie den Berggeist. Freundlich rief er ihnen zu: »Seid brav und gut, und ihr werdet glücklich sein!« Er verschwand und mit ihm das Zauberbild des Silberbaums.

Wie aus einem Traum erwachend, sahen sich alle in dem Schachte um und überzeugten sich, daß wirklich ein reicher Silberanbruch hier vor Ort lag. Gerade dieses Berggebäude war von Hedwigs verstorbenem Vater als Eigenlehner bebaut, auf sie vererbt und auch bereits verschrieben worden.

Hedwig und Ehrenfried wurden ein glückliches Paar, und der Wohlstand blieb ihnen bis an ihr Ende treu. [54]

Der gewarnte Obersteiger

In Bräunsdorf war einmal ein Obersteiger, der heimlich in die Grube einfuhr und die Häuer belauschte. Wenn er dabei einen sah, der sich ausruhte, gab es Strafschichten. Das Geld, welches dafür erspart wurde, floß in seine eigenen Taschen.

Einmal hatte er nun wieder gehorcht und wollte ausfahren. Plötzlich sah er vor sich drei Fahrten statt einer. Da wußte er nicht, welche er nehmen sollte. Als er umkehren wollte, standen auch dort, wo er hergekommen war, drei Fahrten statt einer. Nun war er völlig ratlos. Da er aber auch nicht auf den Schichtschluß und die ausfahrenden Häuer warten wollte, nahm er auf gut Glück die mittelste Fahrt. Er kam glücklich hinauf. Die Häuer hat er aber nicht wieder belauscht. [12]

Die unterlassene Opfergabe

Bei Buchholz befand sich eine Höhle im Gestein, wo einigen Heiligen zu Ehren stets eine Lampe brannte. Die ein- und ausfahrenden Bergleute opferten das Unschlitt für diese Lampe.

Ein Bergjunge wollte jedoch nicht opfern. Daraufhin wurde er von dem Ungeheuer dreifach in den Hunt hineingeknetet. [11]

Der Berggeist in der Struth

In der Struth, einem Wald zwischen Freiberg und Bräunsdorf, war früher auch ein Bergwerk. Als ein Häuer nach der Nachtschicht ausfahren will, hört er es tapsen. Die Tür geht auf, und durch die Tür sieht er ein Licht. Als er der Erscheinung nachgehen will, ist das Licht weg. Er geht wieder rein, da tapst es wieder, und auch die Tür geht wieder auf und zu. Da hat er nicht mehr die Courage gehabt, dem Dinge nachzugehen.

Am anderen Abend geht es wieder los. Da sieht er einen Berggeist auf- und niederfahren, wohl eine halbe Stunde lang. Dann ist er wieder verschwunden.

Der Kerl war vielleicht zwei Ellen hoch. Er hatte eine gelbe Blende anhängen. Obwohl sie ohne Licht war, ging von ihr ein heller Schein aus. [12]

Die mißachtete Warnung

Die »Freiberger Zeitung« vom 10. Juni 1865 überliefert folgende Begebenheit:

Ein Bergmann, der bei einem Maurer wohnte, stand eines Morgens ganz trübsinnig und verstimmt auf. Zu seinem Hausherrn äußerte er, daß ihm vor dem »Berggehen« bange, da ihm ein Unfall bevorstehe. Der Maurer fragte, warum er dies vermute. Da erzählte der Bergknappe: »Ich wachte

heute Nacht plötzlich ganz ohne Ursache auf und konnte nicht wieder einschlafen. Während ich nun so ganz munter dalag, stand auf einmal die weiße Gestalt des Berggeistes deutlich vor meinem Bette und sah mich mit unverwandtem Blicke an. Dabei hob er den Finger wie warnend empor. Ich konnte dies beim Dämmerlichte der Mondnacht deutlich sehen. Dann war's mir, als hörte ich die Worte flüstern: »Gib acht!«, und die Gestalt verschwand. »Hm«, bemerkte der Maurer, »das war nur ein Traum.« Doch der Bergmann widersprach: »Nein, ich war vollkommen wach. Und wär's auch ein Traum gewesen, ich nehme ihn als Prophezeiung oder Warnung an.«

»Nun denn«, versetzte der Hausherr, »wenn ihr der Sache Bedeutung beilegt, so könnt ihr sie ja in der Art nutzen, daß ihr auf der Hut seid, mehr läßt sich in einem solchen Falle nicht tun. Seid im übrigen mutig und guter Dinge, denn dem Furchtsamen stößt immer leichter etwas zu, als dem Besonnenen und Furchtlosen.« Darauf schieden sie voneinander.

Dem Bergmann ging die Arbeit flink von der Hand, und er vergaß in seinem Eifer ganz die nächtliche Erscheinung. Doch als er ein wenig rastete und es rings um ihn herum still war, fielen plötzlich einige Stückchen kleinen Gerölls von der Firste dicht vor dem Bergmann nieder. Dieser blickte wohl auf, da sich aber seiner Meinung nach nichts Verdächtiges zeigte, blieb er ganz ruhig und erhob sich bald darauf wieder, um seine Arbeit fortzusetzen. Er hatte jedoch kaum fünf Minuten gearbeitet, als sich plötzlich krachend die Firste löste und die stürzenden Felsstücke dem sorglosen Arbeiter die Glieder jämmerlich zerschmetterten. Er hatte sich gerade gebückt, darum war der Oberleib verschont geblieben und der Unglückliche durch den Druck nicht getötet worden. Seine Klagetöne wurden von seinen Kameraden gehört, die daraufhin herbeikamen, ihn von seiner Last befreiten und dann eilends nach Hause trugen.

Als der Maurer heimkehrte und mit Entsetzen den jämmerlichen Zustand seines Mietmanns gewahr wurde, sprach er betrübt: »Es war heute Nacht doch ein Anzeichen von dem euch bevorstehenden Unglücke, obwohl ich es nicht glauben wollte.« »Ach, mein lieber Hausherr«, entgegnete der Verunglückte, »es war eine Warnung. Hätte ich sie besser beachtet, wäre der Unfall verhütet worden. Ich war in der Grube zu sorglos und habe nicht darauf geachtet, als der Berggeist mich durch das Fallen des Gerölls nochmals warnte. Auch ihr sagtet ja, daß ich auf der Hut sein sollte. Ich hätte leicht entrinnen können. Nun büße ich meine Unachtsamkeit mit dem Leben.«

Und der Bergmann hatte wahr gesprochen. Bevor die Nacht vergangen war, lag er da – eine Leiche. [11]

Der Berggeist am Donat zu Freiberg

Auf dem Donat Spath im Bereich der Elisabeth-Fundgrube zu Freiberg wurde vor vielen Jahren in der Nähe eines alten Schachtes der Name Hans in einen Stein gehauen. Wahrscheinlich sollte er das Andenken an einen Verunglückten bewahren. Das Volk erzählt aber davon folgende Sage:

Vor Zeiten arbeitete auf dem Donat auch ein Bergknecht namens Hans. Dieser war so arm, daß er hätte manchmal verzweifeln können. Oftmals weinte er vor Kummer stundenlang in der Grube. Als er sich eines Tages gar keinen Rat mehr wußte, brach er in lautes Klagen aus. Da zerteilte sich der Felsen, und ein kleines Männchen trat hervor. Das war der Berggeist. Dieser sagte: »Armer Hans, ich will dir helfen. Aber du mußt mir dafür jede Schicht ein Pfennigbrot und ein Pfenniglicht geben und ewiges Schweigen geloben.« Hans, der sich bald von seinem Schrecken erholt hatte, versprach alles mit Freuden. Daraufhin verschwand der Berggeist wieder und ließ eine Menge Silber zurück. Nun war Hans ein gemachter Mann, der schon ein paar Groschen ausgeben konnte. Niemand konnte jedoch begreifen, woher er das viele Geld hatte, und Hans nahm sich wohl in acht, davon zu plaudern.

Aber dann gab es das Stollnbier. Auch Hans sprach dem Glase wacker zu. Bald war er berauscht und konnte in der Lust des Herzens das Geheimnis nicht länger verschweigen. Als aber am nächsten Tage sein Taumel verflogen war und die Freunde ihm erzählten, was er geplaudert habe, erschrak er gewaltig. Mit Zittern und Zagen fuhr er an. In der Grube war seine Aufgabe, den Knechten, die am Haspel standen, die erforderlichen Zeichen zu geben. Lange warteten sie an diesem Tage vergeblich. Auch als sie ihn riefen, antwortete er nicht. Da zuckte es plötzlich rasch am Seil, und ein helles Licht erglänzte in der Teufe. Die Haspelknechte wußten nicht, was dies zu bedeuten habe. In banger Erwartung drehten sie aber in Eile den Rundbaum. Bald war der Kübel zutage gefördert. Rings auf dem Rand desselben brannten Pfenniglichte. Darinnen aber lag Hans tot, mit blauem Gesicht, wie ein Erdrosselter. Auf ihm lag das letzte Pfennigbrot. Der Berggeist hatte ihn umgebracht. [15]

Der Berggeist lehrt zu Freiberg das Fürchten

Ernst Fröbe war als ein verwegener Bursche weit und breit bekannt. Er wurde meist nur der wilde Fröbe genannt. Er meldete sich deshalb auch sofort, als der Obersteiger Neubert auf dem Abrahamschacht 1869 bekanntgab, daß sich furchtlose Leute für das nach dem Turmhofschacht in Schlag befindliche Neuhoffnunger Ort melden sollten. Ein paar Häuer hätten das Gedinge aufgekündigt, weil es dort spuke.

Ernst Fröbe und ein gewisser Rast aus Loßnitz, der sich auf das Zureden von Fröbe hin noch gemeldet hatte, arbeiten nun bereits sechs Wochen vor dem besagten Ort, das nur einen Zugang hat. Bisher haben sie von dem Spuk noch nichts gesehen und gehört. Eines Nachts jedoch, als keiner mehr an den Spuk denkt und sie nach dem Lösen der Sprengschüsse gerade in der benachbarten Schießkammer die stumpfen Bohrer ausklauben, hören sie auf einmal Arbeitsgeräusche vom Ort her. Es klingt, als ob jemand Berge in den Hunt wirft. Dabei wissen beide genau, daß dort gar kein Hunt steht. Wenig später hören sie, wie sich der Hunt in Bewegung setzt und näher und näher kommt. Zwischen dem Rollen hört man Schritte. Auch kommt mit dem Hunt ein Blendlicht die Strecke daher. Da sehen sie auch hinter dem Hunt die kurze stämmige Gestalt des Huntestößers. Dieser würdigt sie jedoch keines Blickes. Als das Rollen verhallt, ist es mit der Fassung der beiden Bergleute vorbei. Jeder packt seinen Satz Bohrer und rennt mit klappernden Zähnen dem Schachte zu, um über Tage zu kommen. Dort fahren auch gerade die Kameraden von den anderen Orten aus. Doch die beiden können kein Wort sprechen. Mühsam ersteigen sie die Fahrt. Zu Hause angelangt, verfallen beide in ein heftiges Nervenfieber. Rast starb daran. Fröbe genas zwar, aber einen Grubenbau hat er nie wieder betreten. Der Geisterbau wurde daraufhin auch nicht wieder belegt. [6]

Der Geyersche Bergteufel

Anno 1592, am 24. November, wurde zu Geyer Gregor Schneider, ein Kärrner, der den Zwitter aus dem Geyersberg geführt hatte, begraben. Demselben hatte einst ein Bergteufel Feuer unter die Augen gespien und damit das ganze Angesicht so verbrannt, daß er ein Auge und die Nase verlor und er darüber hat sterben müssen. [19]

Der Gevattersmann vom Greifenstein

Vor Jahren lebte in Geyer ein armer Häuer. Sein Name war Hans Geißler. Derselbe war sehr arm. Oft wußte er nicht, wie er einen Bissen Brot für seine vielen Kinder und sein schwangeres Weib verdienen sollte. Am größten aber war

seine Not am Silvesterabend, als die Niederkunft seines Weibes nahe war und er weder eine warme Stube noch sonst eine Erfrischung, ja nicht einmal eine Wehmutter für sie hatte. Er eilte hinaus, um eine erfahrene Muhme aus der Umgebung zu holen.

Bei einem gräßlichen Schneegestöber verirrte er sich aber und kam vom Wege ab. Durch tiefe Wehen sich durcharbeitend kam er zuletzt an die Felsen des Greifensteins. Erschrocken wollte er umkehren. Da erschien ihm der Berggeist und sagte zu ihm: »Eile, glücklicher Vater! Gott hat dein Weib mit drei holden Knäblein gesegnet. Wenn du nichts dagegen hast, will ich dein Gevatter sein.« Da verließ Hans sehr schnell die Furcht. Er antwortete: »In Gottes Namen magst du mein Gevatter sein! Aber wie gebe ich dir die Stunde der Taufweihe kund?« Als der Berggeist lächelnd darauf sagte, daß er schon zur rechten Zeit da sein werde, verließ sich Hans darauf und eilte heim.

Sein Weib hatte ihm wirklich drei Knaben geboren. An dem Tage, als alles zur Taufe bereitet war, ließ auch der Gevattersmann vom Greifenstein nicht auf sich warten. Er erschien in Häuerkleidung und schenkte nach der Taufe Hans Schlägel und Eisen. Dabei sagte er: »Lieber Gevatter, bete und arbeite! Wo du mit diesem Gezäh einschlägst, wirst du reiche Ausbeute finden. Dann denke allemal an Gott und deinen Gevattersmann.«

Daraufhin verschwand er. Seine Worte trafen ein. Hans wurde ein reicher Mann und soll die Siebenhöfe bei Geyer erbaut haben. [15]

Die Geyerschen Stadtpfeifer werden vom Greifenstein beschenkt

Einst hatten die Geyerschen Stadtpfeifer den Tanzenden im Thumer Ratssaale bis tief in die Nacht hinein aufgespielt. Nachdem der Reigen beendet war, traten sie den Heimweg über den Greifenstein an. Als sie in die Nähe der alten Felsen kamen, schien es ihnen, als ob dieselben in einem besonderen Lichte erglänzten. Ein Spielmann machte den Vorschlag, zu Ehren des Greifensteins eine munt're Weise zu blasen, Wie gesagt, so getan.

Beim Abstieg nach Geyer sahen die Stadtpfeifer im Scheine des Mondes große Zinnstufen am Wege liegen. Sie meinten, der letzte Gewitterregen habe sie ausgewaschen. Ohne Säumen hoben sie die Stufen auf und steckten sie in ihren Rucksack.

Als die Frauen und Kinder der Stadtpfeifer am anderen Morgen die Rucksäcke nach einem Wurstzipfel oder sonst einer Gabe durchsuchten, fanden sie auch die Stufen. Die Frauen brachten dieselben zum Schmelzer. Dieser erkannte sie als reines Silber und lohnte die Frauen reichlich.

Nutzen soll aber die reiche Spende des Greifensteins den Stadtpfeifern nicht gebracht haben. Es sei alles wieder durch die durstigen Musikantenkehlen geflossen. [18]

Grabenspuk

Es war um die zehnte Stunde einer Herbstnacht, als der Grabensteiger Hahmann seinen zweiten täglichen Grabengang antrat. Bedachtsam stieg er den Steig bergan, der ihn an den Graben und damit zum Einstieg in seine Tour brachte. Er kannte jeden Baum und jeden Stein auf dem Steig. Jede Schwarte des Holzbelages, mit dem der Graben abgedeckt war, war ihm vertraut. Den Blick auf den Graben geheftet, der im Dunkeln mit seinem Schwartenbelag wie ein grauer Saum durch das Grün läuft, schritt er zwei Stunden den Graben aufwärts. Auf die Minute genau konnte er seinen Weg berechnen. Punkt zwölf Uhr Mitternacht mußte er oben am Greifenbach an dem kleinen Stauwehr stehen und die Schützen ziehen. Dann konnte das angestaute Wasser bis zur Morgenstunde talwärts fließen und die erforderliche Arbeit verrichten.

Als der Grabensteiger an diesem Abend bergan stieg, fiel ihm ein, daß es eine ebensolche Herbstnacht gewesen war, als er zum ersten Mal seinen Vorgänger auf diesen Gang begleitete. Freimütig hatte er sich eingestanden, daß diesen Dienst nur ein Mann ohne Furcht versorgen könne. Denn Nacht für Nacht vier Stunden Marsch bei Wind und Wetter mutterseelenallein durch einsamen Wald erfordert schon einen beherzten Mann. Sein Vorgänger, der alte Obersteiger Wohlgemuth, der bis an die Siebzig den Grabendienst versehen hatte, meinte einmal so nebenbei, daß es dem einsamen Wanderer doch so allerhand vormache, selbst wenn sich nichts ereigne. Er wolle ihm keine Angst machen. Er möge nur seinen Herrgott zum nächtlichen Marsch mitnehmen und dort, wo der Steig aus dem Greifenbachtal den Steig schneidet, der nach der Höhe zu führt, dort an dem breitbuckligen Stein, möge er auch ein frommes Sprüchlein bereithalten. Das wär auf alle Fälle gut. Doch Hahmann war überzeugt, daß er dessen nie bedürfe.

Der alte Hahmann war inzwischen an die Stelle gekommen, wo sein Weg in den Stangenwald eintritt, ein wenig abseits vom Graben, der sich mehr bergwärts hält. Er mußte wieder an seinen ersten Gang mit dem Obersteiger Wohlgemuth denken. Dieser hatte ihm damals viel zu erzählen gehabt. Denn die Grabenhaltung war auf die Beobachtung und Erfahrung mehrerer Geschlechter aufgebaut. Es bedeutete ein kostbares Vermächtnis, das damals Hahmann zu treuen Händen übernahm. Der Grabensteiger hatte in all den langen Jahren das Wissen, das ihm Wohlgemuth übermittelt hatte, genugsam überprüft und für wahr befunden.

Aber da gab es noch etwas, das man nicht wägen, messen, hören und sehen konnte, aber dennoch mit dem Graben zusammenhing. Der alte Wohlgemuth hatte auf ihrem ersten gemeinsamen Gang, gerade als sie den Kreuzweg mit dem Steinblock passierten, an der Stelle, wo der Steig nach den Greifensteinen hochgeht, davon erzählt. Er sagte damals, daß er noch rüstig genug und seines Dienstes keineswegs müde sei. Aber er wisse wohl, daß da noch ein Jemand an dem Graben sei. Dieser fälle die Entscheidung. Seinem Willen müsse man sich beugen. Das erste Mal warne er nur, beim zweiten Mal kündige er auf, beim dritten Mal bedeute es den Tod, falls der so Gewarnte und Aufgekündigte nicht gegangen sei. Soviel er wisse, habe nur ein einziger Grabensteiger seine Sprache nicht verstanden. An der Stelle, wo er ihn so plötzlich niederschlug, daß der Tote wie in Abwehr die Hand hob, habe bis vor Jahren ein Sühnekreuz gestanden. Es sei jedoch eines Tages bei einer Neupflanzung umgeschlagen und weggeschleppt worden.

Hahmann erinnerte sich dieser Worte genau. Wohlgemuth war zwar in seinen Ausführungen manchmal recht unklar gewesen. Er hatte ihn aber auch nicht fragen wollen. Was war das schon für ein sonderbares Gerede von dem »er«, dem Wörtchen, das er so seltsam betont aussprach. Hahmann hatte damals von dem Gehörten oder anderweitig ihm Zugetragen das wenigste für bare Münze genommen. Heute wußte er freilich mehr um diese Dinge als damals. Es gehörte zum Dienst der Grabensteiger vom Röhrgraben, sich damit abzufinden.

Und er hatte sich damit abgefunden, ganz im Sinne seiner Vorgänger. So nahm er auch die Geschichte, die ihm im Sommer um den fünfzehnten August herum passierte, als erste Verwarnung.

Es war auf seinem Nachmittagsgang gewesen. Er mußte ja täglich eine zweite Tour machen, um die Schützen wieder einzusetzen, damit sich das Wasser erneut staut. Als er so am hellichten Tag seinen Weg im Revier 12 entlang ging, rechnete er sich gerade aus, wieviel Quadratmeter Schwarten er bestellen mußte, um bis zum Herbst die schadhaften auszuwechseln. Der Graben mußte ja im Winter wegen des Schnees und im Frühling wegen des Gesämes gut abgedeckt sein. Da schritt plötzlich eine Korbfrau vor ihm her. Na, dachte er, sie wird wohl in dem Moment den kleinen Hang heraufgeklettert sein. Wahrscheinlich wollte sie Holz holen. Aber in dem Korbe war kein einziges Ästlein. Es war auch nicht der richtige Korb zum Holz holen. Denn er war blütenweiß gescheuert und von einer seltsam altmodischen Form. Er sah aus wie ein alter Bienenkorb und war so groß, daß gerade noch das Kopftuch der Alten darüber hinausschaute. Aber laufen konnte sie. Dabei hatte sie Pantoffeln an, die nur so schlappten. Es waren wohl überhaupt mehr Holzschuhe, die hierorts gar nicht gebräuchlich waren. Ihren blauen Rock hatte sie hochgerafft, daß man ihre fuchsfeuerroten Socken sah. Diese waren oben umgekrempelt, als ob sie von den Knien abgerutscht wären. Sie lief wie der Gottseibeiuns! Nein, sie sappte eher. Der Grabensteiger rief sie an, doch sie sappte ruhig weiter. Aber da war sie plötzlich den Hang hinunter und mitten in die Schonung hinein. Der blütenweiße Korb war das letzte, was Hahmann sah.

Das war ihm aber doch gegen den Spaß. Er sprang hinterher. Aber so sehr er sich auch anstrengte, er sah und hörte von der Alten nichts mehr. Nur ein lieblicher Geruch frisch gebackener Semmeln lag in der Luft. Dann hatte er über sich selber gelacht und schließlich geflucht. Denn sein Hut war ihm bei der Suche nach der Alten abhanden gekommen, und er hat ihn auch nicht wiederfinden können. Als er aber dann den Steig zum Städtel hinabstieg und ihm der Wind das Haar zauste, wurde es ihm allmählich bewußt, daß dies die erste Verwarnung gewesen war. Er stand damals im siebenundsechzigsten Lebensjahr und versah 25 Jahre den Dienst als Grabensteiger.

Nicht ganz drei Jahre nach jenem Herbsttage, an dem der Grabensteiger Hahmann sich seines ersten Grabenganges mit dem Obersteiger Wohlgemuth entsann, mußte der das Revier betreuende Bergverwalter den Steiger Langschmidt als Vertreter Hahmanns einsetzen. Denn dieser war plötzlich erkrankt und dienstunfähig geworden. Der Bergverwalter glaubte, daß sich Hahmann bald wieder gesund melden und den Dienst fortführen würde. Doch er irrte sich. Sobald Hahmann das Bett wieder verlassen konnte, erschien er eines sonntagsmorgens beim Bergverwalter und kündigte den Dienst auf. Der Bergverwalter konnte den Grund für den plötzlichen Abgang nicht herausbekommen. Auch die Art der Erkrankung war sowohl in der Feststellung des Arztes als auch des Kranken selbst nicht erkennbar. Der Bergverwalter sah ein, daß es zwecklos war, in Hahmann einzudringen. Plötzlich fragte er unvermittelt: »Dann hat ›er‹ ihnen die Aufkündigung gegeben?« Hahmann schaute dem Frager ins Gesicht und antwortete so plötzlich, als habe er auf diese Frage gewartet: »Er hat mir gestern vor vierzehn Tagen aufgekündigt. Den Tag darauf habe ich mich krank gemeldet.«

Der Bergverwalter fragte nicht weiter. Noch nie hatte einer der Grabensteiger verraten, wie ihm aufgekündigt wurde. Er bat nur den Alten, seinen Nachfolger einzuführen, sobald er bestimmt sei. Hahmann nickte nur, nahm seinen Hut und ging. Er wußte, daß so wie Wohlgemuth mit ihm er demnächst mit seinem Nachfolger den Graben abgehen, ihn unterrichten und einweisen würde. Aber eins wird auch er nur in Andeutungen sagen können und dabei hoffen, daß ihn der andere zur rechten Zeit verstehen wird. [6]

Der unheimliche Bergmann am Röhrgraben

Der Grabensteiger Langschmidt, der den Grabendienst vor zehn Jahren von seinem Vorgänger, dem Grabensteiger Hahmann, übernommen hatte, ging in einer stockdunklen Novembernacht seinen Weg zu dem kleinen Stauwehr am Greifenbach. Dazu stürmte und schneite es in der großen Schonung vor dem Zwölfer Revier, daß er gar nicht vorankam. An dem Steg, der nach dem Greifenstein führt, wurde es durch den Wald zwar mit dem Wetter besser, aber die Dunkelheit ließ den Grabensteiger auch nicht schneller ausschreiten. Er mußte sich eingestehen, daß er die Schützen heute später als üblich ziehen werde. Da hörte er auch schon zwischen den Windstößen die Uhr drinnen in der Stadt die zwölfte Stunde schlagen. Er war jedoch erst an der Stelle angelangt, wo sein Vorgänger die geheimnisvolle Erscheinung hatte, über die er nie sprechen wollte.

Plötzlich verlöschte die Blende des Grabensteigers. Er suchte sein Feuerzeug hervor, um sie wieder anzuzünden. Ehe er dazu kam, war es auf einmal um ihn herum hellichter Tag. Vor ihm stand ein Bergmann in altertümlicher Paradeuniform, der ein paar Köpfe größer als der Grabensteiger war. Er hatte eine Puffjacke an, und seine Kniebügel blitzten. Die Blende strahlte wie flüssiges Silber. Dem Grabensteiger hatte es vor Schreck den Hut vom Kopfe gehoben. Doch so plötzlich, wie die Erscheinung da war, war sie auch wieder verschwunden, und im Walde war es dunkel wie zuvor. Der Grabensteiger Langschmidt wußte jedoch, was er von diesem Vorfall zu halten hatte. [6]

Die Sage vom Goldenen Kind

Im oberen Erzgebirge, nahe bei Hirschsprung, befand sich ein Hang, der völlig mit Felsgeröll bedeckt war. Dasselbe glitzerte bei Sonnenschein wie Gold. In der Nähe stand vor vielen Jahren, als daselbst noch Bergbau betrieben wurde, ein Zechenhaus. Hang und Zechenhaus wurden das Goldene Kind genannt.

Wie es zu diesem Namen kam, überliefert uns folgende Sage:

Einstmals zog ein junger Harzer Bergmann mit seiner Frau in diese abgelegene Gegend. Er hoffte, hier mit mehr Glück als in der alten Heimat sein Gezäh einschlagen zu können. Er mühte sich redlich, doch der Erfolg wollte sich nicht einstellen. Dazu kam, daß sein junges Weib in guter Hoffnung war und er bald für drei Menschen Nahrung schaffen mußte.

Da suchte er in seiner Verzweiflung eines Tages einen alten, verrufenen Stolln auf, von dem es hieß, daß darinnen der Berggeist hause. Er fuhr ein und ging kräftig den Fels an. Aber vergebens, es war keine Erzader zu finden. Da fuhr ihm ein verwegener Gedanke durch den Kopf. Er besann sich auch nicht lange und rief laut: »Der Berggeist soll kommen und mir helfen!« Kaum war sein Ruf verklungen, polterte es auch schon entsetzlich, und der Gerufene erschien. Der zu Tode erschrockene Bergmann faßte sich jedoch bald, klagte dem Berggeist seine Not und bat ihn um Hilfe.

Wortlos schlug daraufhin der Berggeist mit seinem Fäustel an den Felsen. Ein großer Stolln tat sich auf, an dessen Ende das reichste Erzlager funkelte. Auch ein Bergtrog mit Edelsteinen stand dabei.

Da erfaßte den Bergmann die Habgier. Er sagte zu dem Berggeist: »Ich gebe dir alles, auch mein Liebstes, wenn du mich den Trog mitnehmen und diesen Anbruch wiederfinden läßt.« »Alles?« fragte der Berggeist. »Laß mir nur mein Leben, damit ich weiß, wie das Leben in Reichtum ist«, sagte der Bergmann. »Sonst alles?« fragte der Berggeist diesmal sehr ernst. »Nun, so laßt mir auch meine Gesundheit!« »Auch das«, sagte der Berggeist, »gewähre ich dir. Aber nun überlege gut, du hast noch einen Wunsch frei!« Jetzt erst fiel dem Bergmann sein Weib ein, und er rief beschämt: »Oh, laß mir auch meine gute treue Elsbeth!« Da rief der Berggeist zornig: »Deine Wünsche sind erfüllt! Wehe dir! Du hast dich vom Reichtum blenden lassen und dein Liebstes dem Berg verkauft! Fahr aus!« Damit verschwand der Berggeist, und der Bergmann stand im finsteren, engen Stolln. Mühsam arbeitete er sich heraus und eilte heim.

Als der Bergmann die Tür seiner Hütte öffnete, trat ihm die Wehmutter entgegen. »Glück auf!« grüßte sie. »Ich habe gute und schlimme Botschaft für dich. Dein Weib ist gesund, aber dein Knäblein ist tot.«

Jetzt wußte er, was ihm das Liebste gewesen wäre. Als er voll bitterer Reue an das Lager seiner Frau trat, schlug sie die Augen auf und klagte: »Du kommst zu spät! Vor einer Stunde hat ihn das graue Männel geholt. Es war ein so schöner Knabe!«

In wildem Schmerz jagte der Bergmann wieder zu dem verrufenen Stolln zurück. Es war Nacht geworden. Ein fürchterlicher Gewittersturm peitschte die Wälder. Als er angekommen war, rief er den Berggeist. Aber niemand ließ sich blicken. Als er wiederum rief: »Berggeist, gib mir mein Liebstes wieder!« wurde es totenstill. Ein blaues Flämmchen hüpfte vor ihm her, und der Berg tat sich auf. Innen flimmerte und funkelte es wie vordem. Auf den Erzstufen jedoch lag versteinert, über und über golden, sein Knabe und starrte ihn mit toten Augen an. Dem Bergmann vergingen die Sinne, und er stürzte zu Boden. Als er wieder zu sich kam, lag er vor dem Mundloch des alten Stollns. Die Sage verschweigt, was aus dem Bergmann und seinem Weibe geworden ist.

Die alten Leute im Gebirge pflegen jedoch immer hinzuzufügen, daß der Berggeist gern schenke, wenn einer in Not sei. Aber Geiz und Habgier strafe er hart. [54]

Der Berggeist in der Grube Treue Freundschaft bei Johanngeorgenstadt

Der Bergmann Johann Christoph Schott arbeitete, wie jeden Tag, auch am 7. August des Jahres 1719 vor Ort. Als man jedoch zu Mittag ausgepocht hatte, hörte er im Schacht noch jemand husten. Da glaubte er, daß der Steiger vor Ort fahre, um es zu besichtigen. Als aber niemand kam, wollte auch er ausfahren. Da bemerkte er, daß jemand vom Schacht her mit einem brennenden Grubenlichte auf ihn zukam. Nun war Schott sicher, daß es der Steiger sei. Doch als sich beide auf der Strecke trafen, erkannte er, daß es ein kleiner Mann in einem grauen Kittel war.

Als Schott vorbeifuhr, hing das Männchen sein Grubenlicht ans Gestein, wo es auch sofort hängenblieb, legte seine Tasche ab und fragte Schott: »Ist's schon Schicht?« Die Bergleute fuhren nämlich an diesem Tage früher aus, um an einer Beerdigung teilzunehmen. Bei dieser Anrede überlief Schott ein kalter Schauer. Schnell eilte er davon. Keinen einzigen Bergmann traf er mehr in der Grube an.

Tags darauf erzählte Schott sein Erlebnis dem Steiger. Doch wollte dieser der Erzählung anfangs keinen Glauben schenken. Schließlich ließ er sich die Stelle zeigen, an die das Männchen sein Grubenlicht gehängt hatte. Da sah er eine kleine Kluft. Als an dieser Stelle ein Schuß gebohrt wurde, öffnete er einen Gang, der lange reiche Ausbeute gab. [10]

Das Silberbäumchen von St. Eleonore

Der Fastenberg, frühzeitig fündig geworden, war von den Alten bereits nach allen Richtungen hin durchwühlt worden. Allenthalben sah man kleine Kauen und ihre Haldenstürze. Ganze Bergmannsgeschlechter hatten ihr Leben eingesetzt, um die kostbaren Erze herauszuklauben. Selten genug war jedoch die Frau Sorge nicht Gast in den Hütten der Bergleute.

In einer der Senken, in denen die Wasser aus den Stollnmundlöchern zu Tale rieselten, stand das Huthaus von St. Eleonore. Es war so niedrig, daß man fast bis an die Dachrinne greifen konnte. Die Sonne hatte das Balkenwerk geschwärzt, aber sie schien in blitzend saubere, wenn auch kleine Fenster. Ein Dachreiter mit der kleinen Schichtglocke durfte natürlich nicht fehlen.

Im Inneren befand sich auf der einen Seite eine große Stube, daneben eine Kammer. Auf der anderen Seite war der Stall für die rehbraune Ziege. Eine Leiter führte auf den Boden, wo das Heu für die Ziege, die getrockneten Kienspäne und einige Gerätschaften für den Bergbau aufbewahrt wurden.

In der großen Stube des Huthauses St. Eleonore stand ein eiserner Ofen mit einer stets summenden Wasserröhre, außerdem ein derber Tisch, von einer Bank und gezimmerten Holzstühlen umgeben. Über dem Tisch befand sich das Topfbrett, in dem auch die Teller steckten. Auf einer Stange, die im Geviert um den Ofen lief, wurden die nassen Kittel, Arschleder und Fahrhauben getrocknet. Die ungefügigen, klobigen Stiefel mit den hölzernen Sohlen wurden vor den Ofen auf ein paar Holzscheite zum Trocknen gelegt. In einer Ecke stand ein Brotschrank, ebenfalls selbst hergestellt und mit bunten Blumenranken verziert. Am Fenster hing ein Vogelbauer mit einem Zeisig oder einem Stieglitz.

In diesem Hause wohnten seit drei Generationen die Hellwigs. Sie alle waren Bergleute, Häuer und Steiger des höfflichen Berggebäudes St. Eleonore. Zur Zeit des Vaters und des Großvaters des Steigers Hellwig, der das Huthaus in einer für die Grube so schicksalsschweren Zeit bewohnte, zeigte dieselbe noch einen reichen Anbruch. Mit dem rechten bergmännischen Glauben hatten sie den kleinen Häuersteig getreten, der von der Haustür nach dem wenige Schritte entfernten Stollnmundloch lief. Mit diesem Glauben waren sie alt und bergfertig geworden und fuhren schließlich die letzte Schicht an.

Die Sonne lag mit ihren Strahlen bereits am Hange des Rabenberges, als der Steiger Hellwig die schwere Tür vor dem Stollnmundloch aufstieß. Wie gewöhnlich war er der letzte, der ausfuhr. Langsam ging er auf sein Häuschen zu. Ein Wort, das ihm der Bergverwalter halb im Scherz zugerufen hatte, ging ihm seit gestern nicht mehr aus dem Sinn: »Hellwig, der Letzte!«

Doch er hatte den Sinn der Worte schnell erfaßt. Mit der höfflichen Fundgrube St. Eleonore ging es dem Ende zu. Das taube Gestein schob sich immer näher an das erzführende Lager. Bald würde der Tag kommen, an dem das Erz gänzlich verschwunden ist.

Hellwig blickte sich in der Stube um. Auch hier war er der letzte. Seine erste Frau war ihm im Kindbett gestorben. Sein ältester Sohn war im Kriege gefallen, und die anderen Kinder waren inzwischen ausgeflogen. Das kleine Huthaus war ihnen zu eng geworden. Hellwig hatte zwar noch einmal gefreit. Am Anfang schien auch alles gut zu gehen. Fleißig versorgte Marie, wie die Frau hieß, den Haushalt und saß am Klöppelstock, wenn Hellwig ausfuhr. Aber nach einiger Zeit wurde es ihr doch zu einsam in dem Haus, zumal der Steiger auch am Feierabend nur zwei Themen kannte: die Grube und die Arbeit. Eines Tages war es dann auch soweit. Hellwig jagte sie samt ihrem Liebhaber aus dem Hause. Und so störte ihn nichts bei seinen Gedanken um die Eleonore.

Monate vergingen. Der Steiger suchte den Gang, den die Alten abgebaut hatten. Er schurfte im Liegenden, denn das Hangende erschien ihm taub und unergiebig. Der Doppelhäuer Unger war da aber anderer Meinung. Eines Tages setzte er den Bohrer gegen die Weisungen des Steigers in das Hangende. Der Bohrer fraß sich schneller ein als sonst. Als das Bohrloch weggeschossen war, zeigte sich ein mächtiger Wismutanbruch. Als Hellwig das sah, sank er auf die Knie und dankte Gott, daß die Eleonore wieder fündig geworden war.

Aber es war das letzte große Schütten für lange Zeit. Bald galt es wieder aufs Hoffen zu bauen. Als es gar nicht besser werden wollte, zog der Steiger eines Tages nach verfahrener Schicht seinen Sonntagsstaat an und fuhr mit der Bahn nach Schwarzenberg zum Bergverwalter. Hellwig wollte einen letzten Versuch wagen, um dem Fastenberg einen neuen Anbruch abzuringen. Der Steiger wußte nämlich, daß von der Halbsechsten ein altes Überhaun ins Geklüft ging. Die alten Bergleute hatten jedoch diesen Ort gemieden, weil es jedesmal, wenn sie dahin kamen, roch, als ob in eben diesem Moment ein Geleucht ausgelöscht worden wär. Daraufhin ließ man schließlich das dort anstehende gute Gangkreuz im Stich.

Der Bergverwalter wollte jedoch von dem Plan des Steigers, das Überhaun wieder aufzufahren, nichts wissen. Es war zu gefährlich. Das ganze Hangende war locker und brüchig. Beim Lösen würde es die Häuer wie in einer Falle zerquetschen.

Doch der Steiger ließ sich von seiner Idee nicht abbringen. Auf alle Vorbehalte des Bergverwalters sagte er nur, daß er allein die Sache wagen würde. Denn sollt's schon aus sein mit der Eleonore, so werde auch er gründlich Schicht machen. Woanders führe er nimmer ein.

Der Bergverwalter verwarnte den Steiger nochmals. Doch dieser ließ nicht locker. »Lachen sie nur, Herr Bergverwalter. Aber ich habe den Bergmönch gesehen. Er saß mit heller Blende genau dort, wo das Überhaun hinausgeht. Und der bringt kein Unglück, der weist nur die Gänge an.« Aber der Bergverwalter blieb dabei, daß es Wahnsinn sei, sich dem alten Abbau anzuvertrauen.

Als Hellwig spät in der Nacht den Steig zum Huthaus hochkletterte, lachte er still vergnügt vor sich hin. Es war ihm zur Gewißheit geworden, daß auch der Bergverwalter an das im Überhaun noch anstehende Erz glaubte. Für Hellwig stand es nunmehr fest, daß er in einer der nächsten Schichten an der bewußten Stelle sein Bohrloch ansetzen und wegschießen würde.

Nach wenigen Tagen löste ein Sprengschuß riesige Berge. Der Stolln unterm Überhaun war ganz verschüttet. Die zur nächsten Schicht anfahrenden Häuer fanden den Steiger halbtot und fuhren sofort mit ihm aus. Eine Wand hatte Hellwig unglücklich an die Schläfe getroffen, als er vermutlich über das Geröll nach oben klettern wollte. Seine Blende brannte noch. In einer Hand hielt der Bewußtlose eine kleine Stufe fest umklammert. Man hatte sie ihm nur mit Mühe abnehmen können. Als man sie dem Bergverwalter reichte, erschrak dieser: Auf der Stufe stand ein Silberbäumchen aus feinstem gediegenem Silber.

Der Fastenberg hatte Hellwig nun zwar das Silberbäumchen und damit den letzten großen Anbruch geschenkt. Aber der Steiger mußte dies teuer bezahlen, denn er kam infolge des Unglücks nie wieder zu Verstand. [5]

Der Berggeist führt einen Bergmann in Versuchung

In der Fundgrube Grauer Mann in Johanngeorgenstadt arbeitete vor vielen Jahren ein armer, aber grundehrlicher Bergmann. Einstmals kam nun der Berggeist über die Schwelle seines alten Häuschens. Dieser sprach zu dem Bergmann: »Wenn du mir fest das verschreibst, was du in deinem Hause nicht weißt, schenke ich dir viel Gold und Silber.« Doch der Bergmann erwiderte: »Ich wüßte nicht, was ich dir verschreiben sollte. Behalte deshalb dein Gold und

Silber. Ich verschreibe dir nie und nimmer etwas.« Der Berggeist gab aber nicht auf. »Ist's nicht genug, was ich dir versprochen habe? Schenke mir nur, was du in deinem Hause nicht weißt, und du hast in Jahresfrist ein neues Haus, und weit im Umkreis bist du der reichste Mann.« Da rief der Bergmann in seiner Verzweiflung: »Ach hilf mir, mein Gott!« Daraufhin verschwand der Berggeist unter Drohungen gegen den Bergmann.

Es dauerte auch gar nicht lange, bis die Drohungen in Erfüllung gehen sollten. Denn bereits am nächsten Tag brach der Bergmann beim Schichtwechsel gegen drei Uhr in der Frühe das Knie. Behutsam brachte man ihn nach Hause. Gar traurig klang sein »Glück auf!« beim Überschreiten der Schwelle. Als er im Bette lag, setzte sich sein Weib zu ihm und sagte: »Lieber Mann, zu deinem Leid kommt auch noch die Last. Was du noch nicht wissen kannst, ich werde Mutter.« »Ach das ist es, was ich in meinem Hause noch nicht gewußt habe! Hätte ich dem Geist die Bitte erfüllt, ich hätte ihm mein eigenes Kind verschrieben. Wie gut, daß ich standhaft blieb und nicht Geldgier Herz und Sinn beherrschte. Das Kindlein ist mir keine Last, sondern eine Freude! Dem Herrn sei Dank dafür!« Daraufhin berichtete er seinem Weibe über die Begegnung mit dem Berggeist.

Das Häuschen brannte später ab. Doch berichtet die Sage nicht, ob sich der Berggeist nochmals bei dem Bergmanne hat sehen lassen. [54]

Der Berggeist in der Grube Susanne in Johanngeorgenstadt

Gegenüber der ehemaligen Finkenmühle in Johanngeorgenstadt befand sich die längst verlassene Grube Susanne. In diesem Bergwerk wurden einmal drei Bergleute durch hereinbrechendes Gestein verschüttet. Man hat die Leichen der drei Häuer nicht bergen können. Noch heute sollen ihre Gebeine im Schoß des Berges liegen. Es war der Berggeist, der die drei Häuer ins Unglück stürzte.

Nach Jahren wurde die Grube verlassen. Nahe bei dem Stolln wurde ein Schuppen errichtet, in dem Reisig und Scheitholz aufgehoben wurden. Als einmal die Tochter des Besitzers in der Dämmerung in den Schuppen ging, um Feuerholz zu holen, sah sie auf einmal den Berggeist mit einem langen Bart unbeweglich auf einer Bank sitzen. Erschrocken kehrte sie um und lief eiligst wieder ins Haus zurück, wo sie, am ganzen Leibe zitternd, ihr unheimliches Erlebnis erzählte. [10]

Der Berggeist zu Neustädtel

Einst fanden Bergleute am Fuße der Rappolder Halde ein kleines Männchen. Da es gänzlich erschöpft war, hoben sie es auf und brachten es in das Steigerhaus, die spätere Bergschmiede. In der Stube erholte sich das Männchen rasch. Als es später ging, wünschte es dem Hause immer Glück.

Da war den Bergleuten klar, daß es der Berggeist gewesen war. Er hielt seitdem aus Dankbarkeit schützend seine Hände über das Anwesen. [11]

Der Berggeist in der Grube Sieben-Schlehen bei Neustädtel

Eines Jahres fuhr am 24. Dezember ein Bergmann nach Verrichtung seines Gebetes in der Grube Sieben-Schlehen an. Rüstig ging er an seine Arbeit. Gegen Mitternacht ließen sich in der Ferne Schritte vernehmen. Der Bergmann glaubte, einer seiner Gesellen komme, um ihn abzulösen. Doch als die Schritte näher kamen, erblickte er einen Mann, der an der Brust eine goldig funkelnde Blende mit einer Kerze darinnen trug. Seine Kleidung war bis auf die weißen Strümpfe dunkel. An den Füßen hatte er glänzend schwarze Schuhe, und der Kopf war mit einem Hute, ähnlich den Napoleonshüten, bedeckt. Das Gesicht konnte der Bergmann vor lauter Glanz nicht sehen, lediglich, daß ein großer silberweißer Bart bis zur Brust hernieder hing. Die Erscheinung blieb vor dem Bergmanne stehen, sagte jedoch nichts. Sie leuchtete ihn aber an und kehrte auf demselben Wege wieder zurück. Als der Bergmann am anderen Morgen von dieser Begegnung erzählte, sagten ihm die anderen, daß dies der Berggeist gewesen sei.

In demselben Schachte arbeitete am nächsten Karfreitag ein anderer Bergmann. Derselbe hörte in seiner Nähe ein unaufhörliches Hämmern und Sägen, obwohl er wußte, daß keine Zimmerlinge da waren. Beim Ausfahren zeigte er dies dem Steiger an, der sogleich einfuhr und ebenfalls die Töne hörte. Daraufhin ließ er die Stelle mit Brettern verschlagen. Nach wenigen Tagen war der Steiger jedoch tot. [15]

Der bestrafte Kunstwärter

Nahe bei Sieben-Schlehen befand sich ein Schacht, in welchem folgendes geschehen sein soll:

Als einst der Kunstwärter die Kunst einölte und dabei an den Hauptzapfen kam, ließ sich an der Wand ein Gesicht sehen, welches sprach: »Diesen Zapfen schmiere ich!« Der Kunstwärter gehorchte und ließ von da an den Zapfen unberührt. Einstmals übertrat er aber doch dieses Gebot. Kaum hatte er den Hauptzapfen eingeölt, als er mit dem rechten Arm in die Kunst geriet. Dabei wurde ihm der Arm abgerissen. Doch empfand er dabei nicht den geringsten Schmerz. Auch blutete die Wunde nicht. Als er den abgerissenen Arm aufhob, erblickte er das Gesicht wieder an der Wand. Dasselbe sah ihn höhnisch an, ohne jedoch etwas zu sagen. [15]

Die Zeche Tannebaum

Als an einem Montag der Weber-Max die Kaue des Tannebaumschachtes in der Nähe der Riesenberger Häuser aufschloß und seine Blende fertigmachte, wußte er, daß sie nur noch zu zweit an der Arbeit sein würden. Schon lange wartete der Steiger auf das Wort des Bergverwalters, daß bald auch sie die letzte Schicht auf dem Tannebaum verfahren würden. Für Weber-Max war klar, daß der Tannebaum seine letzte Grube sei. Woanders würde er in seinem Alter nimmer anfahren.

Nach einiger Zeit schickte sich der Steiger Weber morgens allein zum Einfahren an. Der andere Häuer war unterwegs, um Bergeisen und sonstiges Gezäh vom Bergschmied zu holen. Als der Steiger die Stollnmundtür aufstieß, kam ihm eine Wand muffiger Wetter entgegen, daß kaum das Geleucht brennen wollte. Dabei hatte er noch nie bemerkt, daß der Schacht wetternötig sei. Je mehr er sich jedoch dem Ort näherte, um so leichter wurde die Luft. Als er aber um die letzte Biegung im Stolln fuhr, sah er plötzlich ein Licht vor sich. Er stutzte. Aber es gab keinen Zweifel, am Hangenden hing ein Geleucht. Im gleichen Moment hörte er auch, wie das Gezäh aufgenommen wurde. Der Weber-Max dachte nun, daß es der Wendler sein könne. Daß er selber die Stollnmundtür geöffnet hatte, fiel ihm in diesem Moment gar nicht ein. Aber wenn es schon der Wendler sein sollte, so saß dieser ja nicht vor Ort. Vielmehr hatte er sein Bohrloch an einem alten Senkloch angesetzt, das voller Wasser stand. Nun wurde es aber dem Steiger angst, daß der andere Dummheiten machen könne. Rasch fuhr er voran. Der Häuer arbeitete im Dunkeln, das Licht fiel nur auf den Bohrer. Anreden konnte ihn der Steiger auch nicht, denn der Schall des Fäustels war zu groß und füllte die ganze Strecke. Er faßte den Häuer daraufhin an die Schulter. Diese war kalt wie Stein. Als der andere das Fäustel sinken ließ und den Steiger anblickte, erschrak dieser gewaltig. Das war kein Menschenantlitz!

Als sich der Steiger mühsam und wie von einer unsichtbaren Kraft geleitet die Strecke bis an das Stollnmundloch vorgetastet hatte, denn sein Geleucht war zum Überdruß auch noch verlöscht, warf Wendler gerade die frischgeschärften Bergeisen von der Schulter. Der Steiger verschwieg sein unheimliches Erlebnis. Was er gesehen hatte, erzählte er niemandem. Aber unablässig überlegte er, was der andere an der bewußten Stelle wollte. Er sah sich daraufhin das Streichen und Fallen der Lager des Tannebaums genauer an. Stießen sie nicht alle auf jene Stelle zu, wo er den unheimlichen Bergmann gesehen hatte? Es sah aus, als ob sich daselbst ein Gangkreuz andeutete.

Der Bergverwalter, dem der Steiger seine Überlegungen mitteilte, war nicht ganz so zuversichtlich. Doch der Steiger dachte bei sich: »Hättest du nur das gesehen, was ich sah, dann würdest du nicht zweifeln.« Schließlich gab der Bergverwalter doch dem Drängen des Steigers nach. Weber und Wendler verließen daraufhin das bislang besetzte Ort und fuhren an der bewußten Stelle an.

Als nach drei Wochen der Bergverwalter die Zeche besuchte, traf er den Steiger gerade beim Ausfahren an. Er wollte dem Bergverwalter eine wichtige Mitteilung machen. Beide fuhren daraufhin sofort wieder ein. Als der Bergverwalter im Ort des Abteufens die Blende hob, entdeckte er etwas noch nie Gesehenes: Der Sprengschuß hatte eine mächtige Druse aufgerissen. An den Wänden blitzten unzählige blaßgrüne Flußspatkristalle, die tausendfältig den Schein der Blende zurückwarfen. Wie ein Blick in den Sternenhimmel, dachte der Bergverwalter für sich.

Wenige Wochen später ließ die Gewerkschaft die Zeche auf. Der Tannebaum kam zum Erliegen. Er war zwar fündig geworden, aber mit einem Anbruch, den die Menschen nicht münzen konnten.

Denen aber, denen der Berggeist den Blick in jenes Leuchten hatte tun lassen, wurde es das Ahnen der Ewigkeit vor ihrer letzten Schicht. [6]

Berggeister in den Schneeberger Gruben

Außer in höchster Not wegen der bösen aufsteigenden Wetter und Schwaden, die die zwei edelsten Glieder des menschlichen Leibes, das Gehirn und das Herz, ergreifen, sind die Bergleute auch in nicht geringerer Gefahr wegen der Bergteufel, -mönche und Berggespenster. Diese herrschen in der Finsternis und fahren in den Strecken herum wie brüllende Löwen. Sie suchen, wie sie Bergleute, die nicht mit Glauben und Gebet widerstehen möchten, verschlingen können. Zwar machen die Bergmännlein einfache Bergleute nicht so furchtsam. Sollen sie doch, wo sie gesehen werden, ein Zeichen eines guten künftigen Anbruchs sein. Aber dennoch ist ein Teufel so arg wie der andere. Dabei ist derjenige, der sich am freundlichsten stellt, wohl am schädlichsten und verursacht durch Gottes Verhängnis Fälle und Brüche.

Es ist bekannt, wie einst dergleichen Bergteufel in Gestalt eines Mönches einen Arbeiter in dem alten reichen St. Georg ergriff und nicht ohne Beschädigung seines Leibes in der großen Weite in die Höhe geworfen hat.

Im Jahre 1538 ist ein Bergmann in der Höfflichen-Besserung-Fundgrube vom Ungeheuer erwürgt worden. Darüber hat Kurfürst Johann Friedrich in einem besonderen Befehl einen genauen Bericht verlangt.

Am 26. März des Jahres 1683 ging die Levitenzeche mit drei Schächten in Haufen, so daß man nichts mehr von der Kaue sah. Kurz zuvor aber war ein dicker Mann, mit Silber und Gold geschmückt, aus dem Kämmerlein heraus in die Kaue zu einem Bergmann, Israel Ficker, welcher daselbst Schachtholz zurichtete, gekommen. Er fragte ihn: »Kennst du mich nicht?« Der Bergmann antwortete: »Herr, wie soll ich euch kennen? Ihr werdet wohl einer vom Herzog aus Holstein (der diese Zeche baute) sein.« Darauf hat dieser den Bergmann geheißen, anzufahren. Weil er es aber nicht hat tun wollen, hat er den Bergmann so erschreckt, daß er darüber starb und am 30. desselben Monats begraben wurde. [15]

Der Berggeist in der St.-Georgs-Zeche zu Schneeberg

In der St.-Georgs-Zeche zu Schneeberg erschien der Berggeist einst in einer schwarzen Kutte. Er ergriff einen Bergknappen, der sich in der Teufe ungebührlich aufgeführt hatte, hob ihn auf und setzte ihn auf einer ehedem silberreichen Grube so hart nieder, daß ihm das Arschleder platzte und alle Rippen krachten.

Auch setzte er einen Steiger, der die Bergleute sehr streng

behandelte, so gewaltig auf einen Stein, daß er wie angemauert sitzen bleiben mußte.

Später erschien der Berggeist wieder und schlug gewaltig mit der Faust an die Felswand. Die Bergleute, die daselbst arbeiteten, sahen darauf eine Höhlung, in der viel Silber lag. Hätten sie einen Schlägel oder ein anderes Gerät sogleich in die Höhle geworfen, so würden sie den Schatz gewonnen haben. So aber unterließen sie es aus Unkenntnis, und der Schatz verschwand. Auch der Berggeist ließ sich von dieser Zeit an nicht wieder sehen. [15]

Das graue Männchen warnt einen Bergmann

Schon geraume Zeit hatte der alte Bergmann Kapuzer redlich und treu untertage gearbeitet. Wer ihn trotzdem gesund und von der verderblichen Bergluft verschont mit seinem grauen Haarschopfe sah, mußte ihm gut sein. Dabei waren Not und Hunger ständiger Gast in der armseligen Hütte. Als gar noch eine fürchterliche Teuerung hereinbrach, wußte er gar nicht mehr, wie er seine Kinder und sich satt bekommen sollte. Die Kleinen jammerten ihn sehr. Obwohl er sich selbst manches entzog, nur um ihren Hunger zu stillen, wollte es doch einfach nicht langen. Doch verließ ihn nie die Hoffnung, einmal auf einen reichen Gang zu stoßen.

Als er nun einstmals zur Frühschicht anfuhr und den am Vortage angetroffenen Gang verfolgte, sprang ihm plötzlich gediegenes Silber ins Auge. Die Stufe, die er abhieb, war reichlich. Von ihrem Verkauf konnte er sicherlich lange für den Unterhalt seiner Kinder sorgen. Das Elend der Kinder stand vor ihm. Schließlich streckte er in Erwägung der wachsenden Not nach langem Zögern doch seine Hand nach der Silberstufe aus.

Da schlug ihm etwas auf die Schulter. Er drehte sich erschrocken um und sah ein kleines graues Männchen in Bergtracht hinter sich stehen. Dieses zeigte mit der einen Hand auf die Silberstufe und erhob die andere drohend. Kapuzer schauderte, warf die Silberstufe hin, und das Männchen verschwand.

Kapuzer fuhr daraufhin aus, um den Fund den Gewerken zu melden. Diese dankten dem redlichen Manne und fuhren in den Schacht ein, um den reichen Fund zu besehen. Die Gewerken wollten den Kapuzer mit Ruhe in seinen alten Tagen belohnen. Doch schlug er dieses aus. Er erhielt daraufhin Kleidung für seine Kinder und ein ansehnliches Geschenk zur Abwendung der so drückenden Nahrungssorgen.

Noch sechs Jahre arbeitete Kapuzer untertage. Da rief ihn der Bergfürst von der Schicht. Früh morgens um drei wollte er aufstehen, um zur Arbeit zu gehen. Er vermochte es aber nicht. Um acht Uhr rief er seinen ältesten Knaben: »Geh' zum Bergmeister und sag' ihm, der alte Kapuzer werde bald Schicht machen. Sein Grubenlicht wolle verlöschen. Er soll mich noch einmal besuchen.« Der Bergmeister kam zu dem Sterbenden, und dieser erzählte ihm die Geschichte von dem Bergmännchen. Daraufhin faltete Kapuzer die Hände, sprach ein Gebet und verschied in Frieden.

Wenn ein redlicher Bergmann aus Armut stehlen will, warnt ihn das Bergmännchen. Die Bösewichter überläßt es jedoch der Stimme ihres Gewissens und der strafenden Hand der Obrigkeit. [15]

Der boshafte Berggeist in dem Schachte Orschel

Ein Bergjunge fuhr einst auf dem Schachte Orschel bei Schneeberg an. Da erschien ihm der Berggeist. Dieser wollte den Jungen töten. Doch ließ er es bei der Drohung bewenden. Aber dafür sollte ihm der Junge alle Tage eine Semmel mitbringen. Auch sollte er niemand etwas davon sagen. Eines Tages brachte der Junge aber keine Semmel mit. Als man ihn erwürgt in einem Kübel fand, lagen um ihn herum viele verschimmelte Semmeln, mit denen er an das Tageslicht gefördert wurde. [15]

Die Berggeister in der Grube Osterlamm in Waschleithe

Als im Jahre 1628 Hans Lange und Georg Friedel auf der Zeche am Oswaldbach, das Osterlamm genannt, bauten, kamen immer zwei weiße Männchen. Die hielten das Beil fest,

verrückten das Gezäh, drückten das Grubenlicht aus und bewarfen die Bergleute mit Steinen. [10]

Der Berggeist betrügt einen Schatzgräber

Im Jahre 1679 hat sich in dem sogenannten Knappschaftshause, welches ein gewisser Nicolaus Hacker, Bergmeister zu Schneeberg, besaß, ein Gespenst in Gestalt eines alten, graubärtigen, kleinen Mannes einem Schüler gezeigt, der zur selbigen Zeit seine Wohnung dort hatte. Durch öfteres Erscheinen und Sprechen mit dem Schüler hat es diesen dahin gebracht, daß er zuletzt nicht mehr so furchtsam war. Vielmehr erkühnte er sich, um endlich Ruhe zu haben, nach einem von dem Männchen angegebenen Schatze zu graben. Obwohl nun der Schüler, nachdem er des Tages immer danach gegraben, endlich den Schatz mit vielen güldenen Ketten und reichlichem Silbergeschirr, auf das die alten Schneeberger viel gehalten haben, erblickte, hat er dennoch das betrogene Spiel in den Händen gehabt. Denn als die von dem grauen Männchen gesetzte Zeit zum Treffen und Heben gekommen war, hat der Schüler zwar in dem Gewölbe, darinnen er allein war, gesehen, wie zwei Männer den Schatz aus der Erde hoben und lauter Pretiosen auf den vorhandenen Tisch ausschütteten. Auch habe ihn das graue Männel danach greifen geheißen. Aber als ihn ein anderer, der seitwärts auf einem Stuhle saß, fragte, wie er sich als armer Mensch erkühnen könne, einen solch kostbaren Schatz zu heben, über den er als Herr der Welt die Macht hätte, ist der Schüler wieder umgekehrt. Voller Angst wartete er, bis der Seiger die vierte Nachmittagsstunde schlug. Denn bis zu dieser Stunde hatte das Männchen die Gelegenheit zum Schatzheben gesetzt. Um diese Zeit hat ein starker Sturm gewütet und dabei einen Baum im Garten umgebrochen. Gleichzeitig sei der Schatz, wie die Erscheinung bei ihrem letzten Besuch sagte, aus dem Hause fortgerückt. [8]

Das steinerne Herz im Schwarzwasser

Im Schwarzwassertal lag einst die Zeche Trau auf Gott. Als sich lange Zeit kein Erz finden wollte, versprach der Besitzer seinen Knappen, daß derjenige, der zuerst eine reiche Silberader finden und dieselbe anhauen werde, die Hälfte der Ausbeute erhalten solle.

Da regten sich die Hände der Knappen mit doppeltem Eifer. Doch wieder wurde manche Schicht verfahren, und es zeigte sich immer noch nur taubes Gestein. Unmut vertrieb allmählich die Hoffnung aus den Herzen. Schließlich war es nur noch ein Knappe, der in der Grube arbeitete. Er gönnte sich kaum die nötige Ruhe, so daß er auch in den Nachtstunden seine Schicht verfuhr.

Da geschah es einmal um Mitternacht, als er bekümmerten Herzens ein Gebet zum Himmel sandte, daß ihm der Berggeist im hellen Lichte erschien. Er zeigte ihm einen reichen Gang, aus dem der Knappe bald das köstlichste Erz brechen konnte. Froh eilte der Knappe bei Tagesanbruch zu seinem Herrn und verkündete ihm das große Glück. Beide fuhren in den Schacht, wo ihnen das Silbererz entgegenleuchtete. Als aber der Knappe den Herrn an sein Versprechen erinnerte und dabei auf die Not der Seinen hinwies, schwieg der Herr. Er überdachte, wieviel er von dem Reichtum verschenken müsse, wenn er sein Versprechen halten wolle. Die Habsucht verhärtete sein Herz, und er beschloß, den Mahner heimlich aus dem Wege zu schaffen. Aus der Grube ertönte ein jäher Schrei, dann war es still. Der Knappe fuhr nicht mehr hinauf ans Tageslicht. Sein Weib' und seine Kinder mußten, da ihnen der Ernährer so plötzlich genommen war, betteln gehen.

Die Grube Trau auf Gott blieb aber von Stund an verlassen. Der Berggeist hatte wieder genommen, was er so reichlich geboten hatte. Der Grubenherr fand die verdiente Strafe. Er verfiel den höllischen Mächten. Sein hartes Herz wuchs jedoch zur Mahnung zu einem riesengroßen Steine, der bis zu seiner Sprengung als »steinernes Herz« in den Fluten des Schwarzwassers lag. [15]

Das Romanusmännchen zu Siebenlehn

Als in Siebenlehn noch Bergbau betrieben wurde, hauste daselbst ein Berggeist, Romanusmännchen genannt. Es war kein böser Geist, er versuchte aber, den Menschen allerhand Schabernack zuzufügen. Über seine Streiche berichtete H. Lommatzsch:

Einst spielte er meinem seligen Vater einen tüchtigen Streich. Dieser arbeitete in seiner Jugend bei einem Siebenlehner Meister, dessen Grundstück an einem Verbindungsgäßchen lag und mit einem mannshohen Zaun umgeben war. Als mein Vater eines Abends von einem Geschäftsgang etwas spät nach Hause kam, fand er alles verschlossen. Auch hörte niemand auf sein Pochen. Um nun in sein Zimmer zu gelangen, wollte er über den Zaun steigen. Plötzlich brach aber dieser unter ihm zusammen, und vor ihm stand ein großer schwarzer Hund mit feurigen Augen und fletschenden Zähnen. Dieser ließ ihn nicht von der Stelle. Mein Vater fing vor Angst an zu schwitzen. Allmählich schwanden ihm die Sinne. Am anderen Morgen fand er sich aber, zwar in Schweiß gebadet, im übrigen jedoch ganz wohl, im Bette liegend. Auch war der Zaun in bester Ordnung.

Als mein Vater später selbständig geworden war, hielt er Pferd und Wagen. Als ich ein Junge von zwölf Jahren war, erlaubte mir mein Vater, ihn auf einer Fahrt nach Dresden zu begleiten. Das gab natürlich eine große Freude. Nachts halb zwölf Uhr wurde abgefahren. Mein Vater war eigentlich kein Raucher, hatte sich aber gerade an jenem Abend eine Zigarre angebrannt. In der Nähe der Ochsenwiesen kam uns ein Mann entgegen und bat um Feuer. Mein Vater gab es ihm bereitwillig. Beim Zusammenhalten der Zigarren explodierten dieselben. Der Mann war jedoch im gleichen Augenblick verschwunden. Das Pferd aber ging durch den Knall durch und konnte erst wieder bei Nossen zum Stehen gebracht werden.

Als wir nun in Nossen über die Muldenbrücke fuhren, sah mein Vater auf der Brückenmauer eine schöne Fußbank stehen. Er hieß mich absteigen und dieselbe holen. Da ich aber keine sah, stieg mein Vater selber ab und griff danach. Er hatte jedoch nichts in den Händen, fühlte aber einen heftigen Schmerz, als ob die ganze Hand verbrannt wäre. Wir machten nun schnell kalte Umschläge. Als wir aber frühmorgens in Kesselsdorf die Umschläge erneuern wollten, war die Hand wieder ganz heil. Man sah nichts mehr von einer Verbrennung, auch spürte mein Vater keinen Schmerz mehr.

Als ich später in die Lehre kam, fuhr ich mit meinem Lehrmeister in den Wald nach Holz – und zwar an Tischers Stelle. Das war ein Holzschlag. Unterwegs hielt mein Meister an und sagte zu mir: »Geh, steig ab, dort liegt eine grüne mit weißen Perlen besetzte Geldbörse!« Ich stieg ab, sah aber nirgends eine Börse liegen. Nun ging der Meister selbst danach. Als er zugriff, hatte er einen großen, grünen Frosch in der Hand. Zugleich ertönte ein Lachen, ohne daß jemand zu sehen war.

In Siebenlehn und Umgebung erzählt man noch manchen anderen Schelmenstreich des Romanusmännchens. Seit jedoch der Bergbau hier aufgehört hat, hat man nichts mehr von ihm gespürt. Wahrscheinlich hat es nun Ruhe gefunden. [19]

Das Bergmännlein zu Stahlberg

Anno 1622 schlug Marten Röder in Stahlberg ein und traf daselbst ein reiches Zwittergeschiebe an, aus dem er mit seinen Gewerken 41 Zentner Zinn gewann, deren jeder 50 fl. »leicht Geld« galt. Die Zeche hieß darum auch Der reiche Segen Gottes.

Auf dieser Zeche war auch ein Bergteufelchen, etwa fünf Ellen lang, tätig. In Gestalt eines alten Bergmännleins ging es in seinem Grubenkleide, mit Haube, Bergleder und Grubenlicht hin und wider, schürfte und arbeitete, als ob es viel gewinnen wolle. Es war aber nur ein bloßes Spiegelfechten. Die Gewerken waren darüber froh und hielten es für ein großes Glück. Dem Steiger aber jagte es eine ziemliche Furcht ein, weil das Bergmännlein oft bei ihm stand und ihm bei der Arbeit zusah. Auch ließ es oft sein susurrum von sich hören, so daß der Steiger nicht länger in dieser Grube arbeiten wollte.

Sobald sich aber das Bergmännlein nicht mehr sehen ließ, verschwand auch aller Bergreichtum, und die Gewerken haben aus der Zeche nicht ein Pfund Zinn mehr gewinnen können. [8]

Über die Walen oder Venetianer

Wie in den Sagen aus den meisten Bergbaugebieten im deutschsprachigen Raume berichten auch die Sagen aus dem sächsischen Erzgebirge über geheimnisvolle, in der Regel allein auftretende Fremde, die das Gebirge durchstreiften. Sie suchten nach Gold, Edelsteinen, Kobalt und anderen Mineralien, ohne dabei im eigentlichen Sinne bergmännisch tätig zu werden. Sie verstanden es der Sage nach jedoch, die gesuchten Dinge auch in unbekannten Erscheinungsformen aufzufinden und zu nutzen, für die die Einheimischen zur damaligen Zeit keine Verwendung hatten. Diese Fremden wurden allgemein Walen, Venediger oder Venetianer genannt.[13]

Die Orte, an denen die Walen Gold, Edelsteine oder andere Minerale fanden, wurden der Überlieferung nach in sogenannten Walenbüchern vermerkt. Die darin enthaltenen Angaben, wie man zu den Schätzen gelangen kann, sind oft recht geheimnisvoll formuliert. Teilweise sind Zeichen einbezogen, die in Bäume und Felsen gehauen wurden und die nur von Eingeweihten entziffert werden konnten. Verständlicherweise ist jedoch von diesen Zeichen kaum noch etwas erhalten geblieben. Gräße (s. [8]) will Ende des vergangenen Jahrhunderts noch einige der in Fels gehauenen Zeichen in der Sächsischen Schweiz gesehen haben. Auch in verschiedenen Gegenden des Erzgebirges wurden merkwürdige Zeichen gefunden, die – ungeklärt oder unerklärbar für die Entdecker – mit den Walen in Verbindung gebracht wurden.

Walenbücher wurden ehemals als Schlüssel zu ungeheurem Reichtum betrachtet. Allerdings ist kein Fall bekannt geworden, wo die Suche von Schätzen nach Angaben aus den Walenbüchern zu einem Erfolg geführt hätte. Überhaupt müssen die Walenbücher sehr kritisch betrachtet werden. Ist es doch zumindest seltsam, daß bei der überlieferten ausgeprägten Wahrung ihrer Geheimnisse diese Bücher aus dem Besitz der Walen in die Hände von Einheimischen kommen und sogar veröffentlicht werden konnten. Wenn auch Locher [16] in diesem Zusammenhang u. a. die Vermutung äußert, daß es sich bei diesen Walenbüchern um bloße Abschriften und Umbildungen sehr alter Bergbücher handeln kann, verdanken sicherlich zumindest einige ihre Entstehung der Sensationslust in der damaligen Zeit.

Die Walensagen sind prinzipiell nach einem gleichen Schema aufgebaut: Die Walen sind ärmlich gekleidet, wenn sie in fremden Gebieten umherziehen. Oft verbergen sie ihre eigentliche Tätigkeit hinter einem Hausiererhandel. Sie umgeben sich bei ihrem – oft nächtlichen – Tun mit einem Nimbus des Geheimnisvollen, vermutlich, um bei ihrer Suche nach Gold und anderen Dingen nicht gestört zu werden. Teilweise sollen sie sogar ihre Funde verzaubert haben, damit sie kein Unrechter in die Hand bekommen konnte.

In ihrer Heimat dagegen wohnen die Walen in herrlichen Palästen. Dort belohnen sie auch bei zufälligen oder vorgesehenen Besuchen ihrer ehemaligen Wirtsleute die früher gewährte Gastfreundschaft oder andere Dienste sehr reichlich.

Andererseits strafen sie hart Ungehorsam und vor allem den Verrat ihrer Geheimnisse. Die Sage berichtet, daß sie besonders darauf achteten, ihre Kenntnisse auf dem Gebiete der Schmelzkunst zu wahren. Sicher klingt hier ein Zusammenhang zwischen der diesen Fremden zugeordneten Heimat und streng geheimgehaltenen Herstellungsverfahren, z. B. für Glas aus Murano, an.

Eine Klärung des Zusammenhangs zwischen den Walensagen und dem Bergbau im sächsischen Erzgebirge steht noch aus. Dazu ist eine intensive, gebietsbezogene Forschung erforderlich. Betrachten wir deshalb die folgenden Sagen als einen besonderen Typ der Sage, der zur Abrundung des Sagenkreises über den Bergbau dazugehört.

Ein unerwartetes Wiedersehen

Ein Wale hatte lange Zeit bei einem armen Manne gewohnt, der sich immer möglichst dienstfertig gegen seinen Gast zeigte. Morgens war der Wale ausgezogen und erst gegen Abend wieder zurückgekehrt. Dabei hatte er immer kleine Säckchen mit Steinen mitgebracht. Diese nahm er dann auch, wenn er wieder heimreiste, mit in seine Heimat. Einst nahm er jedoch für immer von seinem Wirte Abschied. Er gab ihm einige Goldstücke. Auch sagte er, daß er wünsche, ihn oder seine Kinder einmal bei sich zu sehen.

Nun trug es sich später zu, daß einer seiner Söhne mit der kaiserlichen Armee nach Italien kam. In einem Treffen verwundet, mußte er den Abschied nehmen. Da er aber in der Nähe der Stadt Venedig war, bekam er Lust, diese Stadt zu sehen. Als er nun daselbst gegen Mittag anlangte und an einem Kanal stand, den er hinabgefahren wäre, wenn er nicht die Kosten gescheut hätte, kam ein vornehmer Herr. Dieser wollte sich übersetzen lassen. Er bemerkte den ausgedienten Soldaten, sah ihm scharf ins Gesicht und fragte ihn, ob er nicht aus dem sächsischen Erzgebirge sei und so und so heiße. Der Soldat bejahte die Fragen. Darauf nahm ihn der unbekannte Herr mit zu sich nach Hause. Hier fragte ihn dieser, ob er ihn nicht mehr kenne. »Nein«, antwortete der Soldat. »Nun, so will ich dir jemand bringen«, entgegnete er, »den du gewiß kennen wirst.« Dann ging er zum Zimmer hinaus. Nach einer Weile kam er in der alten zerrissenen Kleidung zurück, die er gewöhnlich auf seinen Reisen getragen hatte. Nun erkannte ihn auch der erstaunte Soldat. »Siehst du«, sagte jener, »dieses schöne Haus und ein ansehnliches Gut habe ich mir aus den Steinchen erworben, die ich in eurer Gegend aufgelesen habe.«

Er bewirtete den jungen Menschen aufs beste, ließ ihm Kleider machen und behielt ihn einige Wochen bei sich. Bei seiner Abreise schenkte er ihm für sich und seinen Vater einige hundert Taler. [8]

Wie ein Wale Böses mit Gutem vergilt

Die Walen scheinen sehr oft von guter Herkunft gewesen zu sein. So wird erzählt, daß ein sächsischer Edelmann einen solchen Walen häufig auf seinem Grund und Boden dabei ertappt habe, wie derselbe Erz suchte und wegschleppte. Er ermahnte ihn, damit aufzuhören. Er drohte ihm sogar mit Mißhandlungen. Da das aber alles nichts half, jagte er ihn schließlich mit Schlägen von seinem Gut.

Da trug es sich zu, daß er nach einigen Jahren während einer Reise auch nach Venedig kam. Da er sich daselbst längere Zeit aufhielt, erblickte ihn auch der von ihm geschlagene Wale. Derselbe versuchte nun, in Gesellschaft mit ihm zusammenzukommen. Als ihm dies endlich gelungen war, lud er ihn auch zu sich ein. Nachdem er ihn auf das Vortrefflichste bewirtet hatte, legte er die schlechten Kleider an, die er, als er in Sachsen war, getragen hatte. Damit trat er vor den Edelmann hin und fragte ihn, ob er den noch kenne, den er einst von seinem Gute mit Schlägen vertrieben habe. Jener besann sich auch und sagte, daß es ihm leid tue. Wenn er ihm damals gesagt hätte, wer er sei, würde er ihn auch besser behandelt haben. Schließlich sind sie als gute Freunde auseinandergegangen. [8]

Die Venetianer strafen den Verrat ihrer Geheimnisse

Nach Auffinden der Bergwerke zu Annaberg sind Walen oder Venetianer auch dahin gekommen. Sie sollen das reichhaltige Erz besser geschmolzen haben, als es die einheimischen Bergleute gekonnt hätten. Sie wollten aber das Geheimnis dieser Schmelzkunst für sich behalten. Als sich doch einer unter ihnen fand, der dieses Geheimnis den einheimischen Bergleuten preisgab, dingten sie einen Mörder, der nach Annaberg reiste und den Verräter tötete. Der Getötete hieß Johann Mengemeyer[14], und die Tat soll 1514 geschehen sein. [8]

Mord im Gemeindewald von Bärenstein

Im osterzgebirgischen Bärenstein haben oft fremde Männer die Halden, Bergrücken und umliegenden Felder nach Steinen durchsucht. Als einst ein Bärensteiner Bauer in der Nähe pflügte, sprach ein solcher Mann zu ihm: »Bäuerlein, wenn du wüßtest, was du für Reichtümer hast, du ließest deinen Pflug stehen. Du trittst deinen Reichtum mit Füßen.«

Ein Knabe hatte sich mit den Fremden angefreundet. Sie lehrten ihn die Steine kennen. Bei Eintritt des Winters nahmen sie ihn mit in ihre Heimat Italien. Daselbst schmolzen sie aus dem Gestein Gold und andere kostbare Metalle. Diese Kunst erlernte auch bald der Knabe. Als er jedoch alle Geheimnisse kannte, entfloh er. Er kehrte in seine Heimat zurück und ging der Goldsucherei auf eigene Faust nach.

Im nächsten Jahr kamen die Italiener wieder. Sie stellten sich freundlich zu ihrem einstigen Schützling und lockten ihn

nach dem Gemeindewald. Dort erstachen sie ihn auf einer Halde.

Seit dieser Zeit sind keine wertvollen Steine mehr gefunden worden. Auch ließen sich seitdem keine fremden Steinsammler mehr sehen. [13]

Das Verzaubern von Erzen

Die Walen sollen die Fähigkeit besessen haben, die Erze zu verzaubern oder zu vertun.

Dazu sollen sie ein Stück Holz von einem Sarge genommen und es an solche Orte, wo Körner, Erz oder sonst Metalle sind, eingeschlagen haben. Manchmal sollen sie es auch in einen in der Nähe stehenden Baum eingeschlagen haben. Niemand hat dann die Erze finden können, es sei denn, daß das Holz verfault oder herausgefallen wäre. Auch sollen sie Totenköpfe in die Brunnen und Erzgruben geworfen haben, die erst entfernt werden mußten, wenn man etwas finden wollte. Zuweilen sollen sie sogar einen bösen Geist dahin gebannt haben.

Gleichwohl gab es aber auch Mittel, um diesen Zauber aufzuheben. So wurde folgendes angegeben: »Kreuch dreymal rücklings vorne um das (verzauberte) Loch, wenn es nicht aufgethan, so ist's auf jener Seite verthan worden und so hast du es auf dieser Seite noch einmal verthan: So gehe und kreuch auf jener Seite sechsmal rücklings herum, so thust du jenes und deines auf, dann wirst du es recht finden, also kannst du auch alle anderen Sachen, die verthan sind, wieder aufmachen, sie mögen verzaubert sein, wie sie wollen.« [15]

"Der Senner" bei Breitenbrunn

Eines Tages hütete ein junger Bursche am Waldrand unweit des Goldseifenbächels bei Breitenbrunn seine Ziegen. Als es langsam Zeit wurde, heimwärts zu gehen, entdeckte der Bursche recht wunderliche Zeichen, die in die Rinde eines mächtigen Baumes eingeschnitten waren. Da er nun schon oft von den seltsamen Fremden, den Venedigern, und ihren geheimnisvollen Zeichen gehört hatte, besann er sich nicht lange. Er wollte das Geheimnis lösen. Hatte man doch auch erzählt, daß man die von den Fremden verzauberten Schätze durch einen Spruch von ihrem Bann befreien könne.

Doch scheint der Hirt nicht den richtigen Spruch angewandt zu haben. Denn noch heute zeigt sich dieser Senner dort im Felde. Vor- und rückwärtsgehend sucht er noch immer nach der verzauberten Öffnung des Berges. Den Ort aber nennt der Volksmund »Der Senner«.

Eine später daselbst angelegte Zeche, Der obere Heinrichsstolln, brachte nur wenig Ausbeute. [54]

Das stumme Männlein bei Breitenbrunn

Hinter dem Zechenhübel am »Eisenstübel« begegneten Pilzsucher öfter einem stummen Männlein, das gegen das Breitenhofer Tal in den felsigen Waldabteilungen 144/146 und 47 wieder verschwindet.

Dort, so erzählt man, könnte man einen Baumstumpf finden, der mit lauter goldenen Zwecken beschlagen sei. Der Finder desselben soll jedoch keinen Nutzen davon haben. Denn er wird von wilder Habgier erfaßt, die ihn in den Untergang treibt.

Manche meinen, daß das stumme Männlein ein Venediger sei. [54]

Nächtliches Treiben bei Breitenbrunn

Im Grubenfeld auf dem Forstfelde, nicht weit vom Schützenhaus, sahen die Bewohner des Nachts beim Vollmondschein bei der Weidmann- und Maximilianzeche kleine, zwergähnliche Männlein emsig und geschäftig durcheinanderlaufen.

Die Sage verschweigt jedoch den Grund und den Erfolg ihres Tuns. Einige der Erzähler bringen sie jedoch mit den Venedigern in Verbindung. [54]

Das goldene Lamm

Im Dorfe Fürstenwalde bei Lauenstein lebte vor langer Zeit ein Häusler namens Bär, bei dem seit vielen Jahren ein Fremder, angeblich Italiener, einkehrte. Er hielt sich immer einige Wochen bei ihm auf und suchte in dem Flußbette der Müglitz, in der Gegend von Kratzhammer abwärts bis an das sogenannte Löwenbrückchen, Goldkörner und im Schlottwitzgrunde edle Steine. Seine Bemühungen wurden jedesmal von reichem Erfolge gelohnt. Auch bezahlte er seinem Wirte immer reichlich. Einmal sagte er aber bei seiner Abreise, daß er nun nicht wieder hierherkommen werde, wohl möge ihn aber Bär in seiner Heimat besuchen. Es werde sich Gelegenheit dazu finden.

Nach etwas mehr als einem Jahr erhält nun Bär von seinem früheren Gaste die Nachricht, er solle nach Teplitz[15] kommen und sich daselbst auf der Post melden. Für sein Fortkommen und seine Beköstigung sei gesorgt. Bär macht sich auch auf den Weg, findet alles wie angegeben und gelangt endlich auch in den Wohnort seines Freundes. Da er jedoch der Sprache nicht kundig ist, hat er große Mühe, die Gasse und das Haus zu finden, wo sein Gastfreund wohnen sollte. Als er nach langem Suchen das Haus endlich gefunden hat, erscheint es ihm weit größer und prächtiger als gedacht. Er tritt jedoch ein, um sich zu erkundigen. Weil er aber in seiner schlechten und gewöhnlichen Kleidung ist, wird er von einem ihm entgegenkommenden Bediensteten, der ihn für einen Bettler hält, aus dem Hause gewiesen. Wie er nun nicht weiß, was er anfangen soll, hört er auf einmal aus dem Hause eine bekannte Stimme rufen: »Vater Bär, bist du's?« Gleich darauf erscheint auch zu seiner großen Freude sein alter Freund. Dieser nimmt ihn sehr gut auf. Allein Bär kann sich lange Zeit mitten unter der Pracht und Herrlichkeit, die ihn umgibt, gar nicht zurechtfinden. Endlich führt ihn der Wirt, als sich Bär zum Abschied anschickt, in ein Kabinett, welches seine Schätze enthält. Er bittet Bär, unter mehreren dort ausgestellten, aus reinstem Golde gegossenen Figuren sich eine zum Andenken mitzunehmen. Sie seien alle aus den Goldkörnchen, die er in seiner Heimat gesammelt habe. Bär wählt nach langem Zureden ein goldenes Lamm aus und langt damit sowie mit einer kleinen Summe Geldes, welche ihm sein Freund noch aufgedrungen hat, glücklich wieder in seiner Heimat an.

Die Kunde von diesem goldenen Lamm gelangte bald zu dem damaligen Herrn von Lauenstein und durch diesen wieder an den Kurfürsten. Dieser veranlaßte Bär durch Zusage einer kleinen jährlichen Leibrente, ihm dieses ebenso kostbare wie kunstreich gearbeitete Stück abzutreten. Es soll in die kurfürstliche Kunstkammer gekommen sein. Daselbst scheint es jedoch verlustig gegangen zu sein. [8]

Venediger am Lautenbach bei Lengefeld

Vor vielen Jahrhunderten war auch der Lautenbach bei Lengefeld mit seinen Zuflüssen, von denen heute noch einer Goldbach heißt, Ziel der Venediger. Sie suchten daselbst heimlich nach Gold und Edelsteinen, um die Funde sodann in ihre Heimat zu bringen. In einem der geheimnisvollen Walenbücher heißt es:

»Gehe zu Lengefeld beim Schaller am Bach, dort findest du Goldkörner, die lassen sich flötzschen, auch gibt es Flammengold in etlichen Brunnen.«

Daß die Venediger nicht immer ungestraft die Schätze des Erzgebirges heimschleppen konnten, beweist eine uralte Schrift, in der es heißt:

»Lengefeld, etwa 3,5 Meilen von Annaberg entfernt. Hier befindet sich der bekannte Goldbrunnen, wo Venediger Granatsteine gesammelt haben, dabei ertappt und im Lautersteinischen Amt arrestiert wurden.« [54]

Venediger in Marienberg

Einst suchten in der Gegend um Marienberg drei Brüder, die aus Venedig gekommen waren, nach edlen Steinen und Metallen. Doch je mehr sich die Funde mehrten, desto stärker fraßen sich auch Haß und Neid in das Herz des ältesten Bruders. Sollte er denn all die zusammengetragenen Reichtümer mit seinen Brüdern teilen?

Als ihm gar in einer finsteren Nacht der Berggeist einflüsterte, seine Brüder zu erschlagen, um in den alleinigen Besitz der Schätze zu kommen, war es mit seiner Ruhe dahin. Schließlich führte er in einer stürmischen Nacht die ruchlose Tat an der Stelle aus, wo sie die meisten Schätze gefunden hatten.

Doch als er seine beiden Brüder tot liegen sah, ward ihm mit Schrecken gewahr, was er angerichtet hatte. Voller

Grauen verließ er den unheilvollen Ort, und kein Mensch hat ihn je wieder gesehen.

Die Stelle, an der der Mord geschah, wurde vom Volk daraufhin die Dreibrüderhöhe[16] genannt. [54]

Die Goldstampfe am Borlasbache

Wenn man vom Weißeritzwehr an der großen Rabenauer Mühle den Fluß aufwärts geht, gelangt man bald an ein munteres Bächlein, das von Borlas herabkommt und sich in die Weißeritz ergießt. Abermals wenige Schritte flußaufwärts steht ein großer Felskegel, künstlich abgetrennt, um der Eisenbahn einen Durchgang zu schaffen.

An der Spitze des Kegels kann man bei aufmerksamer Beobachtung den Rest einer Aushöhlung erkennen, die folgendermaßen entstanden sein soll:

Vor vielen hundert Jahren kamen in Zwischenräumen, wenn die Goldkörner in der nahen Weißeritz reif geworden waren, Walen in diese Gegend. Sie schafften den Sand aus dem am Fuße des Felsens befindlichen Weißeritzheger hinauf auf diesen Felsen. Dort stampften sie ihn in diesem Loche mit Wasser, bis die Goldkörner sich vom Sande sonderten und von ihnen ausgelesen werden konnten. Durch das Stampfen war nach und nach ein Loch entstanden, in dem wohl ein Mann bis an den Gürtel stehen konnte. [15]

Venetianer auf dem Emmler

Auf einer Seite des Emmlerweges in Schwarzenberg befindet sich ein verlassener Stolln, in dem nicht weit von seinem

Mundloch entfernt sonderbare alte Zeichen in die Stollnwand eingehauen worden waren.

Man sagt, daß Venetianer jene Merkzeichen in den Fels gehauen haben. Damit kennzeichneten sie einen Gold- oder Edelsteinfundort. [10]

Die Walen in Werdau

Wie ältere Leute nach der Überlieferung der Väter erzählten, durchsuchten in früheren Zeiten öfters armselig gekleidete Leute aus Italien, die man Walen nannte, das Flußbett der Pleiße nach glänzenden, glatten Steinen. Die Lebensweise dieser Leute zeugte von größter Armut. Ihre Funde verbargen sie vorsichtig und geheimnisvoll.

Ein Werdauer Handwerksbursche soll nun einst auf einer Wanderschaft diese Steinsucher in Venedig getroffen haben. Hier freilich trugen sie prächtige Kleider, wohnten in vornehmen Häusern und wollten den einfachen Gesellen aus Werdau nicht kennen. [19]

Die Krumbholtz-Männer

Es wird berichtet, daß vor vielen Jahren die edlen Geschiebe der Zschopau von den Krumbholtz-Männern gesammelt und weggetragen worden seien.

Dies seien Wallonen oder Ungarn gewesen, die so genannt wurden, weil sie mit Krumbholtz-Oel hausieren gingen. [25]

Der rätselhafte Bachstein in Wittigsthal

Als man ab 1899 die Bahn Johanngeorgenstadt–Karlsbad[17] baute, wurde, um das Schwarzwasser tiefer zu legen, das Flußbett in der Nähe des Huthauses St. Georg durch Schachtarbeiten um etwa zwei Meter vertieft. Dabei kam u. a. auch ein Bachstein mit einer rätselhaften Inschrift zum Vorschein. Auf seiner Oberfläche waren folgende Zeichen eingemeißelt:

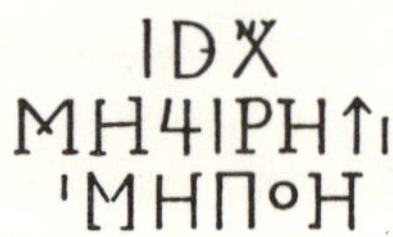

Die Auffindung des Steins, der damals mit nach Schönheide geschafft worden sein soll, gab zu allerhand Vermutungen Anlaß.

So behaupteten manche Leute, daß dieser Stein mit seiner rätselhaften Inschrift mit den venetianischen Goldsuchern zusammenhinge, die vor Jahrhunderten das Erzgebirge bereisten. Diese hätten die Stellen, wo Gold und Edelsteine zu finden waren, angemerkt und in Büchern verzeichnet. Damit sie aber den Ort wiederfänden, haben sie bestimmte Zeichen in den Felsen gemeißelt. [10]

Der Venetianer in Wittigsthal

Ein Venetianer war auch nach Wittigsthal gekommen. Einst blickte er von seinem Fenster auf den Hammerberg und sagte dabei zu seinem Wirte, auf die Schätze im Innern des Berges weisend: »In ihm liegt noch ein Königreich!« [10]

Aus den Walenbüchern

Nachstehend seien einige Kostproben aus den bekanntgewordenen Walenbüchern angeführt, soweit sich diese auf das Erzgebirge beziehen.

»Im Tharandischen Walde liegen Erz- und Kupfergänge so reich an Gold und Silber, daß es nicht zu beschreiben. Wenn man von Höckendorf geht, darunter liegt ein Bergwerk, ist so reich an Silber, daß vor viel tausend Taler daraus genommen worden. Nicht weit davon liegt der graue Stollen, da fließet die Weißeritz, über dem Wasser nach dem Tharandischen Walde, dem Berg hinauf liegt ein reiches Bergwerk, darinnen Rothgülden- und Glaserz am Bruche stehet, auch bereits das Wahrzeichen an einem Baume zu finden, eine spitze Keulhaue und unter dem Baume ein großer Stein, darauf drey Kreuze gehauen. Weiter hinauf in dem Walde wird man mehr Zeichen an Bäumen finden, und mitten durch die Bäume streicht ein sehr mächtiger Kupfergang einer Ellen breit, und liegt der ganze Mann da, nach dem Wasser der halbe Teil, der Arm nach Freiberg, und das ganze Korpus liegt nach dem Tharander Walde, wie die Zeichen vermelden.«

»Zu Höckendorf, wo das Silber-Bergwerk ist, welches aber durch Gottes Strafe wegen Übermuths überschwemmt ist, hat ein Bauer 1 600 gediegen Silber ausgeackert.«

»Bei Dippolswald ist ein Dorff, das heißt Rotenbach, davon eine Meile bricht guter gelber Kieß, der ist sehr gut.«

»Henichen (Hainichen), ein Städtlein 2 Meilen von Freyberg, darbey liegt ein Dorff, heißt Machern, alldar ist ein Waschwerk von guten Körnern und Gold; liegt nicht weit von Ottendorf an der Waldeck, da man durch den Wald gehet.«

»Bey der Zella in dem Wald bey Sibeln (Siebenlehn) und Nossen an der Mulda gelegen, da liegt gut Ertz und ein guter blauer Schiefer.«

»Bey Frauenstein ist ein Fluß gelegen, 2 Meilen etwa von Soda (Sayda?), bey einem Gerichte, da findest du zween Wege, einen zur rechten, den anderen zur linken Hand, da gehe den Rasenweg fort, derselbe führt dich an einen Steig, dem folge nach, so kömmst du an ein Wasser, die Grimnitz (Gimlitz?) genandt, gehe daran wohl hinauff und zwart zur rechten Seite desselben, so kömmst du an einen alten Graben, da vorzeiten eine Mühle gestanden, folge demselben abermals nach, so kommest du an einen Fluß, darinnen Forellen sind, der führet Körner, die sind wie natürlich Gold, und habe ich Hieronymus Weigard Hauß und Hoff davon erbauet. NB. Wenn die Körner naß sind, sehen sie schwärtzlich aus. Gehe von dar weiter die Grimnitz hinabwärts, bis du zu einem Steige kommest, gehe aber nicht darüber, sondern den Weg, der da das Holtz herab gehet, so kömmest du wieder an einen Fluß, dem folge nach, so kommest du an ein Brüchig, wasche dar, so findest du schwartze Körner, die ich nicht genugsam verloben kan, ihres Nutzens wegen. Darnach gehe über die Grimnitz zurück auff eine halbe Meile Wegs, da wirst du an einen großen Berg kommen, nahe bei einem Dorff, Liechtenberg genannt, da findest du gegen das Dorff am Berge weiße Letten, so sehr gut abzutreiben ist.«

»Bey Marienberg zwischen dem Olbernhause und Katternberg bricht ein spißiger Marcasith in einem schwartzen Schiefer.«

»Bey Zwickau liegt ein Dorff, heist Rotenbach, daselbst soll ein Bach seyn, welcher Gold und Silber-Granatenstein führet.

Item bey einem anderen Dorff, so eine Meile von Zwickau lieget, Nahmens Hartmanns Grüen, findet man auch Körner, die sich fletschen lassen.

Item zur Neumarck anderthalb Meilweges von Zwickau ist ein gut Gold-Seiffen, und bricht auch Silber und Antimonium daherum.«

»Wenn du kommest gegen Dürresbach oder Auerbach, frage nach dem Fluß-Maul oder Fletschmaul, darnach Eibenstock, allda frage nach dem Gold-Brunnen, darinnen sichere und suche, so findest du schwartze Körner, deren 1 Pfund 14 biß 18 fl. gilt. Diese Gelegenheit ist eine Meile vom Schneeberg, und kannst du in einem Tage 1 biß 2 Pfund waschen.«

»Auffm Schneeberg frage nach dem Schloß Wiesenburg, dabey fleust ein Wasser hinweg, an diesem gehe aufwerts fort biß du kommst dem Schafstall gleich, daselbst stehet ein Teich, über diesem Teich suche in dem Wässerlein, so wirst du viel und gute reichhaltige Gold-Körner darinnen finden, welche dir die Mühe wohl belohnen werden.«

»Zwischen Krohenzahl (Cranzahl) und Breßnitz fleuset ein Wasser, darüber gehet ein Brücklein und nicht weit davon stehet ein großer Baum mit einem krummen Ast, als ein Arm, da findet man schwartze Körner, die man auff einem Amboß breit schlagen kann.«

»Auff Satzunge gegen Konnetur (Chomutov?) nicht weit von einem Wege, da stehet eine Stein-Tanne, auf welcher Wurtzel ein Zeichen eingeschnitten ist. Nicht weit davon soll ein Wässerlein fließen, und um die Tanne ist eine Grube, in welcher ein schöner goldhaltiger Marcasith bricht.«

»Ein Fluß ist gelegen an Wolkenstein, da frage nach St. Annaberg. Wenn du mitten in das Dorf kömmst, so gehe hernach eine Höhe auf die linke Hand auf einem guthen Wege, so wirst du sehen vor dir ein schwarz Holz, da verlass den Weg und gehe gleich nach dem Holze, so findest du vor dem Holze stehen eine Tannen allein bei einem Haselstrauche, so gehe der Tannen gleich wohl eine Viertel Weges, so kömmst du an einen guten Fluß, der trägt gute Granaten und Amethisten und gleichwohl auch Körner wie ein Eisenstein, dieselben Körner halten Rheinisch Gold. Bei der Haarwiesen daselbst findet man auch Goldkörner, die sich fletschen lassen und sehr gut sind.«

»Bey dem Kohlstein bei Zwickau da liegt groß Ertz von Kieß und Glanz, dahinter bey der Gabel ist ein Hammerschmied, heißt Morgenstern, der weiß guth Ertz und einen guthen Stolln, darinnen die Wahlen gebaut haben, sind gelbe Zäpfe, darin als halbe Lingen, inwendig hohl, die lassen sich fletschen und ist der Gang eines Tisches breit.« [8, 15]

Über den Niedergang des Bergbaus

Die tatsächlichen Ursachen für den Niedergang des Bergbaus blieben den Menschen in den vergangenen Jahrhunderten oft verborgen. Es ist deshalb nicht verwunderlich, daß sie diese Ereignisse nach ihren eigenen Vorstellungen deuteten. So wurde das plötzliche Ausbleiben des Bergsegens oft als Strafe für Hartherzigkeit, falschen Schwur oder gar Mord angesehen. In der Regel war dabei der Niedergang des Bergbaus in den Augen der einfachen Menschen eine übernatürliche Korrektur irdischer Mißstände und entsprach dem Gerechtigkeitsempfinden des Volkes. In diesem Zusammenhang sei auch auf die Verarmung vordem sehr reicher Bergherren verwiesen.

Wie aber sind die Ereignisse auf der Mordgrube in Freiberg zu deuten? Hier sind es einfache Menschen, die von der Erde »verschlungen« werden. Bei dieser Sage ist das tragende Motiv die nicht erwiesene Ehrbezeugung gegenüber der von einem Priester vorbeigetragenen Monstranz, dem Schaugefäß für die Hostie. Somit liegt die Vermutung nahe, daß der im Jahre 1350 eingetretene Bruch des Bergwerks vor den Toren Freibergs von der Kirche gezielt dazu benutzt wurde, die Darstellung des grausigen Geschehens mit der Nichtbeachtung der Monstranz in Verbindung zu bringen und auf diese Weise das Volk zur Einhaltung der kirchlichen Verhaltensgebote zu ermahnen.

Aus den weiteren Sagen dieses Abschnittes ist ersichtlich, daß es zur damaligen Zeit in der Meinung des Volkes noch andere Gründe für den Niedergang des Bergbaus gab, wie z. B. Verwünschungen und persönliche Racheakte. Auch der Berggeist spielte hier eine entscheidende Rolle. Darauf wurde in dem Abschnitt über den Berggeist bereits hingewiesen.

Mit dem Niedergang des Bergbaus war die Notwendigkeit der Entwicklung neuer Erwerbsmöglichkeiten im Erzgebirge verbunden.

Als Beispiel dafür ist in der vorliegenden Sammlung die Überlieferung von der Erfindung des »blauen Wunders«, eines Farbpigments, enthalten. Doch vermochte all dies in den vergangenen Zeiten kaum die große Not der Bergleute zu mildern. Zwar kommt in diesen Sagen nicht unmittelbar zum Ausdruck, welche Folgen der Niedergang des Bergbaus für die Menschen im sächsischen Erzgebirge hatte. Doch ist die Not, die in den Sagen der anderen Abschnitte dieses Buches sehr oft deutlich wird, in der Regel unmittelbar mit dieser Entwicklung verbunden.

Bei einigen der Sagen über den Niedergang des Bergbaus ist bemerkenswert, daß sich in der Vorstellungswelt vergangener Generationen der Glaube an eine unermeßliche Ergiebigkeit des Bergbaus erhielt. Genau wie in den an Burgen und Klöster gebundenen Sagen von verborgenen Schätzen nahm man an, daß von dem ursprünglichen Reichtum doch zumindest noch ein Rest an bisher nicht zugänglichen Stellen vorhanden sein müsse. Oft kommt dies in dem Glauben an das Wiederaufblühen des Bergbaus deutlich zum Ausdruck.

Inwieweit dieser Glaube teilweise auch bewußt von sogenannten Kux-Kränzlern im Interesse betrügerischer Spekulationen gesteuert wurde, ist heute in den meisten Fällen nicht mehr feststellbar, zumal der älteste Bergbau nicht auf Grubenrissen dokumentiert war. Auf alle Fälle konnte man aber mit derartigen Gerüchten sicherlich den Preis der Kuxe beeinflussen.

All diesen Sagen und Überlieferungen kann dennoch

eine ganze Reihe geschichtlich interessanter Einzelheiten entnommen werden. Doch muß man sich – wie übrigens bei jeder Sage – davor hüten, historische oder naturwissenschaftliche Exaktheit unterstellen zu wollen. Entsprechende wissenschaftliche Quellen können auch andere Aussagen liefern bzw. neuere Forschungen zu abweichenden Ergebnissen führen. Letzteres betrifft beispielsweise den Bergbau in Frankenbergs Umgebung. Neuere regionalgeschichtliche Forschungen und Funde lassen den Schluß zu, daß der Bergbau daselbst nicht vor der 2. Hälfte des 13. Jahrhunderts begonnen wurde. Oftmals widerspiegeln die Sagen aber auch, daß man in späteren Zeiten mit besserer Technik die vordem nicht zu bewältigenden Probleme beherrschen lernte und dadurch in größere Tiefen vordringen bzw. vordem nicht abbauwürdige Lagerstätten nutzen konnte. Und hat nicht auch die in der zweiten Hälfte des 15. Jahrhunderts einsetzende neue Blüte des Bergbaus im sächsischen Erzgebirge dessen ersten Höhepunkt weit übertroffen?

Schon frühzeitig soll in Frankenbergs Umgebung der Bergbau entstanden sein. Der Überlieferung nach sei die älteste Grube schon 922, nach anderen 928, in Biensdorf entstanden. Daselbst sei gewachsenes Silber und gediegenes Kupfer zutage getreten.

Auch auf dem Treppenhauer sollen bereits zur Zeit Heinreich I., 922 oder 927, die ersten Schürfversuche gemacht worden sein. In den folgenden Jahren erreichten auf dem Treppenhauer einige Gruben eine solche Tiefe, daß allein 250 Knechte zur Hebung des Wassers nötig gewesen seien.

1002 sei der Bergbau in Zschöppichen, 1004 in Schönborn, 1036 in Lichtenau, 1054 in Grumbach, 1137 in Neudörfchen und 1247 in Merzdorf begonnen worden. Man fand hauptsächlich Silber, Blei und Kupfer, daneben auch Eisen, Zinn, Kobalt, Nickel, Antimon, Mangan und Arsen.

Von 922 bis 1640 sollen im ganzen Mittweidaer Bezirk 79 Gruben bebaut worden sein. Nach anderen Angaben sollen es von 927 bis 1682 siebenundachtzig Gruben gewesen sein.

Bis zum 15. Jahrhundert sollen die Bergwerke eine reiche Ausbeute gegeben haben. Als aber zu Beginn des 15. Jahrhunderts der Betrieb auf dem Treppenhauer eindringender Wassermassen und einer großen Seuche wegen eingestellt werden mußte und gegen Ende des Jahrhunderts der Silberreichtum des oberen Erzgebirges erschlossen ward, ging der Bergbau in Frankenbergs Umgebung bedeutend zurück. Im Volke blieb aber der Glaube an die reichen Schätze des Treppenhauers noch lange Zeit lebendig. So riet Ende des 17. Jahrhunderts, als wieder mit dem Bergbau begonnen werden sollte, der damals älteste Bewohner Sachsenburgs, daß man sogar die Kühe im Stall verkaufen solle, um dadurch die Mittel zum erneuten Betrieb der reichen Gruben zu erhalten. [4]

Die Mordgrube zu Freiberg

Als um die Mitte des 14. Jahrhunderts der Bergbau in Freiberg in höchster Blüte stand, war es üblich, daß an Feiertagen bei den Zechenhäusern die Bergleute zusammenkamen und dabei auch tanzten. Als einst im Jahre 1350 bei einer berühmten Zeche zwischen Berthelsdorf und Erbisdorf ein solch öffentlicher Reigentanz gehalten wurde, ging gerade ein katholischer Priester mit einer Monstranz vorüber, um einem Kranken die Beichte abzunehmen. Obwohl nun der Glöckner das gewöhnliche Zeichen mit dem Glöckchen gab, hat keiner der Tanzenden und Zuschauer darauf geachtet. Lediglich der Fiedler, der zum Tanz aufspielte, beugte die Knie, um dem heiligen Sakrament die Ehre zu erweisen. Da hat sich alsbald die Erde aufgetan und die gesamte Gesellschaft lebendig verschlungen. Nur der Fiedler konnte sich auf einem kleinen Hügel so lange halten, bis man ihm zu Hilfe kam. Dann aber ist der Hügel auch eingesunken, so daß man weder Tänzer noch Tänzerinnen wieder gesehen hat.

Seit dieser Zeit hat sich aber an diesem Orte nie wieder irgendein nützlicher Bau vornehmen lassen. Auch hat man weder die Versunkenen noch den Schmuck, den sie bei sich hatten, wieder erlangen und retten können. Obwohl man oft danach gegraben hat und auch sonst viel Mühe deswegen anwandte, ist doch alles, was man tags bewältigte, nachts wieder eingegangen. Deswegen hat die Grube den Namen Mordgrube erhalten.

Vor Zeiten ist das Ereignis in der Kirche zu Erbisdorf dargestellt gewesen. Auch hat man im Jahre 1490 an der Stelle jenes Ereignisses noch ein gewaltiges rundes Loch, so groß wie der halbe Markt zu Freiberg, sehen können. [8]

Das Berggebäude Turmhof bei Freiberg

Vor einigen Jahrhunderten war das Berggebäude Turmhof gangbar, das damals noch vor den Toren der Stadt Freiberg lag. Es soll in dieser Zeit zu den hervorragendsten seiner Art gehört haben. Seine Anfänge reichen wahrscheinlich bis in die Zeit der Gründung Freibergs zurück. Aber auch die Tage dieser Grube waren gezählt, denn schon vor vielen Jahren kam sie zum Erliegen. Die Ausbeute der Gewerken verwandelte sich in Zubuße. Über das Erliegen des Berggebäudes Turmhof berichtet die Sage folgendes:

Eine wichtige Person in der Grube war der Kunststeiger Heinrich. Er verstand das Maschinenwesen wie kein anderer. Das wußte er aber auch und ließ sich deshalb von niemandem in sein Fach hineinreden, nicht einmal von seinem Vorgesetzten, dem Obersteiger. Deshalb gab es auch manche Zwistigkeiten zwischen den beiden. Mit der Zeit hatte sich sogar eine Feindschaft herausgebildet, die namentlich dem Obersteiger seine Stellung sehr verleidete. Der Kunststeiger war aber auch bei den anderen bekannt und gefürchtet wegen seines abstoßenden Charakters. Neid, Habsucht, Rachetrieb, Streitsucht – namentlich beim Kartenspiel, dem er absonderlich zugetan war – und sonstige üble Eigenschaften hafteten

ihm an und brachten ihn fortwährend in Händel mit seiner Umgebung. Auch erzählte man sich von ihm, daß er einen Pakt mit dem Teufel geschlossen habe.

Dieser Kunststeiger hatte nun einen Sohn mit Namen Veit, ein munterer, freundlicher und friedlicher Jüngling. Er hatte ein braves, rechtschaffenes Herz. Auch er gehörte dem Bergmannsstande an und befuhr die gleiche Grube. Sein Vater, obgleich ein rauher und harter Mann, war ihm mit wahrhaft abgöttischer Liebe zugetan.

Auch der Obersteiger Gebhardt vom Turmhof hatte ein Kind. Es war die vielumworbene, hübsche Johanna. Aber alle Bemühungen um ihre Hand wurden von ihr zurückgewiesen, denn sie hatte sich bereits mit des Kunststeigers Sohn Veit heimlich verlobt. Sobald letzterer die ihm verheißene Anstellung als Untersteiger erhalten haben würde, wollten sie Hochzeit machen. Sie hofften, daß ihre Väter, die Mütter waren bereits gestorben, nichts dagegen hätten. Der Obersteiger erfuhr auch sehr bald aus dem Munde seiner Tochter, wie die Sache stand. Seine Bedenken wurden durch die Tränen und Bitten der Tochter und im Hinblick auf Veits bergmännische Tüchtigkeit und untadelige Lebensführung endlich beseitigt.

Anders war es bei dem Kunststeiger Heinrich. Derselbe grollte nach wie vor mit dem Obersteiger und trachtete danach, ihm Schaden zuzufügen. Dazu sollte ihm das unlängst mit dem Teufel geschlossene Bündnis helfen. Für die Dienste welche ihm letzterer zu gewähren versprochen hatte, sollte ihm Heinrich alljährlich die Seele eines Menschen liefern. Es sollte immer derjenige sein, der am letzten Tage des Jahres der letzte beim Ausfahren aus der Grube Turmhof wäre.

Wieder war der letzte Tag des Jahres herangekommen, an dem nach dem Vertrage die Verpflichtung durch den Kunststeiger eingelöst werden sollte. Die gesamte Mannschaft war auf der Fahrt. Der Obersteiger war durch den Kunststeiger durch irgendeinen Vorwand in der Grube zurückgehalten worden. Jetzt kamen sie zum Schacht. Da bestieg der Kunststeiger schnell die Fahrt und gab vor, dem Obersteiger beim Hinausfahren das Öffnen des Schachtdeckels ersparen zu wollen. So war der Obersteiger der letzte beim Ausfahren.

Der Himmel aber fügte es, daß der Kunststeiger dennoch eine falsche Rechnung gemacht hatte. Sein eigener Sohn Veit war, unbemerkt von ihm, noch in der Grube zurückgeblieben. So kam nun dieser als letzter zum Ausfahren. Aber er hat das Tageslicht nicht mehr gesehen, und keines Menschen Auge erblickte den Unglücklichen jemals wieder. Der Teufel lauerte seinem Opfer auf und stürzte es rücklings in die grausige Tiefe.

Als der Kunststeiger seinen Feind, den Obersteiger Gebhardt, rüstig und ohne Gefahr Sprosse um Sprosse hinter sich herfahren sah, wunderte er sich, daß der Satan sich nicht des letzteren bemächtigte. Mit Unwillen und Staunen bemerkte er, daß sein Widersacher unbeschädigt nach ihm die Schachtkaue betrat. Als er daraufhin mit düster forschendem Blick die Mannschaft überschaute und unter ihr seinen eigenen Sohn vermißte, fiel es ihm wie Schuppen von den Augen. Der Teufel hatte ihn um das Liebste betrogen. Bewußtlos sank er zusammen.

Die Abwesenheit Veits war bald bemerkt worden, man wunderte sich über sein Ausbleiben. Da erhob sich der wieder erwachte Kunststeiger mit irrem Blick. Hastig schrie er: »Ich will sehen, wo mein Sohn geblieben ist!« Dann fuhr er zurück in die Grube. »Niemand folge mir, dem sein Leben lieb ist!« herrschte er die Knappen an, die ihm helfen wollten.

Die Knappen gehorchten und lauschten nur hinab in die Tiefe. Da erscholl es drunten wie von mächtigen Axthieben. Bald darauf vernahm man ein entsetzliches Geprassel. Erschrocken flohen die Leute, denn sie befürchteten den alsbaldigen Einbruch des Schachtes. Sie hatten sich auch nicht getäuscht. Der Kunststeiger zerhieb mit der Axt die Kunstgestänge und zerstörte die Gerinne, in denen das starke Aufschlagwasser zum Umtrieb des Kunstrades über den Schacht geleitet wurde. Die ganze Wassermasse ergoß sich daraufhin in die Tiefbaue, so daß alsbald die gesamte Grube ersoff. In den wild hereinstürzenden Gewässern hat der Kunststeiger seinen Tod gefunden. Der Teufel verpaßte aber seine Zeit nicht. Er hat ihn drunten geholt.

Des Obersteigers Tochter Johanna verfiel infolge dieses Ereignisses in ein hitziges Fieber, an welchem sie lange in

Lebensgefahr darniederlag. Die Jugend half ihr aber, die Krankheit zu überwinden. Aber sie war und blieb für immer tiefsinnig. So trat sie in das in der Sächsstadt zu Freiberg gelegene Jungfrauenkloster zur heiligen Maria Magdalena ein. Erst als dasselbe infolge der Reformation aufgelöst wurde, verließ sie es wieder.

Die Grube Turmhof kam nach jenen unglücklichen Ereignissen zum Erliegen, denn wo der Teufel gehaust hat, kann kein Segen aufkommen. [15]

Wie aus der Glückszeche die Flehzeche wurde

In Grünhain wurde während des Dreißigjährigen Krieges nach Silbererz gegraben. Es wurde aber kein ordentlicher Bergbau, sondern Raubbau betrieben. Insbesondere kümmerte man sich nur dürftig um die Sicherungsmaßnahmen für die Bergleute. Man hatte ja zudem ein bequemes Mittel gefunden, um die Gefahren beim Bergbau abzuwenden. Das waren die Schutzbriefe, die die Witwe Otthen, eine weise Frau, schrieb. Noch nie war sie so überlaufen worden wie in diesen Zeiten.

Alle um den Spiegelwald glaubten an die geheime Kraft der Schutzbriefe. Nur der eigene Sohn der Otthen, ein junger Häuer, bildete wohl die einzige Ausnahme.

Wieder einmal hatte sich das Frühjahr mit plötzlichem Tauwetter angemeldet. Den Häuersteig herab hatte sich eine tiefe Rinne gebildet, in der das Wasser zu Tale schoß. Im Schachte selbst quoll es durch die morschen Wandruten, rann es an der Zimmerung herab.

Als sich der junge Häuer zur Schicht fertig machte, steckte

ihm seine Mutter, die ein böser Traum erschreckt hatte, heimlich einen Schutzbrief zu. Auf dem Wege zur Glückszeche entdeckte er jedoch den Brief, knitterte ihn zusammen und warf ihn weg.

Es mochte kaum die Hälfte der Schicht vorüber gewesen sein, da klopfte es dreimal am Gebälk, als wenn jemand das Zeichen zur Ausfahrt gäbe. Die Haspelknechte guckten sich verwundert an und traten vorsichtshalber von der Bühne herunter. Der Förderjunge ließ sein Schlepp im Stich, gab das Klopfzeichen weiter, wie er es gewohnt war, und kletterte nach oben. Die Häuer folgten ihm besorgt, um zu erfahren, was los sei. Nur einer blieb vor Ort, der junge Otth. Er hatte an seinem Lichte nachgeprüft, daß kaum die Hälfte der Schicht vorüber sei. »Wieder einmal so ein nichtsnutziger Kobold, der mich irre machen will«, dachte er für sich.

Mit einem Male erzitterte jedoch die Zimmerung, und plötzlich brach das gesamte Gebälk zusammen. Erst sank die Bühne mit der Haspel in die Tiefe, hintendrein folgte mit Gepolter das Schachthäuschen. Dann war es unheimlich still. Als die Bergleute nachsahen, ob alle da seien, merkten sie, daß der Häuer Otth fehlte.

Inzwischen kam auch die gesamte Siedeltrift zum Bergwerk gelaufen. Allen voran eilte Mutter Otthen. Als ihr unterwegs der Wind den zerknitterten Schutzbrief zutrieb, war ihr alles klar.

Drei Tage und drei Nächte hat die unglückliche Mutter die Hände gerungen und Gott um Erbarmen angefleht. Es war jedoch umsonst. Grollend nahm sie ein Maß voll Erbsen, ließ sie der Reihe nach in den Unglücksschacht kollern und verfluchte die Stelle: »Soviel Erbsen ich hineingeschüttet habe, soviel hundert Jahre sollst du und mit dir der ganze Spiegelwald unedel sein!«

So geschah es auch, und seitdem heißt die ehemalige Glückszeche im Volk die Flehzeche. [10]

Der Untergang der Höckendorfer Silberbergwerke

Einst gab der Höckendorfer Bergbau, besonders das aus acht zusammengeschlagenen Zechen bestehende Berggebäude Edle Krone, ungewöhnlich reiche Ausbeute an Silber. Bisweilen fand man auch hier und in der nahen Gegend Gold in Stockwerken. Mehrere Stellen alter Grubenrisse sind mit dem Ausdruck: »Das ist der rechte silberne Mandelbaum« bezeichnet.

Die Herren von Theler wurden aber infolge dieses Silberreichtums sehr übermütig. Ein Conrad von Theler ließ wie seine Vorfahren den Pferden silberne Hufe aufschlagen. Auch streute er, wo er ritt, Geld aus. Doch verbot er seinen Untertanen, dieses sowie ein etwa verlorengegangenes Hufeisen aufzuheben. Man sollte sehen, wo die Theler geritten sind.

Dieser Theler soll nun am 9. Sonntag nach Trinitatis, am 25. August 1557, um es in seinem Hochmut dem Herzog Albrecht in der St.-Georgs-Zeche gleichzutun, der Ritterschaft der Umgegend ein glänzendes Gastmahl in seiner reichen Silbergrube Zur Edlen Krone gegeben haben. Dazu mußten die Knappen Tische und Bänke aus den edelsten Metallen hauen. Alles Geschirr der Tafel sei aus gediegenem Gold und Silber gewesen. Von dem Stollnmundloch aus, vor dem man die Küche errichtete, seien die Speisen in silbernen

Schüsseln in die Grube getragen worden. Die Aufwartung bei Tisch sei durch die Bergleute der Edlen Krone und anderer Werke geschehen. Bei dem Bankett habe ein ganzes Chor Musikanten aufgespielt. Auch sei der Überschuß der Grube, 35 000 Taler in Silber, auf der Gasttafel zur Schau aufgestellt worden.

Als nun die Herren so recht beim Prassen waren, sei ein sehr schweres Gewitter von Frauenstein herunter nach Bärwalde gezogen. Die aufwartenden Bergleute rieten deshalb zum Ausfahren, weil man nicht wisse, was der große Gott etwa verhängen möchte. Doch haben darauf einige der Herren in gottloser und frevelnder Weise geantwortet, daß sie in der Grube sicher wären, es möge draußen zugehen, wie es wolle. Im gleichen Moment wäre ein schrecklicher Wolkenbruch von Bärwalde her niedergegangen, und ein schreckliches Erdbeben erfolgte. Der über sieben Ellen hoch anschwellende Fluß habe sich danach mit solcher Macht in das offen stehende Stollnmundloch der Edlen Krone gestürzt, daß der Ritter von Theler mit all seinen Gästen und Dienern

da unten ertrunken und all das kostbare Geschirr und der ausgestellte Schatz verschüttet und verschwemmt worden sei. So sind denn in wenigen Minuten die sonst im ganzen Lande so sehr berühmten Bergwerke zugrunde gegangen.

Seitdem ist der dortige Bergbau nie wieder so recht in Gang gekommen. Daß er aber einst schwunghaft betrieben wurde, beweisen eine Menge Stollnmundlöcher, bewachsene Halden, Überreste eines großen Kunstgrabens und von Pochwerken, große Schlackenhaufen und dergleichen mehr. [15]

Die hartherzigen Fundgrübner

Ein Scheibenberger Bürger, Andreas Reichel mit Namen, hatte eine fündige Zeche, deren Gang durch den Gottesacker strich, ausgehäuert und mit guten Stützen gebaut. Darüber verstarb er jedoch und hinterließ nur eine gar einfältige Tochter. Da schwatzten ihr etliche eigennützige Bergleute die Zeche ihres Vaters um ein Geringes ab. Sie versprachen ihr einen neuen Rock und ein paar neue Schuhe, sobald die Grube gute Ausbeute gegeben hätte. Aber sie dachten gar nicht daran, ihr Versprechen einzulösen. Da ging das einfältige Kind hinaus zur Zeche, kniete nieder und rief zur Mutter Anna, daß sie diese Untreue strafe und mit ihrem blauen Mantel alle Anbrüche auf dieser Zeche verdecke. Als sie dieses Gebet gesprochen hatte, waren alle Anbrüche abgeschnitten, und es ist nichts mehr gefunden worden als eine verbrannte Schwärze. [26]

Die verschworenen Zechen am Mühlberge in Schneeberg

Als im Jahre 1478 in dem Mühlberge reiche Erze angetroffen wurden, kam auch Römer mit seinem Haufen, darunter Fürsten, Grafen und Herren. Sie nahmen eine Grube neu auf und nannten sie Münzer- oder Römerzeche. Ein Kux darauf galt 1200 bis 1400 Gulden. Doch trachteten sie nach dem ganzen Reichtum. Da sie dabei aber den armen Bergmann mit seiner Gewerkschaft auf der Sattlerzeche, in deren Lehen das Erz gebrochen war, ausmaßen und auf die Halde setzten, auch sogar der Lehenträger Römer falsch beschwur, daß der Gang ihm gehöre, war dies ein Greuel vor Gott. Alsbald verschwand das Erz dieser Zeche und verwandelte sich beim Anbruch in taubes Gestein.

Auch soll zu derselben Zeit, als Römer draußen auf der Haspelstätte nach den alten Bergrechten den Schwur leistete, im Berggerichte zu Zwickau, wo Römer mit seinem Haufen mit den armen Gewerken um das Erz gestritten hatte, das Gewölbe aufgerissen sein und das Glöcklein, womit man die Diener hereinzurufen pflegte, von selbst geklungen haben. [15]

Frevelhafte Worte werden bestraft

Paul Gramman, insgemein der Hosenschneider genannt, hatte zu Beginn des Bergbaus um Schneeberg am Wolfsberg eine Zeche fast allein sein eigen. Die hieß Der grüne Schild. Ein Stolln war hineingetrieben worden, und man hatte köstliches Erz angetroffen.

Als der Hosenschneider nun einstmals hinter dem Steiger stand und zusah, wie dieser das schönste Glaserz losbrach, kam einer seiner guten Freunde vor Ort und wünschte ihm nach bergmännischem Brauch ein »Glück auf!« Darauf antwortete der Hosenschneider jedoch freventlich und übermütig: »Was bedürfen wir dieses Glückwunsches? Siehe, wir haben ja das Glück vor Augen und in den Händen!«

Da soll sich aber das Erz alsbald im Anbruch dermaßen abgeschnitten haben, daß man nicht wußte, wie es verschwand. Es wurde auch fernhin an diesem Orte wie auch am ganzen Wolfsberg wenig gefunden. [15]

Das Ende der Grube Gottes Geschick wird angezeigt

Vor vielen Jahren stand das höffliche Berggebäude Gottes Geschick am Graul bei Schwarzenberg in voller Blüte. Die Grube schüttete eine märchenhafte Ausbeute. Ein zweiter großer Silberanbruch hatte reiche Gewerken geschaffen. Das Wort Zubuße hatten diese seit Jahren nicht mehr gehört. Schichtmeister, Bergverwalter und Steiger gab es in dieser Grube mehr als in andern Doppelhäuer und sonstige Arbeiter. Wer zu dieser Zeit die Straße von Haide nach Langenberg wanderte, kam oft wegen der vielen Wagen, die das Erz zur Verhüttung wegfuhren, nicht so recht voran.

Damals wurde auch ein neues großes Huthaus gebaut, das sich wie ein Palast zwischen den kleinen Hütten der Bergleute erhob. Und als der große Durchschlag einen neuen lachterbreiten Erzgang auf dem tiefen Frischglücker Spat auswies, baute man das riesige Pucherich. Doch bereitete man nur die reichen Erze auf den Schüttelherden auf.

Aber eines Tages verengte sich das Lager und wurde von allen Seiten von dem tauben Mann eingequetscht. Nichts konnte es zum Bessern zwingen. Dem Schichtmeister wurde es bald zur Gewißheit, daß es mit der Ausbeute vorbei ist. Bald machte der Zubußbote die Runde, und vielen der Häuer, Steiger und anderen wurde aufgekündigt. Auch das Abklauben der Halden nach Erzen, die man früher achtlos weggeworfen hatte, konnte auf die Dauer nicht helfen. Schon sprangen einzelne Gewerken ab. Sie zahlten ihre Zubuße nicht mehr und ließen ihre Kuxe auf.

In dieser Zeit sah der Bergschmied Wendler eines Abends, als er Bergeisen vom Zechenhaus in seine Dorfschmiede schaffte, einen seltsamen Schlägelgesellen auf der Halde des Gnade-Gottes-Schachtes sitzen, der mit seinem Fäustel Wände zerschlug. Merkwürdig daran war nur, daß der Bergschmied noch nie einen so großen Bergknappen gesehen hatte. Die Beine, die in mächtigen Bergstiefeln steckten, reichten die ganze Halde hinab. Schließlich sah Wendler voller Grausen auch noch, daß der Kerl seinen Kopf woanders gelassen hatte.

Als der Bergschmied darauf in die Werkstatt kam, konnte er nur noch murmeln: »Alle guten Geister loben Gott, den Herrn!« Kreidebleich legte er sich ins Bett und stand nicht wieder auf. Der Schichtmeister meinte bei der Beerdigung voller Besorgnis, daß der Häuer am Graul mit den ellenlangen Beinen und ohne Kopf nicht zum ersten Mal das letzte Gedinge auf der Halde ausklopfte.

Danach ging es auch mit der Zeche rasch den Drachenberg hinunter. Von der ehemals so reichen Zeche Gottes Geschick blieb schließlich nur eine kleine Ockerschlämme übrig. [6]

Das blaue Wunder

Als sich im sechzehnten Jahrhundert der Bergsegen des Obererzgebirges allmählich verminderte, erhob sich überall das Wehgeschrei über den Silberräuber oder auch Kobold. Sollte doch das taube Erz von den bösen Berggeistern oder Kobolden herrühren.

Zu dieser Zeit kam Christoph Schürer, landesflüchtig seines evangelischen Glaubens wegen, aus Platten[18] nach Schneeberg. Als ein in der Chemie und Naturlehre wohlerfahrener Mann fand er bald eine Anstellung bei den Hütten. Auch gewann er die Liebe Annas, der Tochter des Hüttenmeisters Rau. Durch das Geschick und das einnehmende Betragen Schürers gab der Vater bald sein Jawort zu dieser Verbindung. Die Hochzeit sollte zum nächsten Bergfest stattfinden.

Bevor das Bergfest kam, drohte ein Unstern Schürers

Hoffnungen zu vernichten. Ihm hatte es der verhaßte Silberräuber, der vielverrufene Kobold angetan. Er wollte ihn durch chemische Zubereitungen zu etwas Nützlichem umgestalten. Dazu machte er insgeheim in einer Schmelzhütte in Oberschlema vielerlei Versuche. Dabei trieb ihn sein Eifer, daß er oft die ganze Nacht hindurch arbeitete. So geriet er gar bald in den Verdacht, daß er ein Alchimist und Schwarzkünstler sei.

Als gar noch aus Platten[18], wo er sich durch seinen Glauben Feinde und durch seine Kenntnisse und sein Ansehen Neider gemacht hatte, mehrfach Klagen einliefen, daß er ein Zauberer, Dieb und Glaspartierer gewesen sei und man seine Auslieferung fordere, gebot der Bergmeister, ihn zu verhaften.

Schürer war gerade wieder mit seinen Versuchen in der Schmelzhütte beschäftigt, als der Frohn ihn festnehmen wollte. Dieser fand aber die äußere Tür verschlossen, was er sofort dem Bergmeister meldete. Gemeinsam ging es nun zurück. Unterwegs nahmen sie noch den Hüttenmeister Rau und den Nachtwächter mit. Als sie gewaltsam die Tür geöffnet hatten, kam ihnen mit freudestrahlenden Augen der Gesuchte entgegen. Aber wie erschrak er, als ihm der Frohn die Handschellen anlegte und ihn die Bergherren mit Vorwürfen überhäuften, ihn einen Zauberer, Dieb und Partierer schalten.

Plötzlich rief Schürer, sich fassend, mit fester Stimme: »Männer! Wenn ihr meint, daß ich bösen Unfug mit der schwarzen Kunst treibe, so tretet her! Seht, dies wollte ich gewinnen und, Gott sei Dank, endlich ist es gelungen! Ich meine, es soll dem Lande von großem Nutzen sein.« Mit diesen Worten reichte er ihnen eine Mulde voll des herrlichsten blauen Staubmehls hin.

Die Bergherren staunten und begehrten zu wissen, wie und woraus er so schöne blaue Farbe gemacht habe. Schürer zeigte ihnen alles willig und reinigte sich so von dem Verdacht, ein Schwarzkünstler zu sein. Der Bergmeister war so voller Freude, daß er versprach, alles zu unternehmen, um Schürers Unschuld zu beweisen.

Dies gelang auch bald, und Schürer erhielt seine Freiheit wieder. Durch die Erfindung der blauen Farbe, die man anfangs nur das blaue Wunder, später aber Schmalte nannte, kam er zu großen Ehren. Als das Bergfest gekommen war, wurde er des Hüttenmeisters glücklicher Eidam. [35]

Das verschwundene Bergwerk im Theesenwald

Im Jahre 1728 hatten Rutengänger Risse zu Erzgängen in dem Theesenwälder Gebirge, das zwischen Zöblitz und Olbernhau liegt, angegeben. Man hatte auch einige hundert Gulden aufgewendet, um zu größerer Gewißheit diese Gänge erschürfen zu lassen. Man fing Röschen an und trieb einen Stolln nach den erschürften Gängen. Schließlich suchte man sogar Gewerken, die diese Arbeit fortsetzen sollten. Aber es fand sich niemand, der bloß auf das Anzeichen der Rute hin sich damit einlassen wollte.

Nun war aber zu Neudörfel, zwischen Ansprung und Olbernhau gelegen, ein Hufschmied, von dem man vermutete, daß er Dinge aus einem Metall gieße, das dem Silber gleichkomme. Er leugnete jedoch, daß er das Metall kenne, das in seiner Werkstatt verarbeitet werde.

Da führte der Zufall im Jahre 1735 den Richter von Ansprung gerade zu dieser Zeit in das Haus des Hufschmieds, als dieser mit dem Schmelzen beschäftigt war. Der Richter fragte ihn, was er da schmelze. Darauf sagte der Hufschmied, daß er Stücke von dem im Theesenwalde am Wege stehenden Felsen abgeschlagen und in den Schmelztiegel geworfen habe. Er wolle sehen, was daraus würde. Dies wollte aber der Richter nur wissen. Der Hufschmied mußte sich also entschließen, mitzugehen und dem Richter den Felsen zu zeigen. Augenblicklich wurde von diesem Wunderfelsen etwas abgeschlagen und auch sogleich geschmolzen. Als das Produkt auf der Seigerhütte probiert wurde, enthielt es 128 Lot Silber und 60 Pfund Garkupfer.

Tags darauf mutete der Richter beim Bergamte gleich ein geviert Feld. In wenigen Tagen war die Zahl der Mutungen bereits auf 20 und in vier Wochen auf 80 angestiegen. 60 Lehnträger suchten ihr Glück – und fast alle auf geviert Feld. Wenn man die Rute nach Kupfer und Silber schlagen ließ, war sie merkwürdigerweise fast gar nicht in die Höhe zu bringen. Man mochte damit auf dem Gebirge hingehen, wo man wollte. Was war also sicherer, als daß das ganze Gebirge Kupfer und Silber sein mußte? Alles lief nun nach dem Theesenwalde. Es wimmelte gar bald von Leuten, die Erze in Haufen zusammenbrachten.

Als man nun Proben im kleinen machte, gaben aber einige gar keinen Gehalt, andere wiesen nur geringe Spuren von Kupfer auf. Man mußte also einsehen, daß nicht das ganze Gebirge aus Erz bestand, sondern sich nur gewisse graue und braune Nester darinnen befanden. Diese waren freilich nicht ganz ohne Silbergehalt.

Die schon halbbetrogenen Eigenlehner und Gewerken verlangten nun ein Probeschmelzen im großen. Es fand sich auch ein Schmelzer aus Beierfeld, in dessen Geschicklichkeit alle ihre letzte Hoffnung setzten. Die von Freiberg abgesandten Hüttenleute mußten zurücktreten und den Fremden alles nach seinem Willen einrichten lassen. Aber die erste Probe ging schlecht. Die gestrengen Bergarten konnten nicht zum Fluß gebracht werden.

Durch andere Einrichtung des Ofens und des Gebläses sowie Zusetzung anderer Kiese aus Katharina Fundgrube zu Raschau und aus Geyer brachten die Freiberger Hüttenleute das Gemenge zwar in Fluß, doch war das Ergebnis nicht besser, als wenn ohne Zusatz der Theesenwälder Gebirgsarten die Katharinaer und Geyerschen Kiese für sich allein geschmolzen worden wären.

Damit war auf einige Zeit das Geschrei vom Theesenwalde zu Ende. Im Jahre 1752 fand sich nochmals ein Maler aus Böhmen, der mit doppelter Geschicklichkeit im Schmelzen die Theesenwälder Gebirgsarten zwingen wollte. Er verlangte die Erlaubnis zum Anlegen eines Ofens, die man ihm auch gab. Aber auch dies blieb ohne Erfolg.

So blieb es unklar, ob der Hufschmied durch sein Geständnis nur aus boshafter Absicht die ganze Umgegend geäfft hatte, was kaum glaublich war, oder ob er, um das Geheimnis seiner Fundstelle zu wahren, dieses Erzgeschrei veranlaßt hatte. Aber das Wahrscheinlichste war sicherlich, daß die geheimnisvolle Macht der Berggeister edles Gestein in unedles verwandelt hatte, denn man hatte ja zuerst reiches Silber in dem Gestein entdeckt. [8]

Das verschworene Bergwerk bei Uhlsdorf

Um das Jahr 1420 wurde auf dem Ullersberg bei Uhlsdorf nach Silber gegraben. Mühsam wurde das geförderte Silbererz mit Pferdewagen nach Freiberg gebracht, um es zu verhütten.

Da kam einst aus dem Bergwerk schlimme Kunde: Brechendes Gestein ist niedergegangen und hat einen der Arbeiter – einen Zigeuner – erschlagen. Im Bethaus der Grube nehmen alle von dem Toten Abschied. Da steht plötzlich ein altes Zigeunerweib auf der Schwelle. Ihre Züge sind qualverzerrt. Es ist die Mutter des Toten. Da gehen die Bergleute und Dorfbewohner still hinaus. Lange, unheimlich lange bleibt das Zigeunerweib bei ihrem toten Sohn.

Endlich öffnet sich die Tür. Bleich, mit harten Gesichtszügen und loderndem Haß in den Augen eilt die Zigeunerin in das Dorf. Von Tür zu Tür geht sie und erbettelt Erbsen, die hier in reicher Fülle angebaut werden. Endlich hat sie eine große Schürze voll zusammengebettelt. Diese trägt sie hinaus zum Bergwerk. Mit einem Fluch schleudert sie die Erbsen in den Schacht: »So viele Erbsen, so viele Jahre seiest du verflucht! Kein Silbererz im Werk sei mehr zu finden von dieser Stunde an!«

Allen, die den Fluch hören, scheint das Blut in den Adern zu erstarren. Das Weib aber wendet sich und geht.

Und tatsächlich findet sich von Stund an kein Silber mehr. Die Bergleute aber, ihres Erwerbs beraubt, müssen nach einem anderen Orte wandern, immer hoffend, einen neuen Broterwerb zu finden. [54]

Das Zigeunerloch

An der Straße von Limbach nach Mühlwand liegt ein alter Hohlweg. Er war einst die Post- und Heerstraße, die sich, von Reichenbach kommend, den Berghang hinaufzog. An dem Punkt, wo dieser Hohlweg die heutige Straße kreuzt, befindet sich eine verflachte Vertiefung, das Zigeunerloch.

Hier hatten einst Zigeuner ihren Rastplatz und Schlupfwinkel; denn in den Dörfern wurden sie nicht geduldet. Der Lagerplatz war aber wie leergefegt, wenn schlechte Witterung eintrat. Die Zigeuner waren spurlos verschwunden, und man vermutete ihren Aufenthalt im Inneren des Zigeunerloches, zumal oft Rauch aus den Erdspalten emporstieg. Alles deutete darauf hin, daß die Zigeuner alte Bergwerksstollen entdeckt hatten und in ihnen Unterschlupf fanden. Aber das war ihr Geheimnis, und die Einheimischen hüteten sich, eine nähere Untersuchung durchzuführen.

Aber die alten Sagen sprechen von einem Bergwerk in der Nähe des Zigeunerloches. Ein Bergmann, der dort nach Gold suchte, verfluchte den Stollen, als er nur Eisen fand. Da verschwand das Erz in die Tiefe des Berges und nahm den fluchenden Bergmann mit. Alles Gestein erwies sich nun als taub, und das Bergwerk wurde im Stich gelassen, so daß es in Vergessenheit geriet. [54]

Die Sagen um das verlassene Bergwerk

Die Sage bemächtigt sich oftmals des vom Menschen verlassenen Ortes. Sind doch verfallende Zeugnisse menschlichen Wirkens von jeher mit etwas Geheimnisvollem umrankt. Diese Stätten wurden auch zu bevorzugten Aufenthaltsorten von geisterhaften Wesen und als Wirkungsorte nicht erklärbarer, meist unheimlicher Erscheinungen angesehen. Wer sich in die Nähe dieser Stätten begab, hatte der Überlieferung nach oft seltsame Erlebnisse, die selten gut für den Betreffenden ausgingen, sofern nicht das Auffinden eines Schatzes damit verbunden war. Neben Ruinen alter Burgen und Klöster trifft dies ganz besonders auf das aufgelassene Bergwerk zu.

Die Sagen dieses Abschnittes erhellen aber auch einzelne Ereignisse aus der unmittelbaren bergmännischen Tätigkeit früherer Generationen. Teilweise sind in die Sagen auch Vorkommnisse und Entwicklungen eingeflossen, die in vorhandenen Chroniken kommentiert sind. Dabei wird nicht nur darüber berichtet, wie z. B. die Bergleute nach Sachsen kamen, sondern auch über das wechselhafte Aufblühen und Vergehen einzelner Bergreviere.

Große Bedeutung haben in diesem Zusammenhang auch die Sagen und Überlieferungen, in denen von Katastrophen und Bergwerksunglücken erzählt wird.

Es ist aufschlußreich, daß in diesen Sagen als Ursachen für die Katastrophe – einschließlich der sonstigen Bodeneinbrüche – vor allem die Verletzung von Grundregeln der bergmännischen Arbeit, wie beispielsweise das ordnungsgemäße Verfüllen aufgelassener Stolln oder das Stehenlassen ausreichender Bergfesten, in den Vordergrund tritt.

Es wurden aber auch Reste aufgelassener Bergwerke, von

deren Existenz man teilweise in späteren Jahren nichts mehr wußte, in der Sage mit Ereignissen und Erscheinungen in Verbindung gebracht, die keinen Bezug mehr zum Bergbau hatten. Typische Beispiele dafür sind Reste ehemaliger und zufällig wiederentdeckter Stolln, die in der Sage oft als unterirdische Verbindungsgänge zwischen zwei Burgen, zwischen Burgen und Klöstern usw. gedeutet wurden. So beruht beispielsweise der sagenhafte unterirdische Gang zwischen dem Chemnitzer Bergkloster und der Burg Rabenstein sicherlich zu einem erheblichen Teil auf alten, längst aufgelassenen Rabensteiner Kalkbruchstolln, auf die man bei Grabungsarbeiten oder auch durch Einbrüche zufällig stieß, und deren frühere bergmännische Bedeutung zum damaligen Zeitpunkt bereits weitgehend unbekannt war. Ebenso geht die Sage über die unterirdische Verbindung zwischen den Schlössern Wechselburg und Rochlitz mit großer Wahrscheinlichkeit auf den früher in dieser Gegend betriebenen Bergbau zurück. Diesbezügliche Beispiele finden sich in fast jeder regional ausgerichteten Sagensammlung ehemaliger Bergbaugebiete.

Doch auch solche Sagen, wie die über den Lindwurm auf dem Totenstein bei Schwarzenberg, dessen vermeintliche Höhle ein ehemaliger Bergwerksstolln war, und über die drei Kreuze bei Brand-Erbisdorf, stehen stellvertretend für Sagen, die an Zeugnisse ehemaliger Bergbautätigkeit anknüpfend mit anderen Aussagen verbunden wurden.

Wenn auch nicht mehr unmittelbar zu den Sagen über das aufgelassene Bergwerk gehörend, wurden – diesen Abschnitt abschließend – noch Sagen aufgenommen, die über Spukgeister in Gestalt von Berg- und anderen mit dem Bergbau verbundenen Leuten berichten.

Die frühere Ausdehnung des Altenberger Bergwerks

Obwohl verläßliche Nachrichten dies bestreiten, hält sich in der Sage der Glaube an die gewaltigen Ausdehnungen der Stolln und Weitungen des Zwitterstock-Bergwerks in Altenberg.

So wird berichtet, daß ganz Altenberg bis hinaus zum Schießhaus unterminiert sei. Auch wird gesagt, daß unter Altenberg ein gewaltiger hohler Raum liege. Nur unter der Kirche habe man einen Pfeiler (nach anderen drei Pfeiler) stehen gelassen, um die Kirche nicht zu gefährden und um dem von der Kirche ausgehenden Massedruck zu begegnen, der dem Bergwerk gefährlich werden könnte.

Mit dieser Sage hängt sicherlich auch die folgende, jahrhundertealte Prophezeiung zusammen:

»Altenberg soll untergehn,
Geising unter Wasser stehn,
Lauenstein im Feuer aufgehn
und Löwenhain eine Bergstadt werden.« [14]

Der große Bergsturz zu Altenberg

Nachdem schon im Jahre 1619 zwei große Brüche im Altenberger Bergwerk geschehen waren, hat sich am 24. Januar des folgenden Jahres der dritte und größte zugetragen. Dabei ging nicht nur die schon vorher gewesene Pinge tiefer ein, sondern es sind auch vier Zechen nebst einem Schachte und dem Hause des Bergschmiedes Dietze ganz versunken. Obwohl nun der größte Teil der Stadt dadurch furchtbar erschüttert wurde, ist doch der Ort durch Gottes Gnade erhalten geblieben. Auch sind die meisten der versunkenen Bergleute nach und nach wunderbar errettet worden. Nur einer ist nicht wieder zutage gekommen. Es war ein alter Bergmann von 79 Jahren, namens David Eichler (nach anderen Simon Sohr), der ungeachtet aller Warnungen alle Bergfesten nach und nach weggehauen hat. Auch sonst soll er ein gottloser Mensch gewesen sein, der an diesem Tage ohne Gebet und in des Teufels Namen eingefahren sei. Als man im Jahre 1729 vergeblich versucht hat, das damals Eingestürzte wieder aufzuarbeiten, fand man eine alte Bergmütze aus Filz, die man für die Fahrmütze jenes Eichler hielt.

Dieses Unglück ist jedoch nicht ohne Warnung von oben geschehen. So hat man einige Zeit vorher, wenn die Bergleute früh zwischen 4 und 5 Uhr im Zechenhaus ihr Gebet vor dem Einfahren abwarteten, wahrgenommen, daß ein weißes Pferd im vollen Lauf von oben an bis zum Ende der Pinge sprang und alsbald verschwand. Auch hat man dies als eine Warnung betrachtet, weil zuvor viele Bergleute vor dem gemeinschaftlichen Gebet eingefahren sind. Diesen zog man zwei Groschen von ihrem Lohn für arme Leute ab. Davon leitet sich das sogenannte Aufrufen ab. [8]

Der umgehende Geist in der alten Pochmühle

Unterhalb der Rauschermühle in Altenberg lag eine alte Pochmühle, die einst zu der wegen geringer Ausbeute aufgelassenen Grube Zinnkluft an der Galgenleite gehörte. In der alsbald danach verlassenen und verfallenen Mühle ging es um. Ein Scharfrichter hatte den Geist des verstorbenen Besitzers des heute verschwundenen Mendenvorwerks dorthin

verbannt, weil dieser wegen seiner begangenen Freveltaten im Grabe keine Ruhe finden konnte.

Das Gespenst erschien in einem roten Mantel, wie ihn der Vorwerksbesitzer einst bei Lebzeiten getragen hatte. Es stieg um Mitternacht auf das Dach der Pochmühle und schreckte den nächtlichen Wanderer mit schaurigem Geheul. Um den Geist zur Ruhe zu bringen, wurde die Pochmühle abgebrochen. Aus den Bausteinen errichtete man ein Haus in Hirschsprung, in dem es nachher auch umgegangen sein soll. [13]

Der kleine Jäger am Ochsenkopf bei Antonsthal

Bei der alten Zeche am Ochsenkopf läßt sich manchmal ein kleiner Jäger mit erdfahlem Gesicht sehen. Wen er trifft, den fordert er auf, ihm zu einem Spiele zu folgen. Gar mancher ist mitgegangen und von dem kleinen Jäger auf einen unbekannten Fleck geführt worden. Danach hat er sich dann nur sehr schwer wieder zurechtgefunden. [17]

Die Wehklage bei Bockwa

Hinter Bockwa, seitwärts von Hohndorf nach Reinsdorf zu, gab es um die Mitte des vergangenen Jahrhunderts noch einige verfallene Kohlenschächte. In einen derselben soll einmal ein Offizier beim Spazierengehen hineingestürzt und der Leichnam erst nach langer Zeit wieder gefunden worden sein.

Wenn man in die Nähe dieses Ortes kam, so hörte man fortwährend Winseln aus jenen Schächten. Man konnte jedoch nicht herausbekommen, wo dasselbe herkam. [8]

Die drei Kreuze bei Brand-Erbisdorf

Vor Brand-Erbisdorf stehen seit uralten Zeiten drei Kreuze. Hierbei handelt es sich wahrscheinlich um eine alte bergmännische Andachtstätte, da die Kreuze an einem alten Häuersteig stehen und auch die Knappschaft für ihre Erhaltung verantwortlich gewesen ist.

Der Volksmund hat jedoch diese drei Kreuze mit folgender Sage umwoben:

In einem Kriege – die Sage verschweigt, in welchem – ist Freiberg hart bedrängt worden. Hohe Summen wurden von den Angreifern verlangt, die ansonsten die Stadt restlos vernichten wollten. Da diese Summe aber von der Stadt nicht gleich aufgebracht werden konnte, hat sie drei Ratsherren als Geiseln gestellt. Inzwischen kam aber der Stadt Entsatz. Daraufhin wurde ein Bote ins feindliche Lager geschickt, der den Ratsherren insgeheim kundtat, wie die Sachen stünden. Sie sollten möglichst in der kommenden Nacht entfliehen, da die Stadt nunmehr nicht gewillt sei, die hohe Summe zu zahlen. Hierauf sind denn auch die Ratsherren aus ihrer Haft entflohen und glücklich bis vor das Lager gekommen. Hier wurden sie aber eingeholt und am anderen Morgen für ihren Wortbruch durch das Schwert hingerichtet.

Später soll die Stadt Freiberg zum Gedenken an ihre unglücklichen drei Ratsherren an der Stelle der Hinrichtung die drei Kreuze haben errichten lassen. [8]

Bergbau bei Breitenbrunn

In der Gegend des Ortes Breitenbrunn soll schon sehr frühzeitig, als sich daselbst nur dichte Wälder ausbreiteten und die Gegend noch nicht besiedelt war, Bergbau betrieben worden sein.

Auch die Entstehung der als Jagdschloß bekannten Ruine in Breitenbrunn, die im Dunkel der Vergangenheit liegt, wird durch die Sage mit dem Bergbau in Verbindung gebracht. So sollen sich unter dem festen Haus große Gewölbe befunden haben, um das geförderte Erz sicher in der damaligen Wildnis aufbewahren zu können. [54]

Das schwarze Loch bei Breitenbrunn

An der Poststraße nach Johanngeorgenstadt ging einst zwischen Breitenbrunn und Carolathal rechts des Weges ein alter Stolln in den Berg. Von den Einheimischen wurde er nur das schwarze Loch genannt.

Man erzählt, daß dieser Stolln einst bis in das Kellergewölbe der jenseits des Berges gelegenen Hammerschänke des Breitenhofer Hammerweilers geführt habe. Durch ihn habe man früher heimlich die Bierfässer zur Schänke gebracht. Auf diese Weise umging man den Zwang, nur Bier aus Schwarzenberg ausschenken zu dürfen. [54]

Die Zwerge im Cottaer Spitzberg

In dem Spitzberg bei Cotta sollen heute noch einige Zwerge, sogenannte Quarkse, hausen, die einzigen Überreste eines ganzen Volkes von gutmütigen kleinen Wesen, die sowohl hier als auch im nahen Zwergloch des Langhennersdorfer Wasserfalls wohnten. Einst hatte ein junges Mädchen, welcher einer derselben aus Liebe die Wohnung seiner Gefährten am Wasserfalle gezeigt hatte, das Geheimnis in der Beichte verraten. Als Folge dessen mußten alle fortziehen, worauf sich auch ihre Brüder aus dem Spitzberge anschlossen. Eine Ausnahme bildeten lediglich die wenigen, welche zur Bewachung des großen im Spitzberge liegenden Schatzes zurückblieben.

An einem düsteren Novembermorgen, während ein dichter Nebel über der Erde lag, hörte man das Trippeln einer unzähligen Anzahl kleiner Füße, welche den Kirchweg herunter durch das Rottwerndorfer Tal nach Pirna zogen. Dort ließen sich die Zwerge über die Elbe setzen. Der Fährmann, der wegen des Nebels nichts sehen konnte, verlangte, als man ihm das »Hol über!« zurief, für jede Person einen Pfennig Fährgeld. Als er die kleinen Wesen übergesetzt hatte, fand er so viele Pfennige in seinem Kahne, daß er sie nicht zählen konnte, sondern mit der Metze messen mußte. Dadurch ward er ein reicher Mann.

Das Mädchen aber, welches das Geheimnis verraten hatte, starb bald darauf an gebrochenem Herzen.

Niemand weiß, ob die Zwerge einst, wie sie versprochen haben, wiederkommen werden, und ob dann der Bergbau im nahen Städtchen Berggießhübel wieder aufleben wird. [13]

Spuk in einer Binge bei Eibenstock

Im Dönitzgrunde bei Eibenstock, in dem sich lange die Überreste früherer Zinnseifen erhalten haben, zeigte man auch eine alte Binge, über die einst zwei Reiter springen wollten. Dabei stürzten sie aber mit ihren Pferden hinab.

Wer nun in der Johannisnacht an diese Binge kam und aufmerksam horchte, der vernahm in der Tiefe nicht nur das Klirren von zusammenschlagenden Hufeisen, sondern auch das leise Ticken einer Uhr. [15]

Vom frühen Bergbau in der Freiberger Gegend

Die ältesten Gruben in der Freiberger Gegend sollen sich im alten Loßnitz- oder Münzbachtal befunden haben. In Christiansdorf, welches seinen Anfang in der Nähe des Vorwerks Langerinne nahm und sich bis an die Loßnitz erstreckte, war eine sehr alte Grube, der Stubenberg. Von dieser wird erzählt, daß eine Köchin aus dem Kloster Zelle das erste Grubengebäude daselbst gebaut habe und sehr reich davon geworden sei. [15]

Die Unterhöhlung der Bergstadt Freiberg

In der Nonnengasse zu Freiberg brach 1602 plötzlich ein unbekannter Schacht zusammen und begrub eine Jungfrau mit einem Kinde auf dem Arm, als sie gerade Brot aus einem Schrank nehmen wollte.

Dies hat in Verbindung mit anderen Einbrüchen zu der Sage Veranlassung gegeben, daß Freiberg gänzlich unterhöhlt sei und einstmals in die Tiefe stürzen werde.

Zwar sind, da die alten, meist wenig tiefen Grubenbaue teilweise nur mangelhaft verwahrt wurden, wiederholt unvermutete Einbrüche solcher Schächte und Strecken vorgekommen. Aber in der inneren Stadt ist verhältnismäßig wenig Bergbau betrieben worden. [7]

Ein kaiserliches Regiment versinkt bei Freiberg durch einen Erdfall

Als Kaiser Adolf im Jahre 1296 mit großer Macht nach Meißen kam, zog er an Zwickau und Chemnitz vorüber nach Freiberg. Er hatte die Absicht, sich dieser Stadt wegen ihrer reichen Bergwerke und ihrer Treue zu Markgraf Friedrich zu bemächtigen.

Dabei begab es sich, daß sich einer seiner Obersten mit seinem Regimente auf einer hohen Halde lagerte, um die Stadt zu übersehen und ihre Mauern und die Tiefe der Gräben zu erkunden. Weil aber die Halde zuvor von Bergleuten durchfahren worden und voll heimlicher Schächte war, ist der ganze Berg mit großem Krachen und Prasseln eingegangen. Der Oberst ist elendiglich umgekommen.

Dieser Umstand hat den Kaiser so furchtsam gemacht, daß er sich wieder zurückgezogen hat. Er wollte sich nicht eher lagern, bis man alle Gelegenheiten ausgekundschaftet hatte. Als dann seine Quartiermeister hartes und festes Erdreich antrafen, hat er sein Lager aufgeschlagen und daraufhin alles zum Angriff und Sturm auf die Stadt vorbereiten lassen.

Der genannte Erdfall soll vor dem Donatstor auf dem Dürren Schönberge geschehen sein. [15]

Der Hungerborn bei Freiberg

Der sogenannte Hungerborn im Ratswald, ungefähr eine Viertelstunde nordwestlich von der Grube Beschert Glück, spendete einst reichlich Trinkwasser, welches auch Wunderkraft besitzen sollte.

Durch die unterirdischen Grubenbaue versiegte aber die Quelle 1790. Ende des vergangenen Jahrhunderts war bereits das alte, weitumfassende Mauerwerk des Brunnens ganz verschwunden. Man will aber noch Spuren eines unterirdisch ab- und wieder aufwärts führenden kurzen Ganges, wie zu Wallfahrten angelegt, aufgefunden haben.

An diesem Hungerborn versammelten sich früher die Bergleute an dem Magdalenen- oder Streittag. [7]

Der gespenstische Mönch bei Grünhain

Fünfzig Jahre nach der Verwüstung des Klosters zu Grünhain hat sich am Elterleiner Weg, an der Stelle, wo – wie die Schlackenhaufen ausweisen – des Abtes Hammer gestanden hat, ein Gespenst in Mönchsgestalt sehen lassen. Dasselbe hat den Vorübergehenden, besonders Trunkenen und Jauchzenden, übel mitgespielt.

Einst hat es einen Bergmann von Elterlein, der das Gespenst in seiner Trunkenheit herausforderte, an den Beinen den Berg hinuntergeschleppt, in den Bach geworfen und am Kopf arg verwundet. [10]

Der Johannisbruch auf dem Halsbrücker Gange

Unweit des uralten Vorwerkes Hals entstand im 17. Jahrhundert eine bis zur Mulde und sich auch noch jenseits derselben fortsetzende tiefe Kluft. Es sind die am 12. März 1662 und später wiederholt bis auf das tiefste zusammengebrochenen alten Baue der einst reichen Fundgrube St. Johannis. Von dieser Grube erhielt der Bruch auch seinen Namen.

Der Sage nach aber soll sich der Bruch an einem Johannistag, an welchem die Bergleute Feiertag hielten, ereignet haben. Dadurch seien alle der grausigen Todesgefahr entgangen.

In späteren Jahren ist der Bruch größtenteils durch Haldensturz der Grube Beihilfe zugeschüttet worden. [7]

Die zwölf silbernen Apostel

Das Oberdorf von Mildenau hat wegen guter Ausbeute aus den vielen daselbst befindlichen Bergwerken Reichenau geheißen. Daher ist auch noch bekannt, daß die Marktstraße des Oberdorfes nach Annaberg die Reichenauer Straße genannt wurde.

Es wird berichtet, daß man in Mildenau vor Zeiten mit so großer Ausbeute begnadigt worden sei, daß die 12 Apostel in Lebensgröße aus Silber hergestellt worden seien. Dieselben sollen sodann in das Kloster nach Grünhain gekommen, daselbst jedoch verschwunden sein.

Schatzgräber sollen nun oft nach den Aposteln aus Mildenauer Silber gegraben haben. Doch keiner hat sie jemals finden können.

Aber als der Friedelwächter Anstaltswächter war, das war zu der Zeit, als das Kloster als Weibergefängnis diente, hat er auf seinem nächtlichen Rundgang die Apostel gesehen. Sie kamen aus dem Wurzelgerank der großen, alten Klosterlinde, feierlich im langen Zuge, einer hinter dem anderen. Dann faßten sie sich an den Händen und tanzten einen Reigen, bis sie Glock ein Uhr wieder im Wurzelgenist der alten Linde verschwanden. [9, 26]

Das weiße Schaf zu Neustädtel

In einem Hause am Kirchsteig in Neustädtel, das unter dem Namen Schafstall bekannt ist, soll sich ab und zu, vor allem nachts 12 Uhr, ein weißes Schaf haben sehen lassen.

Das Haus ist ein altes Schachthaus. Als einem Bergmann das Schaf im Schachte begegnete, soll er verunglückt sein. Später ließ es sich jedoch nicht mehr sehen.

Vielleicht war es auch einer der Kobaltspitzbuben, der sich verkleidet hatte, um ungestört seinem finstren Tun nachgehen zu können. [11]

Der Pudel an der Eisenbrücke bei Niederschlema

Die Eisenbrücke zwischen Alberoda und Niederschlema heißt nicht wegen ihrer Eisenkonstruktion so, sondern wegen der Eisenerzfuhren, die in alter Bergbauzeit über sie rollten. Ja, noch bevor überhaupt eine Brücke dort war, hieß der Übergang über die Mulde die Eisenfurt. Über Jahrhunderte dienten Holzbrücken, die oft vom Hochwasser weggerissen und wieder aufgebaut wurden, dem lebhaften Verkehr. Es gab aber auch Zeiten, wo es sehr still um und an der Eisenbrücke wurde. Die schindelüberdachte Brücke selbst war unheimlich dunkel.

Sagen behaupten, daß in jener Zeit in dieser Gegend viele Greueltaten verübt worden sind. Einstmals wurde ein Mann erschlagen, der einen schwarzen Pudel als Begleiter hatte. Das treue Tier soll noch jahrelang bei der Brücke gesehen worden sein, wo es seinen Herrn suchte. [54]

Der Hüttenmops

An dem Huthaus bei Ober-Karsdorf oder beim Stolln an der Naundorfer Brücke wurden früher viele von einem gespenstischen Hunde erschreckt, der Hüttenmops hieß. Er erschien auch in Olbernhau, Oberneuschönberg, Rothenthal, Grünthal und Umgebung. Dort wurde er meist Hüttenmatz oder Hüttenmutz genannt.

Diejenigen, welche ihn gesehen haben wollen, beschrieben ihn als einen großen schwarzen Pudel mit feurigen Augen, der des Nachts umherstrich und zuweilen sogar auf Bäumen angetroffen wurde.

Der Hüttenmops soll ein böser Geist gewesen sein. Einst sprang er einem Fleischer auf den Rücken, und trotz allen Schüttelns, Betens und Fluchens konnte ihn der Mann nicht wieder herunterbringen, bis er vor seiner Tür angelangt war. Daselbst verschwand der Hüttenmops mit höhnischem Schrei. Der Fleischer aber starb nach drei Tagen.

Auch auf der Straße zwischen Freiberg und Erbisdorf ließ sich früher der Hüttenmops in Gestalt eines riesenhaften Pudels mit feurigen Augen sehen. Man hielt ihn für einen verwandelten Bergbeamten, der ohne Rast von Grube zu Grube wandern mußte. [15]

Das Gespenst beim Bocksloch

Dicht bei dem Blaufarbenwerke in Oberschlema befindet sich ein alter Stolln, das Bocksloch genannt. In demselben soll sich ein Gespenst in Gestalt eines großen schwarzen Bockes zu gewissen Zeiten sehen lassen. Besonders um die

Mittagszeit und um Mitternacht soll es die Vorübergehenden necken. [15]

Die Schwedenlöcher bei Plaue

In einem kleinen Haus inmitten des reizenden Schweddeytales wohnte der Schmied Gutermuth. Er hatte eine junge, hübsche Tochter, aber auch einen treuen und arbeitsamen Gesellen. Dieser arbeitete nun schon manches Jahr bei dem Schmied. In dieser Zeit hatten sich die jungen Menschen lieb gewonnen. Der Schmied, der in die Jahre kam, ließ die beiden heiraten und übergab ihnen die Schmiede. Die beiden Menschen lebten glücklich und zufrieden, bis die Wirren und Grausamkeiten des Dreißigjährigen Krieges auch in diese Gegend kamen.

Der junge Schmied stand an seinem Amboß und hämmerte, als er draußen einen gräßlichen Schrei hörte. Er stürzte ins

Freie und sah seine Frau entseelt am Boden liegen. Ein Schwedentrupp verschwand im nahen Wald. Ganz irr vor Schmerz ließ er Arbeit Arbeit sein und verbarg sich in einem aufgelassenen Bergwerk. Sein Herz schrie nach Rache.

Die Schweden schlugen in der Schweddey ihr Lager auf. Doch jeden Morgen war einer der ausgestellten Posten verschwunden. Verstärkte Wachsamkeit nützte nichts; immer wieder fehlte einer von ihnen. Schon wollte man diesen unheimlichen Platz verlassen, weil man annahm, daß der Böse seine Hand im Spiele haben müsse. Da meldete sich ein Einwohner von Plaue bei dem schwedischen Offizier. Für einige Silberlinge wollte er sagen, wer die Soldaten verschwinden ließ. Hocherfreut gab ihm der Schwede das Geld. Daraufhin erzählte ihm der Mann, daß es der Eidam des Schmiedes Gutermuth sei, der aus Rache für seine ermordete Frau die Soldaten erdrosselt und in die später so genannten Schwedenlöcher gebracht habe. Sofort wurde eine Abteilung abgeordnet, die sich in der Nähe des Stollns auf die Lauer legen mußte.

Gegen Abend erschien der Schmied. Schnell war er umringt und gefesselt. Daraufhin wurde er dem Offizier zugeführt. Ohne Angst und Reue bestätigte er die Aussagen. Auf die Frage, was aus den erdrosselten Soldaten geworden sei, antwortete der Schmied, daß er sie in den unterirdischen See der Schwedenlöcher geworfen habe. Der Offizier wollte sich selbst davon überzeugen und ging mit dem gefesselten Schmied und seiner Bewachung in das aufgelassene Bergwerk. Immer tiefer ging es in den Berg hinein, bis man vor dem See stand. Die Aussage stimmte also. Ohne daß es die Schweden merkten, wurden sie von dem jungen Meister auf einem anderen Wege zurückgeführt. Dieser ging durch einen brüchigen Stolln, dessen Stempel faul waren. Auf einmal rannte der Schmied gegen die Stempel. Daraufhin brach der Berg zusammen und erschlug den Schmied mitsamt seinen Peinigern. [45]

Die weiße Frau von Sadisdorf

Im Bezirk der vormaligen Kupfergrube zu Niederpöbel liegen zwei Stolln, die den Namen Weiße Frau führen – und zwar einer auf Sadisdorfer Flur und der andere südwärts davon im Walde neben den aufgelassenen Stolln Beschert Glück und Unverhofft Glück.

Der Name rührt von einer Erscheinung, eben der »weißen Frau«, her, die sich zuweilen sehen ließ und der man geheimnisvolle Kräfte zuschrieb. Namentlich soll sie Einfluß auf das Wetter gehabt haben. Wem bei schlechtem Wetter, das lang anhielt, die weiße Frau begegnete, der war überzeugt, daß nunmehr der Regen bald aufhören und besseres Wetter eintreten würde. Diese Voraussage soll auch stets zugetroffen haben. [14]

Der Lindwurm auf dem Totenstein

In Schwarzenberg ist am Steinweg, der über den Totenstein führt, der obere Teil eines Stollnmundloches zu sehen. Im Laufe der Zeit aber wurde dieses aufgelassene Bergwerk als Lindwurmhöhle bezeichnet und mit folgender Sage in Verbindung gebracht:

In früheren Zeiten hauste auf dem Totenstein zu Schwarzenberg ein Lindwurm. Dieser gefährdete die Bewohner Schwarzenbergs so sehr, daß sie weder ein noch aus wußten. Immer mehr Menschenopfer forderte das Untier. Niemand wagte mehr, ihm entgegenzutreten.

Da erbot sich ein Ritter namens Georg, den Lindwurm zu bekämpfen und die Stadt von ihrem Todfeind zu befreien. Im frühen Morgen ritt er auf die Höhe des Totensteins und lauerte vor der Höhle auf den gefährlichen Gegner. Es dauerte nicht lange, bis der Lindwurm aus seinem Versteck kam. Weit riß er den Rachen auf, als er den Reiter sah. Doch der Ritter zielte gut. Tief saß das Schwert dem Drachen im Halse. Doch stürzte er sich in seinem Todeskampf mit ungeheurer Kraft auf den Ritter und verfolgte ihn bis an den Rand des Abgrundes. Schon hob das Untier seine Pranken, um den Reiter zu vernichten. Da gab der Ritter seinem Pferde die Sporen, und beide setzten hinab in das Schwarzwasser. Zerschmettert blieb er mit seinem Rosse in den Fluten liegen.

Die Bewohner von Schwarzenberg bargen den Leichnam und begruben ihn am Fuße des steilen Felsens.

Zur Erinnerung an die Errettung ihrer Stadt nahmen die Einwohner Schwarzenbergs die Tötung des Lindwurms in ihr Stadtwappen auf. [10]

Wie der Zwickauische Kohlenschacht brennend wurde

Zu den Merkwürdigkeiten des Zwickauer Kohlebeckens gehören die Steinkohlenbrände in den früheren Jahren. Der bedeutendste Brand, der lange Zeit sogar ein Palmen- und Ananashaus wärmte, soll im Dreißigjährigen Kriege auf

Planitzer Flur durch kaiserliche Soldaten dadurch verursacht worden sein, daß sie die über den Schächten erbauten »Kohlhütten« anzündeten. Da die Bergleute, denen es vielleicht im Anfang noch möglich gewesen wäre, den entfachten Kohlenbrand zu unterdrücken, die Flucht ergriffen hatten, gewann derselbe bald so außerordentlich an Umfang, daß alle späteren Versuche keinen oder nur vorübergehenden Erfolg hatten.

Nach einer anderen Überlieferung sollen die Kohlen bereits im Jahre 1479 angezündet worden sein. Ein Waidmann, der einem Fuchse nachjagte, schoß so unvorsichtig in die Grube, daß dieser merkwürdige Brand entstand.

Eine weitere Sage erzählt von einem Bürger Zwickaus, welcher einen Fuchs aus dem Bau räuchern wollte und dabei nicht nur die oberen Kohlen, sondern auch den darüber stehenden Wald anzündete.

Wieder andere sehen die Ursache des Brandes im Anzünden eines Ameisenhaufens und etliche in dem Einschlagen des Blitzes in Stellen, wo die Kohlen zutage standen. [39]

Ein gespenstischer Bergmann führt irre

Einmal ritt ein beherzter Mann ganz allein in der Abenddämmerung nicht weit von Annaberg auf der gewöhnlichen Heerstraße. Da sah er plötzlich einen alten Bergmann vor sich hergehen. Als er an ihn herankam, bot er ihm einen guten Abend. Aber er erhielt keine Antwort, ebensowenig auf die Wiederholung seines Grußes. Da er etwas hitzig war, schrie er: »Ei, so soll dich Grobian doch gleich der Teufel –!« und zog ihm eins mit der Reitgerte über. Aber siehe, auf einmal wußte er nicht mehr, wo er war. Er ritt bis in die Nacht in der Irre herum. Erst gegen Mitternacht hörte er Stimmen. Auf seinen Ruf hin kamen Leute. Als er fragte, wo er sei, sagten sie ihm, daß er in seinem Heimatort wäre. Man führte ihn bis an sein Haus, das er auch nicht erkannte. Erst als seine alte Mutter mit einem Lichte vor die Türe trat, wußte er wieder, wo er war. Der Bergmann hatte ihn geäfft. [8]

Der Globensteiner Bergmann

In Globenstein bei Rittersgrün befindet sich nahe am Pöhlwasser ein Felsen, auf dem sich zuweilen ein gespenstischer Bergmann mit einem Grubenlicht auf dem Kopfe sehen und hören ließ.

Dieses Gespenst hat betrunkene Bergleute, die nachts an diesem Felsen vorbeikamen, mit ihrem eigenen Bergseil gebunden und an den Fels gehängt. Andere hat es in den Bach geworfen oder mit Poltern, Kratzen und Steinewerfen so erschreckt, daß sie sterbenskrank wurden. [10]

Der rätselhafte Reiter in Halsbrücke

In Halsbrücke soll ein Reiter ohne Kopf gesehen worden sein. Um Mitternacht sei er im westlichen Teil des Schulhofes in tollem Ritte um die dort stehende Wasserpumpe gejagt.

Eine grausige Begebenheit wird mit diesem Spuk in Verbindung gebracht:

Vor vielen Jahren war ein Soldat auf Urlaub heimgekommen. Anderntags fand man ihn tot in der Mulde hinter der Erzschmelze liegen. Sein bester Freund kam in Verdacht, ihn ermordet zu haben. Man konnte ihm jedoch nichts nachweisen.

Nach Jahren hatte sich dieser Freund unsittlich an einer taubstummen Frauensperson vergangen. Aus Furcht vor Strafe verübte er Selbstmord. Als Bergmann hatte er von der Grube eine Dynamitpatrone mit nach Hause genommen. Diese hatte er in den Mund gesteckt und mit einer Zigarre angezündet. Die Explosion riß ihm den Kopf weg.

Nach dem Volksglauben soll nun der Geist des Selbstmörders im Grabe keine Ruhe finden und als nächtlicher Reiter ohne Kopf umherirren. Auch bezeichnen viele dies als Strafe für den Tod seines Freundes. [49]

Der umgehende Grubenbesitzer

Um Mitternacht geisterte auf der einstigen Schallergasse in Johanngeorgenstadt der frühere Grubenbesitzer Schaller ohne Kopf umher. Den Kopf trägt er unter dem Arm, mit der anderen Hand führt er ein weißes Schaf.

Schaller sei unschuldig enthauptet worden, weshalb er nun allnächtlich in seiner Heimat mit einem weißen Schaf erscheine. Als sich nämlich der reiche Fundgrübner Schaller über den damaligen prunkliebenden Kurfürsten mißliebig ausgesprochen und zu wenig Abgaben entrichtet hätte, sei er verhaftet und nach Dresden abgeführt worden. Daselbst sei er ins Gefängnis geworfen worden und seitdem verschollen. Es heißt, er sei in Dresden heimlich mit dem Schwert hingerichtet worden.

Ehe man aber Schaller abführte, habe er all sein Geld in einem Bergstolln vergraben. Dazu habe er einen Fetzen mit dem Wunsche gelegt, daß der Schatz so viele Jahre ungehoben ruhen solle, wie der Fetzen Fäden habe. [10]

Der verstellte Bergmann zu Scheibenberg

Anno 1556 fuhr der Steiger Hans Fischer zum Scheibenberg an. Bevor er jedoch abends Schicht macht, kommt in seiner Gestalt ein Unrechter heim zu seinem Weibe. Er legt das

Gezähe nieder und setzt sich an den Tisch. Die Frau fragt: »Hans, wollt ihr essen?« Er sagt aber nichts, so daß das Weib nicht weiß, woran sie mit ihm ist. Nach einer Viertelstunde kommt der rechte Mann. Daraufhin verschwindet der am Tische. [19]

Der gespenstische Bergmann bei Scheibenberg

Am Scheibenberge hat sich oft ein Gespenst in Gestalt eines Bergmannes sehen lassen. Dasselbe ist den Maurern, welche Sand siebten, plötzlich auf den Hals gekommen. Andere hat es hinter den Berg an eine eiserne Tür, wie zum Eingang zu einem Schatz geführt. Diese hat man aber darauf nicht wieder finden können. [15]

Gespenstische Bergknappen bei Zinnwald

Frauen, die mit Butter durch den Zechengrund bei Zinnwald, wo früher reiche Bergwerke waren, gingen, sahen oftmals an diesem Orte Bergknappen, obgleich schon längst kein Bergbau daselbst mehr im Gange war. [15]

Der Bergbau in den Sagen über Orts- und andere Namen

Genau wie in der heutigen Zeit haben sich auch in der Vergangenheit viele Menschen für den Ursprung von Ortsnamen interessiert. Aber auch die Benennung einzelner Zeugnisse menschlicher Tätigkeit, wie beispielsweise des Aschegrabens in Altenberg oder Keglers Pflaster in Schneeberg, erregten – und erregen – das Interesse.

Helfen aber selbst die heute zur Verfügung stehenden Informationsquellen oftmals bei der Klärung der Namensentstehung nicht weiter, war in den vergangenen Jahrhunderten den einfachen Menschen sogar die Chronik verschlossen. Hinzu kommt, daß sich im Verlaufe der Entwicklung teilweise auch ein Wandel in der Bedeutung des Namens vollzog, wobei der ursprüngliche Sinn verlorengehen konnte. Änderungen von Ortsnamen, beispielsweise in Verbindung mit einem Herrschaftswechsel, sind ebenfalls keine Seltenheit. Manchmal wurde auch der frühere Name absichtlich – u. a. im Zusammenhang mit Repräsentationsbestrebungen – oder unbewußt aus dem Bewußtsein der Menschen verdrängt.

In den Sagen versuchten nun die Menschen, auch derartige Namen zu deuten und zu erklären. Neben Sagen, die exakt, ja fast wie eine ursprünglich mündlich weitergegebene Chronik die Entstehung eines Namens erklären, stehen solche, in denen – gefördert durch die mündliche Weitergabe – überlieferte Kenntnisse des tatsächlichen Geschehens mit Vermutungen vermischt werden. Schließlich wurde in einigen Sagen der Phantasie freier Raum gegeben. Darin eingeschlossen ist, daß manchmal in einen Namen etwas hineingedeutet wurde, was dem eigentlichen Sinne nicht entsprach.

Viele dieser Sagen stehen im sächsischen Erzgebirge verständlicherweise mit dem Bergbau in Verbindung. Sie gehören deshalb mit zu dem in diesem Buche behandelten Sagenkreis. Zur Vervollständigung wurden diesem Abschnitt noch zwei Sagen zugeordnet, die die Erklärung eines Wappens und eines Gemeindesiegels zum Inhalt haben.

Erwähnt sei in diesem Zusammenhang auch noch die Benennung von Gruben und die oftmals erfolgte spätere Deutung ihres Namens mittels der Sage, wenn die tatsächliche Ursache der Namensgebung in späteren Jahren nicht mehr bekannt war oder nicht mehr verstanden wurde. Zu diesen Sagen, die dem Kapitel über das Auffinden der Bodenschätze zugeordnet wurden, sind jedoch bereits Bemerkungen in der Einleitung enthalten.

Wie es zu dem Namen Altenberg kam

Im Osterzgebirge erfuhr die Zinngewinnung einen ungeahnten Aufschwung durch die Entdeckung der ergiebigen Lagerstätten auf einem unscheinbaren Berg neben der 824 m hohen Basaltkuppe des markanten Geisingberges. Als bald darauf in der Umgebung weitere Funde gemacht wurden, nannte man ihn den »Altenberg«. [32]

Der Aschergraben bei Altenberg

Der bald nach Inbetriebsetzung des Altenberger Zinnbergwerks um die Mitte des 15. Jahrhunderts erbaute Aschergraben hat wegen seiner kunstvollen Anlage schon immer die Bewunderung der Betrachter erregt.

Nach dem Volksglauben soll ihn ein Gewerke namens Ascher erbaut haben. Nach einer anderen Sage ist der Aschergraben das Werk eines zum Tode Verurteilten, der sein Leben dadurch rettete, daß ihm die schwierige Aufgabe gelang, dem Altenberger Bergwerk Wasser über drei Berge zuzuführen.

Der Name kann vielleicht auch von den Aschern herrühren, die in den Wäldern Asche zu Düngezwecken brannten. Möglicherweise hat aber auch die einst mehr aschgraue Farbe des Wäsche-Abwassers dem Graben den Namen gegeben. [13]

Der Name der Bergstadt Eibenstock

Man erzählt, daß früher an dem Orte, auf dem die Kirche von Eibenstock erbaut worden ist, eine Eibe gestanden habe, bei deren Stock sich die anfahrenden Bergleute versammelt hätten. Von diesem Umstande würde sich der Name der Stadt herleiten.

Auch wird erzählt, daß aus dem Stamm der Eibe das früher in der Kirche stehende Kruzifix, nach anderen aber der Pfeiler der Kanzel, gemacht worden sei. [15]

Die Entstehung von Schellerhau

Im Jahre 1543 hat Hans Schelle, Bergherr in Altenberg, von Magnus von Bärenstein, dem Grund und Boden gehörten, die Erlaubnis erhalten, auf dem Eierkuchenberg ein Bergwerk zu errichten. Bald siedelten sich an diesem Punkte Bergleute an. Nach und nach entstand hier ein Dorf, das nach seinem Begründer Schellerhau genannt wurde. [40]

Die Trauben im Beierfelder Gemeindesiegel

Das alte Beierfelder Gemeindesiegel zeigt neben zwei Löffelformen und einem Polierhammer auch eine Weintraube, die Löffel und Hammer umrankt. Obwohl die Weintraube sicherlich den aus dem Löffelmachergewerbe erwachsenden Nutzen symbolisieren sollte, übermittelt die Sage folgende Deutung:

Nach alter Überlieferung bezieht sich die Weintraube auf den einstigen Bergsegen Beierfelds. Ein Graf Schönburg soll im Jahre 1480 ein Bergwerk mit Schmelzhütte, die spätere Silberhoffnung, angelegt haben. Dabei habe er den Ausspruch getan: »Soll mir dieses Werk silberne Trauben bringen!«

Man hatte bald erkannt, daß sich die Hoffnungen erfüllten. Seitdem führt die Gemeinde im Siegel die silberne Weintraube. [44]

Der Goldbrunnen bei Blauenthal

Zwischen Blauenthal und Zimmersacher quillt der »Goldbrunnen«. Er soll seinen Namen dem Umstand verdanken, daß man aus ihm einst Gold gewaschen hat. [15]

Der Ursprung des Namens Buchholz

Der durch Ingangkommen des Bergwerks angebaute Ort soll nach dem Brauche der damaligen Zeit der Schutzpatronin, der heiligen Catharina, zu Ehren Catharinenberg geheißen haben. Weil nun aber auch ein Catharinenberg oder Catharberg in Böhmen lag, sich in der Gegend des erzgebirgischen

Catharinenberg ein Buchenwäldchen oder ein sogenanntes Buchholz befand, wurde zur Unterscheidung der im sächsischen Erzgebirge liegende Ort Catharinenberg im Buchholz genannt. Daraus soll der Kürze willen der Name Buchholz übriggeblieben sein. [15]

Der Name der Stadt Frankenberg

Der Name der Stadt Frankenberg soll sich von den Brüdern Franz und Anton Franke herleiten, welche das berühmte Silber- und Kupferbergwerk am Treppenhauer jenseits des Schlosses Sachsenburg gründeten oder zumindest maßgeblich bebauten.

Nach einer anderen Variante wird jedoch der Name mit der Sachsenburg in Verbindung gebracht. [54]

Von dem Namen der Stadt Marienberg

Das Gebiet der Stadt Marienberg wurde am 29. April 1521 durch Dr. Ulrich Rülein von Calw, Bürgermeister zu Freiberg, abgesteckt.

Herzog Heinrich soll die neue Stadt nun deshalb Marienberg genannt haben, weil sie gleichsam wie eine Tochter aus den Annabergischen Bergwerken entsprungen sei.

Nach einer anderen Version soll die Stadt ihren Namen der Tatsache verdanken, daß die nach den Eltern der Jungfrau Maria, Anna und Joachim, genannten Bergstädte Annaberg und Joachimsthal[19] sich sehr reich im Bergbau gezeigt hätten und der Herzog der Meinung war, daß sich die Tochter nicht schlechter als die Eltern entwickeln werde. [19]

Die Entstehung des Namens Silberstraße

Einst hat ein Edelmann aus dem Geschlechte derer von Uttenhoff, das auf der sogenannten Armen Ruhe ansässig war, die Erlaubnis erhalten, sich vom Kurfürsten von Sachsen eine Gnade auszubitten. Da hat er denn folgende Bitte geäußert: »Weil durch Gottes Gnade das reiche Bergwerk zu Schneeberg offenbart worden sei und daher viele Fürsten, Grafen und Herren und andere Leute, wenn sie dorthin zögen, meist durch seine Besitzungen durchmüßten, wodurch sein und seines Geschlechtes Namen immerdar bekannt werde, aber es wohl nicht anstehe, wenn gefragt würde, wer er sei und die Antwort laute: es ist der von Uttenhoff auf der Armen Ruhe, weil das Erz und nunmehr auch das Silber nach Zwickau bei ihm durchgeführt werde, so bitte er untertänigst, man wolle seines Gutes und Dörfleins Namen, die Arme Ruhe, in der Landtafel auslöschen und dafür dasselbe die Silberstraße nennen lassen.«

Seiner Bitte ward entsprochen und das Dorf in Silberstraße umbenannt. [8]

Keglers Pflaster in Schneeberg

Im Jahre 1493 lebte in Schneeberg ein Mann, namens Hans Kegler, der durch den Bergbau reich, aber nicht klug geworden war. Denn so gern er Witze machte, so sehr verunglückten ihm dieselben. Einst hatte er schmählich und leichtfertig von den Schneeberger Frauen gesprochen und dabei auch die Worte gesagt: »Es gäbe der frommen Weiber in Schneeberg so wenige, daß man sie allesamt auf einem Karren aus der Stadt fahren könne. Dabei werde der Karren nicht einmal voll.«

Als dies mehrere Frauen erfuhren, verklagten sie Kegler beim Stadtrichter Veit Jürgen. Zur Strafe wurde Kegler, nachdem er gefänglich eingezogen worden war, aufgegeben, die große Pfütze (ein Stück von der Kehle zwischen dem Schnee- und Clausberg, ungefähr dem seinigen und später Wüstischen Hause auf dem Markt gegenüber) ausstürzen und pflastern zu lassen. Diese Strafe wurde trotz seiner Beschwerde vom Herzog Georg bestätigt. Das Pflaster aber, wozu er über 100 Fuder Steine brauchte, ist lange hernach noch Keglers Pflaster genannt worden. [8]

Wie die Herren von Römer zu Zwickau zu ihrem Wappen gekommen sind

Um die Mitte des 15. Jahrhunderts ist in der Mühle zu Zwikkau ein Eseltreiber gewesen, dem einer Kuxwerk geschenkt hatte. Dies hat aber zuerst nicht viel getragen, so daß auch er es fahren lassen wollte, zumal er kein Vermögen hatte, um es zu erhalten. Als nun die Bergleute Zubuße haben wollten, haben sie ihn getröstet und gesagt: Gott der Herr werde bald einen großen Schatz auftun. Dies ist auch kurz darauf geschehen. So blieb der Eseltreiber nicht allein bei diesem einen Kux, sondern hat noch viele andere dazu gekauft. Dadurch wurde er so reich, daß die Silberkuchen in seinem Hause wie Bleistücke nebeneinander gelegen haben. Täglich wurden sie auf der Straße nach Zwickau in die Münze gebracht, wovon diese Straße den Namen Silberstraße erhielt. Weil aber damals das Silber für diese Münze zu viel war, hat dieser Römer, der ein kleines Männchen war, gesagt: Wohl ist ein reicher Mann auch gleich ein armer Mann, weil ich mein Silber nicht einmal gemünzt haben kann. Darum ist er mit sich zu Rate gegangen und hat beschlossen, drei Lastwagen mit Silber zu beladen und dieselben nach Nürnberg zu führen. Daselbst sollte nämlich ein sehr reicher Rat sein.

Als er in die Nähe dieser Stadt kam, sind ihm etliche Kaufleute begegnet, die er gar einfältig fragte, ob sich der Markt gut anlasse. Da haben sie ihn verlacht und gesagt: Dieser alte Narr kommt zum Markte, da derselbe schon vorbei ist. Er solle nur wieder nach Hause gehen. Er hat aber nichts weiter darauf gegeben und sein Vorhaben dem Kämmerer angezeigt und ihn gefragt, ob wohl ein ehrenwerter und wohlweiser Rat ein Stück Geld für ein Stücklein Silber, etwa einen Zentner schwer, geben wolle. Da haben sie gesagt: Jawohl, wenn nur das Silber vorhanden und recht viel wäre. Da hat Römer gesagt, er habe ein solches Stücklein. Ob sie es wohl sehen wollten? Doch sie antworteten darauf, er solle sie zufrieden lassen, wo wolle er es denn hernehmen? Doch ist auf sein Anhalten hin doch endlich einer von ihnen mitgegangen. Diesem hat er ein Stücklein Silber gewiesen. Nach der Probierung, die ergab, daß es gediegen Silber sei, hat er ihm noch ein Stückchen gezeigt. Dabei sagte Römer, so ihm Geld dafür zugewogen werde, wolle er es dalassen. Da hat der Kämmerer gesagt: »Ja Herr, wenn es mehr wäre, könnte es der Rat der Stadt Nürnberg wohl tun!« Darauf hat ihm Römer die drei mit Silber beladenen Wagen gezeigt und gesagt, daß er davon noch mehr habe. Darüber ist der Kämmerer sehr erschrocken und hat nicht gewußt, wie er mit ihm dran sei. Er sagte aber, daß er es schnell den Herren anzeigen wolle. Danach ist ihm für so viele Zentner Silber, wie er gehabt hat, ebensoviel gemünztes Geld zugewogen worden. Auch wurde er von den Herren zu Gast geladen und herrlich traktiert sowie wie ein gnädiger Herr tituliert und geehrt.

Als er nun seine Ware losgeworden war, ist er mit seinen drei Wagen, aber diesmal mit Geld beladen, wieder nach Zwickau gekommen. Danach hat Herzog Albrecht von Sachsen zu ihm geschickt, ob er ihm auf seiner weiten Reise nach dem heiligen Grab mit etlichen tausend Gulden dienen könne. Doch Römer meldete daraufhin zurück: Wenn es seiner fürstlichen Gnade gefällig sei, wolle er die Reise selbst mitmachen. Dies geschah denn auch. So hat dieser Römer seinen Fürsten mit 150 Pferden bis zum heiligen Grab und wieder zurück freigehalten. Diese Reise hat zweifelsohne eine stattliche Summe Geld gekostet. Darum ist er auch beim heiligen Grab zum Ritter geschlagen und mit den Seinen edel gemacht worden. Zum Zeugnis führen die Römer, so sie in Zwickau wohnen, eine Eselspeitsche (nach anderen einen Pilgerstab) im Wappen. [8]

Erläuterung ausgewählter berg- und hüttenmännischer Begriffe

Ader (Erzader)	Gang von geringer Mächtigkeit (Breite und Dicke) »... von vielen Erzadern genennet, weil sie sich vermutlich den unrechten Begriff gemacht haben, daß die Gänge in der Erde eben das wären, was die Adern in dem menschlichen Körper sind.« Delius, Christoph Traugott Anleitung zur Bergbaukunst Wien 1806
Anbruch	eine durch bergmännischen Betrieb aufgefundene (angebrochene) Masse nutzbarer Mineralien »Ein Anbruch wird genannt dasjenige Erz, Mineral oder Berg-Art, so am Gange noch ungewonnen ansteht.« Rössler, Balthasar Hell-polierter Berg-Bau-Spiegel Dresden 1700
Ausbeute	Überschuß aus dem Ertrag eines Bergwerks, welcher nach Zurückerstattung sämtlicher Zubußen ... und nach Abzug der für die nächste Zeit zum Betrieb erforderlichen Kosten bleibt »Wer Ausbeut will genießen, laß sich die Zubuß nicht verdrießen« bergmännisches Sprichwort

auspochen — durch Klopfen an die Hängebank den Bergarbeitern in der Grube das Zeichen zum Ausfahren geben

»Ehe der Steiger ausgepochet, nicht vom Ort fahren.«

Stollnordnung für das Kurfürstentum Sachsen 1749

Berg — durch bergmännischen Betrieb losgetrenntes oder dabei abgefallenes Gestein, welches keine nutzbaren Mineralien enthält

»Selbst Mühlen mit Teichen
müssen den Bergen weichen«

bergmännisches Sprichwort

Bergamt — Bergbehörde erster Instanz

Bergarbeiter sagen »Bergamt halten oder sich eine Gute machen«, wenn sie statt zu arbeiten miteinander schwatzen.

Veith, Heinrich
Deutsches Bergwörterbuch
Breslau 1874

Bergbauheilige/ Bergbaupatrone — Katholischen Glaubensvorstellungen entsprechend werden heilige Personen und Märtyrer verehrt und um Hilfe und Beistand ersucht. Manche werden von Bergleuten besonders verehrt, weil ihre Legende (Heiligengeschichte) oder ihr Attribut (typische Gegenstände der Legende, meist Martyriumswerkzeug) in Verbindung mit dem Bergbau steht, mitunter jedoch nur in einer sehr lockeren Verbindung.

Die größte Bedeutung haben im Erzgebirge:

noch
Bergbauheilige/
Bergbaupatrone

St. Anna (als Erzmacherin)

Das Metallsymbol ihrer Tochter Maria ist Silber, das ihres Enkelsohnes Jesus ist Gold, ihr eigenes ist Zinn. Der Bergmann sieht in dieser genealogischen Reihe nicht nur ihre nach der Legende unerwartete Mutterschaft, sondern auch eine zunehmende Veredlung der Metalle. Die im Erzgebirge verbreitete Darstellung der »Anna selbdritt«, d. h. Anna mit Tochter und Enkelkind, widerspiegelt diese Glaubensvorstellung.

St. Barbara (Märtyrerin des 3. Jh.)

Sie wurde von ihrem Vater, dem reichen Dioscorus von Nikomedien, in einem Turm gefangengehalten. Sie floh zu einem Felsen, der sich schützend vor ihr öffnete. Sie ist auch Patronin der Sterbestunde.
Ihr Attribut: Turm

St. Wolfgang (Heiliger)

geb. 924, gest. 994
972 Bischof von Regensburg
Nach der Legende warf er sein Beil vom Berg ins Tal, um dort, wo es niederfiel, seine Zelle zu bauen. Es war am Abersee, an der bergwärts gelegenen Felswand des Falkensteins.
Ähnliche Beilwürfe waren bei den Germanen bei der Besitzergreifung von Grund und Boden üblich, spielten zuweilen bei der Vermessung der Größe einer Fundgrube eine Rolle.
Marie Andree-Eysn
Volkskundliches aus dem bayrisch-österreichischen Alpengebiet / Braunschweig 1910:

Über Fasten und Beten hatte Wolfgang das Chorgebet verschlafen. Aus Buße schlug er Hände und Füße gegen den Fels, »aber ein gütiger Gott ließ den Stein wider seine Natur und Eigenschaft so weich werden als ein Lehm oder Letten, dessen noch die sichtigen Wahrzeichen vorhanden...«

Auch anderenorts, vor allem in seinem böhmischen Missionsgebiet, hinterließ er seine Fußspuren...

Sein Attribut: Beil, Barte

St. Daniel (Prophet)

Der Legende gemäß kommt er 597 v. Chr. an den Hof Nebukadnezars und deutet Träume.

Mathesius, Johann / Sarepta oder Bergpostill / Nürnberg 1562 3. Predigt: »Ich muß hier zum Beschluß die alte Bergfabel von Daniel erwähnen, denn Bergleute halten ihn ja für einen Bergmann, weil er die vier Kaisertümer (Traumdeutung am Hofe Nebukadnezars) in vier Metallen abmalte... Dieser Daniel soll Erz auf den Bäumen haben suchen wollen, wie Äneas einen goldenen Ast am Baume fand...«

Daniel wurde in eine Löwengrube geworfen und wunderbar gerettet.

Seine Attribute: Bergeisen oder Feustel, Spitzhaue, Löwe

St. Katharina (Märtyrerin)

Nach der Legende eine hochgebildete Königstochter von Zypern. Es gelang ihr, fünfzig Philosophen zum Christentum zu bekehren. Sie sollte gerädert werden, aber Blitz und Donner

noch Bergbauheilige/ Bergbaupatrone

zerstörten dieses mit Messern und Nägeln bestückte Rad. Sie wurde mit dem Schwert enthauptet.

Ihre Attribute: Rad. Schwert

St. Katharina und St. Barbara nannte man Geschwister-Heilige

St. Christophorus (griech. Christusträger)

Ein Riese, der seiner Legende nach Pilger über einen Fluß trug. Er wurde Patron der Pilger, Reisenden und aller Berufe, die große Kraft erfordern.

Bergmännischer Bezug: Wer ihn vor der Schicht verehrt hat, muß bei einem Unglücksfall die letzte Ölung vor seinem Tod nicht empfangen.

Sein Attribut: Baum

St. Barbara, St. Katharina und St. Christophorus gehören zu den »Vierzehn Nothelfern«, das sind Heilige, die vor ihrem Märtyrertod Gott gebeten haben sollen, dem Hilfe zu gewähren, der ihn in ihrem Namen darum bittet.

(Übrigens wird auch Oswald – s. Dudel-Kirche – örtlich zu den Nothelfern gezählt).

Bergfeste

»Berg-Feste wird bei mächtigen Gängen von den Bergleuten, wie ein Pfeiler in der Mitte des Ganges stehend gelassen, daß die Grube eine sichere Haltung habe, und nicht zu Bruch kommen möge.«

Schönberg, Abraham von
Ausführliche Berginformation
Leipzig 1698

Berggebäude

der gesamte Grubenbau

noch *Berggebäude*	»Für jedes Berggebäude muß ein Schichtmeister und ein Steiger von den Grubeneigentümern bestellt werden.« Berggesetz (für das Großherzogtum Sachsen, Weimar, Eisenach) 1857
Bergherr	Bergregalinhaber (Landesherr), höherer Bergbeamter oder Bergwerkseigentümer
Bergjunge	jugendlicher Arbeiter (bis 20 Jahre), vorzugsweise in Förderung und Aufbereitung eingesetzt »Bergleute ... da sie ... aus Jungen und Knechten Häuer, und aus Häuern Steiger geworden sind« Melzer, Christian Bergläufige Beschreibung ... der Bergstadt Schneeberg Schneeberg 1684
Bergleder *(Arschleder)*	ein halbrund geschnittenes, um die Hüfte geschnalltes, nach hinten getragenes Leder »Das Arschleder abbinden ... eine Strafe, die Ehrlosigkeit und den Verlust der Arbeit auf allen Gruben nach sich zog.« Richter, C. F. Neuestes Berg- und Hüttenlexikon Leipzig 1806
Bergmeister	Vorsitzender eines Bergamtes »Der Bergmeister ist der Vorsitzende des Bergamts und dirigiert den Bergbau seines Reviers sowie den Gang der Geschäfte und die berggerichtlichen Angelegenheiten.«

noch **Bergmeister**	Köhler, Alexander Wilhelm Anleitung zu den Rechten und der Verfassung bei dem Bergbau . . . Freiberg 1824
Bergregal	Verfügungsrecht über Lagerstätten, das dem Eigentümer an Grund und Boden entzogen wird, mitunter das Verkaufsrecht an edlen Metallen einschließend. »Unter Bergregal wird jenes landesfürstliche Hoheitsrecht verstanden, gemäß welchem gewisse, auf ihren natürlichen Lagerstätten vorkommende Mineralien der ausschließlichen Verfügung des Allerhöchsten Landesfürsten vorbehalten sind.« Allgemeines österreichisches Berggesetz 1854
Bergsegen	Ertrag des Bergbaus »Glück auf! ihr Bergleut, ich halt es mit euch und wünsch auch allen Bergsegen zugleich. Gott lasse das Bergwerk im Flor fortgehen Gott lasse das Bergwerk in Segen bestehen« Bergreihen
Bergtrog (Sichertrog)	ein länglich rundes Fördergefäß »Bergtrog ist wie eine Mulde, dienet dazu, daß man mit der Kratze Berg oder Erz hineinfüllt und ferner in den Karren oder Kübel stürzt.« Gätzschmann, Moritz Ferdinand Sammlung bergmännischer Ausdrücke Freiberg 1859
Blende	Grubenlampe, bei der in einem Wetterkasten (kleines Gehäuse) eine kleine Öllampe (Kukkuck) steht.

noch *Blende*	»Das Geleuchte soll für die Arbeiter in der Regel aus Öllampen in Blenden bestehen. ... Beim Fahren im Schacht muß die Blende in einem um den Hals zu legenden guten Blendenstrick eingehängt werden.« Vorschriften für die Bergarbeiter ... Dresden 1867
Durchschlag	offene Verbindung zwischen zwei Grubenbauen »Durchschlag, wenn man zwei Örter gegeneinander treibt und dieselben zusammenkommen.« Schönberg, Abraham von Ausführliche Berginformation Leipzig 1698
Eigenlehner (teilweise auch Eigenlöhner)	einer, der in dem Bergwerk, das ihm gehört oder an dem er beteiligt ist, selbst Handarbeit verrichtet »Ein Einspänniger oder Eigen-Löhner wird genannt, so eine Zeche allein baut.« Hake, Christian Heinrich Gottlieb Commentar über das Bergrecht Sulzbach 1823
einlegen	einschlagen »Einlegen heißt, wenn man anfängt zu schürfen und zu bauen.« Herttwig, Christoph Neues und vollkommenes Berg-Buch Dresden und Leipzig 1710
Einschlag	Ansatzpunkt eines Stollns, einer Strecke »Einschläge heißen die Punkte über Tage, von welchen man mit einer in das Gebirge hinein-

noch Einschlag	gehenden horizontalen Öffnung ... angesessen ist.« Rinman, Swen Allgemeines Bergwerkslexikon Leipzig 1808
einschlagen (vgl. einlegen bzw. abteufen, einen Schacht anlegen)	»Dieweil das Gebirge Unterschiede hat, ... so schlägt ein weiser Bergmann nicht ein auf einem ebenen Feld, auch nicht oben auf den Bergen.« Agricola, Georgius De re metallica Basel 1556
Eisen (vgl. Schlägel und Eisen)	ein spitzer, eiserner, in der Mitte meist mit einer Öffnung (Auge) versehener Keil »Die in älteren und neueren Beschreibungen des Bergbaues alter Völker oft genannten Meisel ... waren nur dergleichen ungelochte Eisen ... noch im 16. Jahrhundert waren dieselben neben den gehelmten Eisen auch bei dem sächsischen Bergbau in Anwendung.« Gätzschmann, Moritz Ferdinand Die Lehre von den bergmännischen Gewinnungsarbeiten Freiberg 1846
fahren	sich im Schacht bewegen, letztlich gehen, jede Besichtigung
Fahrhaube (Fahrkappe, Bergkappe)	haubenartige Kopfbedeckung aus weißem Leinen mit langen Bändern, die auf die Schultern herabhängen oder im Nacken zusammengeknüpft werden

Fahrt	Leiter im Schacht »Fahrt ist, darauf man in die Grube fährt, heißt eine Fahrt, nicht eine Leiter« Ursprung und Ordnungen der Bergwerke Leipzig 1616 (desgl. bei Ruteni Bergbüchlein)
Feld	»Feld bedeutet nach der Bergwerkssprache einen Distrikt auf einem Gebirge oder Lagerstätte, auf welchem entweder schon vorher Bergbau getrieben worden ist, oder gegenwärtig getrieben wird, oder noch unternommen werden kann.« Hake, Christian Heinrich Gottlieb Commentar über das Bergrecht Sulzbach 1823
geviert Feld	auf der Erdoberfläche wird von der Stelle, wo eine Lagerstätte nachgewiesen ist, eine Fläche von der gesetzlich vorgeschriebenen Größe der Länge und Breite nach bestimmt
Feustel (Fäustel, Schlägel)	eiserner Hammer mit gleichgestalteten Endflächen (vgl. Schlägel und Eisen) »Unter unsers Fäustels Schlägen quillt der Erde reicher Segen aus der Felsenkluft hervor.« Theodor Körner
Firste (Fürst)	obere Begrenzungsfläche eines Grubenbaues »Man sagt, es haben Bergleute einen Stolln getrieben auf dem Eisenstein und in Magneten erschlagen, da sie nun Schicht gemacht und ihr Eisen vor dem Ort auf der Sohle haben liegen

noch *Firste* *(Fürst)*	gelassen, so sind die Eisen morgens in der Firste gehangen.« Mathesius, Johann Sarepta Nürnberg 1571
flötzschen *(fletzschen)*	im Zusammenhang mit den Sagen soviel wie durch Waschen gewinnen (kein Nachweis in Berg- und Hüttenwörterbüchern)
Fundgrube	Grubenfeld, welches nach alten Bergordnungen dem ersten Finder oder Muther auf einer vorher nicht bekannten Lagerstätte zugeteilt werden mußte »So ist es besser mit Gott und gutem Gewissen ein armer Häuer oder Haspelzieher sein, denn mit dem Teufel und bösem Gewissen ein gewaltiger Fundgrübner.« Albinus, Petrus Meißnische Bergchronik Meißen 1590
fündig	reich an nutzbaren Mineralien und Erzen »Ich weiß das höfflichste Bergwerk ist fündig überreich.« Bergreihen
Gang	plattenförmige Minerallagerstätte in Form eines angefüllten Spaltenraumes; später entstanden als das sie umgebende Gebirge. Fällt mit mehr als 20 Grad ein, bei weniger als 20 Grad nennt man sie Flöz

Streichen des Ganges

Richtung der Längsausdehnung. Wird, entsprechend alter Kompaßeinteilung, in Stunden angegeben

»Die Stunden werden ... in jedem Halbkreis von 1 bis 12, von Mitternacht über Morgen bis Mittag und von hier wieder beginnend über Abend bis Mitternacht ... gezählt. Jede Stunde wird in 8 Achtel, jedes Achtel in 4 Viertel, jedes Viertel in drei Teile geteilt, diese je nach ihrer Lage gegen den nächsten Viertel-Teilstrich über den einen hinaus – Plus, oder vor dem nächstfolgenden Minus genannt.«

Gätzschmann, Moritz Ferdinand
Sammlung bergmännischer Ausdrücke
Freiberg 1859

Gangkreuz

Kreuzung zweier Gänge

»Wo Kreuzgänge die beiden Gänge, den stehenden und den flachen kreuzen oder überfahren, da ist gar verhofflich (d. h. reiche Lagerstätte) zu bauen und zu senken.«

Ursprung und Ordnung der Bergwerke
Leipzig 1616

Gedinge

eine nach Menge und Qualität bestimmte Arbeit ohne Berücksichtigung der aufgewendeten Zeit

»Gedinge, eine gewisse abgemessene Arbeit, so denen Bergleuten verdinget wird, damit besserer Fleiß in der Arbeit getan werde.«

Schönberg, Abraham von
Ausführliche Berginformation
Leipzig 1698

Geschiebe

Geröll

»Je schärfer ein Geschiebe ist, je näher ist der Gang, je glätter und runder, je weiter muß der Gang gesucht werden.«

Uttmann, Hans von Elterlein

Berg-Bericht ... aus eigener und langwieriger Erfahrung 1601 geschrieben und jetzt herausgegeben von Georg Christoph Kreysig

Dresden 1732

Geschworener

Bergbeamter und Mitglied eines Bergamtes

»... veranstalten unter Direktion des Bergmeisters den speziellen Bau und Haushalt jeder Grube ...; ferner, ob der Grubenbau und die Erzaufbereitung gehörig verführt und von den Grubenvorstehern und Arbeitern ihre Schuldigkeit beobachtet werde, untersuchen und Letzteren ihre Arbeit verdingen.«

Köhler, Alexander Wilhelm

Anleitung zu den Rechten und der Verfassung bei dem Bergbaue ...

Freiberg 1824

gewältigen

Grubenbau von hereingestürzten Gesteinsmassen oder Wasser entleeren

»Alte Schächte auf den verlegenen (d. h. aufgegebenen) Bergwerken wieder aufnehmen und gewältigen.«

Albinus, Petrus

Meißnische Berg-Chronik

Meißen 1590

Gewerke — alle Bergbautreibenden, später Mitglieder der Gewerkschaft (bergbauliche Genossenschaft)

»Gewerken werden genannt die Partizipanten des Bergbaus, nämlich diejenigen, die auf das Bergwerk Geld anwenden, Kuxe bauen und hernachmals Ausbeute bekommen.«

Bernard, Christian

Interpres phraseologiae metallurgicae oder Erklärung der vornehmlichsten Terminormen und Redearten, welche bei den Bergleuten ... gebräuchlich sind

Frankfurt am Main 1673

Gezähe — einfache bergmännische Werkzeuge

Glanz — bergmännischer Ausdruck für Bleisulfid-Minerale (z. B. Galenit, PbS)

Glück auf — bergmännischer Gruß, der meint, Klüfte und Gänge sollen sich auftun

»Der Berge uralt Zauberwort: Glück auf!«

Theodor Körner

Grube — Berggebäude, d. h., der unterirdische Teil im Bergwerk

»Wenn die Grube ... während dreier Frühschichten unbelegt gefunden wird, so wird das Bergwerk dem Neumuther ... verliehen.«

Bergordnung für Nassau 1857

Halbsechsten — siehe *Gang*

Halde — Aufhäufung tauben Gesteins auf der Erdoberfläche in der Nähe des Schachtes oder Stollns

Hammer (Hammerwerk

ein Werk, wo z. B. Eisen und Blech mit durch Wasserkraft bewegten Hämmern bearbeitet werden

Man unterscheidet z. B. Eisenhammer, Kupferhammer, Zainhammer, Nagelhammer

Handstein

Stufe von besonderer Schönheit, mitunter von Goldschmieden kunstvoll gefaßt

Hängebank

allgemein die Mündung eines Schachtes

»Hängebank, der Ort auf den Pfühlbäumen über dem Schacht, da die Kübel ausgestürzt werden.«

Schönberg, Abraham von
Ausführliche Berginformation
Leipzig 1698

»Was da geschieht in den Gruben und an den Leitern und an der Hängebank, das soll der Bergmeister richten.«

Freiberger Bergrecht um 1307

Hangendes

Gebirgsmasse auf einer nicht senkrecht fallenden Lagerstätte

»Die beiden durch die Gangplatte geschiedenen Gebirgsteile nennt man das Hangende und das Liegende, die sich natürlich nur bei einem nicht saiger (senkrecht) fallenden Gang unterscheiden lassen.«

Gätzschmann, Moritz Ferdinand
Die Auf- und Untersuchung von Lagerstätten ...
Freiberg 1856

Haspel

mit Menschenkraft bewegte einfache Fördereinrichtung mit horizontal liegender Welle

noch *Haspel*	»An einem schweren Haspel einen ganzen Tag stehen, und viel Umschlag für einen Pfennig tun müssen, und oft von Haspel gerückt und vom Haspelhorn geschlagen werden, das ist eine saure Nahrung.« Mathesius, Johann Sarepta Nürnberg 1571
Häuer	der Bergmann, der Erz oder Berge abbaut »Von der Zeit an ... stieg ich allmählich bis zum Häuer, welches der eigentliche Bergmann ist, der die Arbeiten auf dem Gestein betreibt, nachdem ich anfänglich bei der Ausförderung der losgehauenen Stufen in Körben angestellt war.« Novalis Heinrich von Ofterdingen Berlin 1826
Haufwerk	durch bergmännische Arbeit losgetrennte Mineralmassen
Hütte *(Schmelzhütte)*	das Gebäude, in dem Erz geschmolzen oder auf andere Art zu Gute gemacht wird
Hüttenmeister	ein Hüttenoffiziant, der die Beschickung der Erze und deren Übernahme besorgt, sie probiert und Aufsicht über die Hüttenarbeiter führt
Hund *(Hunt)*	ein Kasten mit vier Rädern für die Förderung auf sehr engen Stolln »Den Hund anhängen, oder Hunds-Pengel stechen bedeutet, daß die Arbeiter feiern, faulenzen und nicht arbeiten.«

noch Hund (Hunt)	Hertwig, Christoph Neues und vollkommenes Berg-Buch Dresden und Leipzig 1710
Huthaus	Gebäude auf einem Bergwerk, in dem Gezähe und Materialien aufbewahrt werden und in dem sich die Bergleute vor dem Einfahren und nach dem Ausfahren versammeln
Kappe	Kleidungsstück oder ein auf Stempel liegendes horizontales Querholz bei der Schachtzimmerung (ergibt den sogenannten Türstock)
Karre	einrädriges Fördergefäß »Es ist mit den Hunden gegen den Karren ein ziemliches zu ersparen. Denn man auf einmal soviel fortbringen kann, als mit 2 oder $4^1/_2$ Karren.« Rößler, Balthasar Hell-polierter Berg-Bau-Spiegel . . . Dresden 1700
Kaue	Überbau über einen Schacht zum Schutze vor Regen und Wind »Der Gruben-Steiger soll sich alle Tage zu 7 Uhr, wenn die Häuer einfahren wollen, auf der Grube in der Kaue finden lassen.« Span, Sebastian Sechshundert Berg-Urteile, Dresden 1698
Keilhaue	starkes Eisenstück mit einer leicht gebogenen Spitze an der einen Seite und einer Öffnung (Auge) zur Aufnahme des Stieles (Helm) an der anderen Seite

noch Keilhaue	»Was er mit einer Kratze oder Keilhaue unter sich gehauen, das gehört an seinen Nutz.« Freiberger Bergrecht um 1307
Kies	bergmännischer Ausdruck für Eisen- und Kupfersulfid-Minerale (z. B. Pyrit, Chalkopyrit)
Knappe	Bergmann, insbesondere Häuer
Knappschaft	alle auf einem Bergwerk in Arbeit stehenden Knappen sowie Vereinigung, um Mitgliedern und deren Angehörigen in Fällen von Krankheit, Arbeitsunfähigkeit und Tod Unterstützung zu gewähren
Kunst	bergmännischer Ausdruck für Maschine (Wasserkunst, Fahrkunst, Kunstgezeug)
Kux	Anteil an einem Bergwerk »... ein Kux ist ein hundertachtundzwanzig Teil alles dessen, das dem Bergwerk zugehört . . .« Rülein von Calw Ein wohlgeordnet und nützlich Büchlein, wie man Bergwerk suchen und finden soll ... um 1500
Lachter	Längenmaß: etwa 2 m
Letten	tonartige, bergmännisch taube Kluft- und Spaltenfüllung aus zermahlenem Gestein
Liegendes	Gebirgsmasse unter einer Lagerstätte (vgl. Hangendes)
Lot	Gewicht unterschiedlicher Größe, zeit- und landbedingt, zwischen 16 g und 30 g

noch Lot	Münzgewicht (Silber) 1 Mark (500 g) = 16 Lot zu 18 Grän
Mann (alter, tauber)	alter Mann – abgebauter, mit Gesteinsmassen ausgesetzter Stolln tauber Mann – nicht zur Gewinnung nutzbarer Mineralien getriebener Stolln
Markasith (spießiger)	bergmännischer Ausdruck für rhombisch kristallisiertes Eisensulfid (vgl. Kies)
Meiler	nach gewissen Vorschriften zusammengesetzte Holzhaufen, woraus Kohle gebrannt wird
Mundloch	die Stelle, an der an der Erdoberfläche mit dem Bau eines Stollns begonnen wurde »Os cuniculi, des Stollns Mundloch« Agricola, Georgius De re metallica Basel 1556
muten (muthen)	»Muthen geschieht, wenn der Finder eines Ganges dem Bergmeister durch einen Zettel zu erkennen gibt, wie er an einem gewissen Ort auf dem Gebirge in unverliehenem Feld eine Fundgrube, ... Poch- oder Schmiedestatt, oder eine ins Freie gefallene Zeche aufzunehmen und zu bauen begehrt.« Schönberg, Abraham von Ausführliche Berginformation Leipzig 1698
Ort	das jeweils vom Vortrieb eines Stollns erreichte Ende

noch
Ort

»Die Redensart: vor einem Ort ansitzen kommt daher, weil die Häuer ihre Arbeit in Gruben gewöhnlich sitzend oder knieend verrichten.«

Rinman, Swen
Allgemeines Bergwerkslexikon
Leipzig 1808

Pochwerk (Pucherich)

Maschine, bei der, mit Wasserkraft angetrieben, durch Zapfen auf einer Welle hölzerne oder eiserne Stempel gehoben und fallengelassen werden, um Erz, Schlacke und andere Steinarten entweder trocken oder naß zu zerstoßen

probieren

den auszubringenden Gehalt der Erze, Metalle und Mineralien nach einem richtigen Maß und Verhältnis untersuchen und genau bestimmen

Risse

kartographische Darstellung der Grubengebäude

»Alle Gegenstände der Tagessituation, auf deren Erhaltung beim Grubenbetrieb Rücksicht genommen werden muß, sind ... zu Risse bringen.«

Huysson, A.
Commentar zum Preußischen Allgemeinen Berggesetz 1867

Rösche

Graben, der den Künsten (Maschinen) Wasser zuführt oder Grubenwasser ableitet

»Röschen ist, zumal in angebauten Gegenden, viel kostbarer als Schürfen«

Leonhard, Gustav
Grundzüge der Bergbaukunde
Stuttgart 1852

Rotgültig — bergmännischer Ausdruck für die reich silberhaltigen Minerale Pyrargyrit und Proustit (wenn man sie reibt, bekommen sie eine rote Farbe)

Saiger-Hütte — Hütte, in der aus silberhaltigem Kupfer durch Zusatz von Blei Silber abgezogen wird

Schacht — ein von der Erdoberfläche senkrecht oder stark geneigt in die Tiefe geführter Grubenbau

»Die Schächte haben einen verschiedenen Endzweck: sie dienen zum Ein- und Ausfahren, zum Herausfördern der Erze und Berge, zur Wasserhebung, zum Wetterzuge, zum Einlassen des erforderlichen Grubenholzes, der Kunstsätze und dergleichen.«

Gätzschmann, Moritz Ferdinand
Die Auf- und Untersuchung von Lagerstätten
Freiberg 1856

Schicht — die nach Stunden bemessene regelmäßige tägliche Arbeitszeit des Bergmannes (vgl. Gedinge)
letzte Schicht fahren bedeutet sterben

»Einem Häuer wird nicht zugelassen, zwei Schichten zu fahren, darum daß er gemeinlich in der Grube pflegt zu schlafen oder fährt langsam an und eher ab, denn sichs gebührt.«

Löhneyss, G. E.
Bericht vom Bergwerk
Zellerfeldt 1617

Schlägel — »Das Schlägel ... ist seinem Charakter nach ein Hammer, wird mit einer Hand geführt.«

noch Schlägel Gätzschmann, Moritz Ferdinand
Die Lehre von den bergmännischen Gewinnungsarbeiten
Freiberg 1846

Schlägel und Eisen »Man findet ‚Schlägel und Eisen' sehr oft unrichtig dargestellt, weshalb wir ... darauf aufmerksam machen, wie darin die beiden Stücke so liegen müssen, daß der Schlägel zuerst und zwar mit der rechten Hand zu ergreifen ist, sein Helm also über dem Stiele des Eisens liegen muß; ...«
Zeitschrift über das Berg-, Hütten- und Salinenwesen Bd. 1 Berlin

Schlepper in der Förderung eingesetzter Bergarbeiter
»Erfahrungsmäßig läuft in der zwölfstündigen Schicht oder 9 Stunden Arbeitszeit ein Schlepper, welcher sich die Gefäße selbst zu füllen und sie am Ende seines Weges auszustürzen hat, hin und her: mit der Laufkarre bei 20 Lachter Förderlänge 110 mal, mit dem ungarischen Hunde bei 20 Lachter Förderlänge 80 mal.«
Zeitschrift für das Berg-, Hütten- und Salinenwesen Bd. 1 Berlin

Schmalte bergmännischer Ausdruck für Kobalt-Arsenid-Minerale oder blaues Glas, das durch das Schmelzen des Kobalts mit einem Zusatz von pulverisiertem Quarz und Pottasche bereitet wird und als feine blaue Farbe verkauft wird

schürfen nutzbare Mineralien durch bergmännische Arbeit aufsuchen

noch schürfen

»Dieweil durch das Schürfen die Gänge und andere Berggeschicke erkundigt werden, soll einem jeden das Schürfen und Einschlagen frei stehen, doch dergestalt, daß der Schürfer niemand mutwilliger Weise und aus Neid einschlage und sollen die besamten Äcker, dieweil Früchte darauf stehen, verschont werden.«

Wagner, Thomas
Corpus Iuris metallici recontissimi et antequivris
Leipzig 1791

Seife

Ablagerung von Mineralien auf der Gebirgsoberfläche, die aus der Zerstörung anstehender Lagerstätten durch Verwitterung, Ab- und Zuschwemmung entstanden ist

seifen

Gewinnung von nutzbaren Mineralien mit Hilfe von fließendem Wasser (waschen)

»... stehen die Seifner, welche die Steine und Wacken herauswerfen und die Gebirgsstücke mit einer Gabel beständig aufheben, so daß sich die Erzgräupchen zu Boden setzen und der Sand weggeflößt wird.«

Hake, Christian Heinrich Gottlieb
Commentar über das Bergrecht
Sulzbach 1823

seiger

senkrecht (auch *saiger*)

Spath

siehe *Gang;* Spath-Gang als Richtungsbezeichnung

bergmännischer Ausdruck für die Minerale Fluorit, Baryt und der Calcit- und Aragonit-Reihe

Steiger — Grubenaufseher, der die Arbeit auf der Grube leitet und die Arbeiter beaufsichtigt
»Kein Oberbergmeister noch oberster Leiher ... hat die Gewalt, daß sie ... mögen setzen keinen Steiger ... gegen der Gewerken Willen.«
Freiberger Bergrecht um 1307
(Leiher bedeutet Bergregalinhaber)

Stock (Erzstock, Zwitterstock) — bergmännischer Ausdruck für eine unregelmäßig geformte mächtige Lagerstätte

Stolln — ein von der Erdoberfläche aus in das Innere des Gebirges in horizontaler Richtung geführter bergmännischer Bau
»Wie ein Schacht von Tage nieder perpendiculariter, also wird ein Stolln unten am Gebirge horizontaliter in Gebirge wie ein Gang getrieben, dadurch man Wetter einbringen, Wasser benehmen und vorliegende Gänge überfahren kann.«
Schönberg, Abraham von
Ausführliche Berginformation
Leipzig 1698

Strecke — horizontaler Grubenbau, im Gegensatz zum Stolln aber von einem anderen Grubenbau aus angelegt
»Auf Stolln und Strecken,
laßt Euch nicht schrecken.«
Bergmännischer Spruch

Streichen — Richtung der Längsausdehnung einer Lagerstätte (vgl. Gang)

noch Streichen »Das Streichen erstreckt sich in die Länge, das Fallen in die Teufe, und die Breite in die Quere von einem Salband zum anderen und observiret man das Streichen eines Ganges nach der Stunde des Kompaß, das Fallen nach dem Grad des Zirkel-Bogens oder nach der Tonnlage; die Breite nach dem Lachter.«

Schönberg, Abraham von
Ausführliche Berginformation
Leipzig 1698

Stufe ein Stück Gestein

»Bei Annaberg ist eine Kiesstufe gebrochen, fast einen Spannen hoch und armesdick, hat unten eine Druse gehabt, die durchgegangen ist und in der Mitte ist ein Absatz gewesen; an dieser Stufe sind über hundert Glas-Erz-Tröpflein gestanden. Mit derselben ist Matthesius verehret worden, welcher ihm einen Ölberg von Glas-Erz darein hat schneiden lassen, daraus eine schöne und kunstreiche Schaustufe geworden.«

Albinus, Petrus
Meißnische Bergchronik
Meißen 1590

eine Stufe schlagen bedeutet ein Zeichen ins Gestein hauen

treiben (abtreiben) Schmelzarbeit treiben, d. h., edle Metalle von den unedlen vermittels Feuer scheiden

Überbau ein aus der Tiefe in die Höhe (nach der Erdoberfläche) geführter schachtartiger Bau

Venediger (Venetianer) siehe *Wale*

Wale (Wahle)

»... so werden diejenigen Italiener, oder auch Fremde überhaupt, welche in gebirgigen Gegenden erzhaltige Steine und Sand aufsuchen wollen, von dem großen Haufen Wahlen genannt.«

Lehmann, Christian
Schauplatz der natürlichen Merkwürdigkeiten des meißnischen Obererzgebirges
Leipzig 1699

»Gleichzeitig wurden die neuen Gewerken, die den Stollen vortrieben und die alten Gewerken, die die Gruben bauten, angewiesen, den ‚Walen' gehorsam zu sein und von ihnen drei Räder (Wasser-Räder) in den Stollen hängen zu lassen. Diese Walen, der Markgraf nennt sie ‚seine Walen', waren Augustin und sein Oheim Nikolaus von Florenz, die die Freiberger Münze gepachtet und die Einnahmen aus den Bergzehnten gepachtet hatten.«

Urkundenbuch der Stadt Freiberg
Hrsg. Ermisch, Hubert
Leipzig 1886, Bd. II h° 897–907

Wand

ein aus seinem ursprünglichen Zusammenhang gelöstes Gesteinsstück

»Wie denn jezuweilen die flachen Schmer-Klüfte (mit Letten gefüllte Kluft) große Wände ziehen, dergleichen wenig Tage vor meiner Befahrung, indem man solche mit einer Mauer fangen wollte, einen Hauer gefangen und gequetscht, dagegen drei andere noch entsprungen waren.«

Beyer, Adolph
Otia Metallica oder Bergmännische

noch	Neben-Stunden ...
Wand	Schneeberg 1748

Wasserkunst (vgl. Kunst)

eine Wasserhebemaschine

»Kunst ist, damit man ein großes Wasser hebt; treibt ein Wasser das andere; die braucht man auf Bergwerken, die man tief absenkt und sehr wassernötig sind.«

Ursprung und Ordnung der Bergwerke
Leipzig 1616

Wetter

Luft im Grubenbau

»Es ist kunstreich, daß man auf einem Stolln in der Firste aus Brettern eine Lutte schlägt, ..., damit das gute Wetter oder frische Luft in den Berg zieht und das böse Wetter unter dem Tragewerk wieder heraus schleichen könne, und sonderlich, wo man mit einem Blasebalg das böse Wetter hebt, da folgt bald ein gutes, weil die Natur nicht leiden kann, daß ein Ort leer, ledig oder ohne Luft sei.«

Mathesius, Johann
Sarepta
Nürnberg 1571

(Lutte = Kanal, Rohr; Tragewerk = Kanal auf der Stolln-Sohle)

Wismut

ein Halbmetall; es ist $9^1/_2$ mal so schwer wie Wasser, verfliegt in der Gluthitze und verbrennt in der Luft mit blauer Flamme und gelbem Rauch. Es löst sich leicht in Quecksilber auf, welches oft damit verfälscht wird.

noch Wismut

Richter, C. F.
Neuestes Berg- und Hütten-Lexikon
Leipzig 1805

Wünschelrute

ein astgabelförmiges Gerät aus Holz oder Metall, das in der Hand des Rutengängers durch Drehen, Neigen oder Ausschlagen die Stelle anzeigen soll, an der sich unter der Erdoberfläche Lagerstätten, Quellen, verlorene Gegenstände befinden

»Über die Rute, damit etliche meinen die Gänge zu finden, ist viel und mancherlei Zank (Streit) unter den Bergleuten. Denn etliche sprechen, daß ihnen solche sehr wohl dienen die Gänge zu finden, die anderen aber sagen das Gegenteil.«

Agricola, Georgius
De re metallica
Basel 1556

Zeche

»... ist die allgemeine Bedeutung für jedes eigentliche Bergwerkseigentum, also auch für einen Stolln; die Benennung Grube gebraucht man nur für dasjenige Bergwerkseigentum, welches die Gewinnung von Mineralien zum Zweck hat.«

Karsten, C. J. B.
Grundriß der deutschen Bergrechtslehre
Berlin 1828

Zubuße

»Zubuße ist, was die Gewerken quartalsweise auf ihre Kuxe an Geld zusammenlegen, daß davon die Zeche bis zur Einnahme oder Ausbeute

noch | kann gebaut werden, und ist das erste Wort,
Zubuße | welches den Gewerken am ehesten bekannt wird.«

Schönberg, Abraham von
Ausführliche Berginformation
Leipzig 1698

Wenig Zubuß und viel Ausbeut
machet fröhliche Bergleut.

Bergmannsspruch

Zwitter | bergmännischer Ausdruck für durch Cassiterit (Zinnstein) imprägniertes und auf Klüften intensiv vererztes Gestein

Fußnotenverzeichnis

1 Zitiert bei Neubert, E.: Bemerkungen zur Ikonologie des Bergmanns (16. Jahrhundert). Inauguraldissertation, Karl-Marx-Universität, Leipzig 1961

2 Siehe auch die Sage »Das himmlische Heer bei Annaberg« Seite 144

3 Heute: Jáchymov, ČSSR

4 Siehe auch die Sage »Venediger in Marienberg« Seite 207

5 Heute: Krupka, ČSSR

6 Im allgemeinen werden unter »Bergherren« die Bergwerkseigentümer verstanden (siehe Begriffserläuterung)

7 Diese Sagen wurden dem Abschnitt über den Niedergang des Bergbaus zugeordnet

8 Siehe auch die Sage »Silberfund im Schacht Himmlisch Heer« Seite 36

9 Heute: Stadtteil von Karl-Marx-Stadt

10 Heute: Potůčky, ČSSR

11 Siehe auch die Sage »Der Traum des Daniel Knappe« (II) Seite 34

12 Heute: Vejprty, ČSSR

13 Da die Erläuterung der verschiedenen Meinungen über das Zustandekommen dieser Bezeichnung den Rahmen dieses Buches sprengen würde, sei an dieser Stelle der interessierte Leser auf die informativen Ausführungen bei Locher [16] und Schurtz [25] verwiesen.

14 Nach Ziehnert [35] soll es sich bei dem Ermordeten um einen reichen Bürger Augsburgs handeln, der auch in Annaberg viele Kuxe besaß. Er soll nach seiner Übersiedlung nach Annaberg auf Anstif-

ten von Andreas Tuchern, einem ihm böswillig gesonnenen Augsburger Ratsherrn, ermordet worden sein.

15 Heute: Teplice, ČSSR

16 Siehe auch die Sage: »Die Dreibrüderhöhe bei Marienberg« Seite 50

17 Heute: Karlovy Vary, ČSSR

18 Heute: Horni Blatná, ČSSR

Quellenverzeichnis

[1] Buschmann, W.: Der Annaberger Bergaltar. Der Kinderbuchverlag, Berlin 1982

[2] Dietrich, E.: Erzstufen. Sagen und Erzählungen vaterländischer Begebenheiten. Graz & Gerlach, Freiberg 1830

[3] Finck, E.: Es war einmal. Pöhlberg-Verlag, Annaberg 1920

[4] Forkmann, P.: Frankenberg und seine nächste Umgebung in Sage und Geschichte. Eigenverlag, Frankenberg 1903

[5] Fröbe, W.: Huthaus Lampertus und andere Häuersteiggeschichten aus dem Erzgebirge. Glückauf-Verlag, Schwarzenberg 1938

[6] Fröbe, W.: Letzte Schicht. Der erzgebirgischen Häuersteiggeschichten zweiter Teil. Glückauf-Verlag, Schwarzenberg 1940

[7] Gerlach, H.: Kleine Chronik der Stadt Freiberg. Gerlachsche Buchdruckerei, Freiberg 1886

[8] Grässe, J. G. T.: Der Sagenschatz des Königreiches Sachsen. G. Schönfelds Verlagsbuchhandlung, Dresden 1874

[9] Grohmann, M.: Annaberg und das Obererzgebirge in Sage und Geschichte. Graser'sche Buchhandlung, Annaberg 1900

[10] Halbauer/Henschel: Der Sagenschatz des Erzgebirges. I. Teil. Glückauf-Verlag, Schwarzenberg 1933

[11] Heilfurth, G.: Bergbau und Bergmann in der deutschsprachigen Sagenüberlieferung Mitteleuropas. N. G. Elwert Verlag, Marburg 1967

[12] Irmscher, R.: Sagen aus Bräunsdorf b/ Freiberg im Erzgebirge. In: Mitteldeutsche Blätter für Volkskunde, 5 (1930), S. 12 ff.

[13] Klengel, A.: Sagenbuch des südöstlichen Erzgebirges, F. A. Kuntzsch, Altenberg 1922

[14] Klengel, A.: Sagenbuch des östlichen Erzgebirges, F. A. Kuntzsch, Altenberg 1938

[15] Köhler, J. A. E.: Sagenbuch des Erzgebirges. C. M. Gärtner, Schneeberg und Schwarzenberg 1886

[16] Locher, E.: Die Venedigersagen. Inaugural-Dissertation. Phil. Fakultät der Universität Freiburg in der Schweiz, 1922

[17] Loose, W.: Sagen aus dem Schwarzwassergebiet. Arwed Strauch, Leipzig 1931

[18] Lungwitz, H.: Geyer. Heimatkundliche Geschichtsbilder für Haus und Schule. Buchhandlung von Otto Stopp, Geyer (o. J.)

[19] Meiche, A.: Sagenbuch des Königreiches Sachsen. G. Schönfelds Verlagsbuchhandlung, Leipzig 1903

[20] Riedel, L.: Anfänge des Bergbaus in Rübenau. In: Erzgebirgische Heimatblätter 3 (1981), S. 44 ff.

[21] Rudolph, G.: Die Bergmannssage. Hinweise auf ein Forschungsprogramm. In: Internationaler Kongreß der Volkserzählforscher in Kiel und Kopenhagen. Vorträge und Referate. Berlin 1961

[22] Schellhas, W.: Alte Bergbausage im Spiegel der Freiberger Chronisten. In: Erzgebirgischer Heimatkalender. Volks- und Geschichtskalender für das gesamte Erzgebirge. 1934

[23] Schulz, W.: Wirklichkeit, Aberglaube und Sage bei den deutschen Bergknappen der Vergangenheit. Graz & Gerlach, Freiberg 1890

[24] Schumann, R.: Dichtung und Wahrheit über den Bergbau zwischen Tharandt und Dippoldiswalde. In: Mitteilungen des Landesvereins Sächsischer Heimatschutz, Bd. XXII, Heft 10 bis 12, Dresden 1933

[25] Schurtz, H.: Der Seifenbergbau im Erzgebirge und die Walensagen. In: Forschungen zur deutschen Landesvolkskunde, Bd. V; J. Engelhorn, Stuttgart 1890

[26] Sieber, Fr.: Sächsische Sagen. Von Wittenberg bis Leitmeritz. Eugen Dietrichs, Jena 1926

[27] Sieber, S.: Das Erzgebirge. Landschaften und Menschen. Wolfgang Jess Verlag, Dresden 1941

[28] Siegert, H.: Erzgebirgs- und Vogtlandsagen. Erzgebirgsverlag, Annaberg 1931

[29] Stötzel, H.: Die deutsche Bergmannssage. Walter Baemeisters Nationalverlag, Essen 1936

[30] Trommer, H.: Wo das Erz in Fülle blinkt. VEB Friedrich Hofmeister, Leipzig 1956

[31] Weinhold, E.: Chemnitz und seine Umgebung. Herausgegeben vom Verein für Chemnitzer Geschichte. O. May, Chemnitz 1910

[32] Wilsdorf/Quellmalz/Schlegel: Das erzgebirgische Zinn in Natur, Geschichte und Technik. Herausgegeben vom Bergbaumuseum Altenberg, 1983

[33] Woeller, W.: Volkssagen zwischen Hiddensee und Wartburg. VEB Deutscher Verlag der Wissenschaften, Berlin 1979

[34] Wrubel, F.: Sammlung bergmännischer Sagen. Graz & Gerlach, Freiberg 1886

[35] Ziehnert, W.: Sachsens Volkssagen. Rudolph und Dieterici, Annaberg 1886

[36] An der Fahrten unterstem Ende. Herausgegeben und verlegt vom Heimatkunde-Ausschuß der Schulaufsichtsbezirke Aue und Schwarzenberg, 1932

[37] Aus dem Sagenschatz unserer Heimat. Herausgegeben vom Rat des Kreises Karl-Marx-Stadt, Abteilung Volksbildung in Verbindung mit dem Pädagogischen Kreiskabinett und dem Kulturbund (o. J.)

[38] Aus Sachsens Sagenborn. Dürrsche Buchhandlung, Leipzig 1918

[39] Bunte Bilder aus dem Sachsenlande. Herausgegeben vom Sächsischen Pestalozzi-Vereine. I. Band, J. Klinkhardt, Leipzig 1901

[40] Bunte Bilder aus dem Sachsenlande. Herausgegeben vom Sächsischen Pestalozzi-Vereine. II. Band. J. Klinkhardt, Leipzig 1898

[41] Bunte Bilder aus dem Sachsenlande. Herausgegeben vom Sächsischen Pestalozzi-Vereine. III. Band. J. Klinkhard, Leipzig 1900

[42] Chronik der Crottendorfer Glashütte Oeser und Georgi (Manuskript)

[43] Land um die Augustusburg. Herausgegeben von der Abteilung Volksbildung und der Abteilung Kultur beim Rat des Kreises Flöha (o. J.)

[44] Orts- und Personensagen. Herausgegeben und verlegt vom Heimatkundeausschuß des Schulaufsichtsbezirkes Schwarzenberg, 1934

[45] Sächsische Volkssagen. Band 1. Herausgegeben von der Bezirksleitung Karl-Marx-Stadt des Kulturbundes der DDR, 1981

[46] Sächsische Volkssagen. Band 2. Herausgegeben von der Bezirksleitung Karl-Marx-Stadt des Kulturbundes der DDR, 1985

[47] Sächsische Volkssagen. Band 3, Herausgegeben von der Bezirksleitung Karl-Marx-Stadt des Kulturbundes der DDR, 1987

[48] Die Sagen über das Geschlecht der Edlen von Theler und deren Erbbegräbnis. Bearbeitet von E. Gottwald. In: Mitteilungen des Königlich Sächsischen Vereins für die Erforschung und Erhaltung vaterländischer Alterthümer. Dreizehntes Heft. in Comission v. C. C. Meinhold und Söhne, Dresden 1863

[49] Sagen aus Halsbrücke. In: Glückauf, 1933, S. 186

[50] Sagen von Olbernhau und Umgebung. Schriftenreihe der Museen der Stadt Olbernhau, Heft 2 (o. J.)

[51] Die silberne Rose. Europäische Bergmannssagen. Herausgegeben von M. Blechschmidt. Greifenverlag, Rudolstadt 1980

[52] Verklungenes und Besungenes aus der Zeit des Erzbergbaus unserer Heimat. Herausgegeben und verlegt vom Heimatkundeausschuß der Schulaufsichtsbezirke Aue und Schwarzenberg (o. J.)

[53] Wunder- und Schatzsagen aus dem Westerzgebirge. Herausgegeben und verlegt vom Heimatkundeausschuß des Schulaufsichtsbezirkes Schwarzenberg, 1933

[54] Archiv des Arbeitskreises »Sächsische Volkssagen« bzw. des Herausgebers

Annotation: Bergmannssagen aus dem sächsischen Erzgebirge / hrsg. u. bearb. von Dietmar Werner unter Mitarb. von Eberhard Neubert. Mit Ill. von Christa Jahr. – 3., durchges. Aufl. – Leipzig : Dt. Verl. für Grundstoffind., 1989. – 314 S.
NE: Werner, Dietmar [Hrsg.]

Das Buch enthält eine Auswahl der schönsten Bergmannssagen und sagenhaften Überlieferungen aus dem sächsischen Erzgebirge, dem im Mittelalter bedeutendsten mitteleuropäischen Bergbauzentrum. Die Sagen sind ihrem inhaltlichen Schwerpunkt nach in 8 Kapitel zusammengefaßt. Sie spiegeln die Arbeitswelt, die Vorstellungen und die Lebensweise der einfachen Bergleute vergangener Jahrhunderte wider. Jedem Themenkreis ist eine Einführung in bergbauhistorische und gesellschaftliche Zusammenhänge vorangestellt, die eine Verbindung zum Ursprung der Sagen herstellt und diese aus heutiger Sicht verstehen und deuten hilft. Die Erläuterungen berg- und hüttenmännischer Begriffe am Schluß des Buches erleichtern dem nicht bergkundigen Leser das Verständnis und weisen gleichzeitig auf ältere Bergbauliteratur hin. Dieses Buch will als Lesebuch verstanden und genutzt werden. Eine wissenschaftlich volkskundliche Untersuchung der Bergmannssagen lag nicht in der Absicht des Herausgebers. Somit wendet es sich an Bergleute, Historiker und alle anderen Leser, die dem Bergbau verbunden oder allgemein volkskundlich interessiert sind.

ISBN 3-342-00444-4

3., durchgesehene Auflage

VLN 152-915/89 /89
Printed in the German Democratic Republic
Satz: Gutenberg Buchdruckerei und Verlagsanstalt Weimar,
Betrieb der VOB Aufwärts
Reproduktion: VEB Druckerei »Thomas Müntzer« Bad Langensalza
Druck und buchbinderische Weiterverarbeitung:
VOB Druckwerkstätten Stollberg
Schrift: Garamond Antiqua und Alte Schwabacher
Lektor: Dipl.-Krist. Helene Schwarz
Typographie und Einbandgestaltung: Gottfried Leonhardt
Redaktionsschluß: 31. 3. 1988
LSV: 3109
Bestell-Nr.: 542 198 4
02400